国际货币基金组织及其改革

谢世清 著

中国财经出版传媒集团
中国财政经济出版社

图书在版编目（CIP）数据

国际货币基金组织及其改革／谢世清著．--北京：中国财政经济出版社，2020.12
ISBN 978 – 7 – 5223 – 0253 – 9

Ⅰ.①国… Ⅱ.①谢… Ⅲ.①国际货币基金组织－研究 Ⅳ.①D813.7

中国版本图书馆 CIP 数据核字（2020）第 260481 号

责任编辑：彭　波　　　　　责任印制：史大鹏
封面设计：卜建辰　　　　　责任校对：徐艳丽

中国财政经济出版社 出版

URL：http：//www.cfeph.cn
E – mail：cfeph@ cfeph.cn

（版权所有　翻印必究）

社址：北京市海淀区阜成路甲 28 号　邮政编码：100142
营销中心电话：010 – 88191522
天猫网店：中国财政经济出版社旗舰店
网址：https：//zgczjjcbs.tmall.com
北京财经印刷厂印刷　各地新华书店经销
成品尺寸：170mm×240mm　16 开　20 印张　330 000 字
2021 年 1 月第 1 版　2021 年 1 月北京第 1 次印刷
定价：78.00 元
ISBN 978 – 7 – 5223 – 0253 – 9
（图书出现印装问题，本社负责调换，电话：010 – 88190548）
本社质量投诉电话：010 – 88190744
打击盗版举报热线：010 – 88191661　QQ：2242791300

前　言

国际货币基金组织（the International Monetary Fund，IMF）迄今已成立73周年。在经济全球化和金融一体化的国际背景下，IMF对成员方进行经济监督，为成员方提供贷款，旨在帮助成员方解决国际收支问题，担任国际最后贷款人化解金融危机，通过技术援助和人员培训为成员方提供能力建设，以便稳定经济并恢复可持续的经济增长。IMF现已成为当今世界上对维持国际金融稳定具有举足轻重影响的国际金融组织。

从成立至今，国际经济形势变化不断对IMF提出了新的挑战与要求。2008年的国际金融危机暴露出IMF的诸多弊端，如监督重点不明确、贷款能力不足、贷款框架不完善、技术援助有效性欠缺等。此外，在2009年的欧洲主权债务危机中，IMF主要担任了救助资金提供者、经济改革监督者以及全球舆论引导者这三个重要角色。2018年以来，中美之间的贸易摩擦持续升温。IMF认为贸易摩擦将进一步加剧全球金融环境的不稳定性。IMF一再强调需要消除贸易保护主义，维护世界公平贸易秩序。

2008年国际金融危机后，IMF在对外职能和治理结构上均进行了针对性的改革。在对外职能上，IMF创新性地更新了贷款工具包，推出了灵活信贷额度、预防性和流动性额度、快速融资工具等贷款工具，提高了对发生国际收支失衡国家的援助力度。在治理结构上，2010年11月，G20首尔峰会正式确认了IMF的份额与投票权改革。此轮份额改革是IMF最根本性的一次治理改革，取得了发展中国家和发达国家平等分享投票权的实质性进展，有利于促进全球经济治理框架的公平性、包容性和合理性。

自 1980 年正式恢复在 IMF 的合法席位后,中国不仅从 IMF 获得贷款支持和技术援助,也积极参与 IMF 的各项事务。在 IMF 的援助下,中国解决了暂时的国际收支失衡,并在统计系统构建、税收政策等方面有了很大改进。同时,中国也为 IMF 的发展做出了重要贡献。2009 年 9 月中国申购了 500 亿美元的 IMF 债券,以行动支持了 IMF 的融资计划。此外,2016 年 10 月人民币被正式纳入 IMF 的 SDR 货币篮子。人民币国际化推进了国际货币体系的治理和改革,也反映了中国的综合实力和国际地位的提升。

本书得到了北京大学经济学院有关师生的大力支持。该院本科生黄兆和、唐思勋、孙鸿蕊和刘晓璇做了大量的研究助理工作。此外中国财政经济出版社高效细致的编辑工作确保了本书的顺利出版。在此一并致谢!由于水平有限,书中难免会有不妥之处,但文责自负,并恳请广大读者批评指正。

谢世清
2018 年 12 月 31 日于北京大学肖家河

目 录

第一章 导论 ……………………………………………………………… 1
 一、IMF 的历史沿革 …………………………………………………… 2
 二、IMF 的宗旨和《国际货币基金协定》修订 ……………………… 9
 三、IMF 的特性和职责 ………………………………………………… 16
 四、IMF 改革的动因 …………………………………………………… 20
 五、IMF 的改革方向 …………………………………………………… 22
 六、结语 ………………………………………………………………… 27

第一篇 国际货币基金组织治理结构及其改革

第二章 IMF 的治理结构及其改革 …………………………………… 31
 一、成员方 ……………………………………………………………… 32
 二、份额与投票权机制 ………………………………………………… 34
 三、决策主体与机构 …………………………………………………… 45
 四、问责制（独立评估办公室）……………………………………… 53
 五、人力资源管理 ……………………………………………………… 57
 六、结语 ………………………………………………………………… 62

第三章 IMF 的组织结构及其改革 …………………………………… 64
 一、IMF 的地区部门 …………………………………………………… 65
 二、IMF 的职能和特殊服务部门 ……………………………………… 68
 三、IMF 的辅助服务部门 ……………………………………………… 76

四、IMF的办公室 ··· 80
　　五、组织结构的改革历程 ··· 87
　　六、结语 ··· 91

第二篇　国际货币基金组织的资金来源与运作及其改革

第四章　国际货币基金组织的资金来源与运作及其改革 ············ 95
　　一、国际货币基金组织的资金来源 ································ 96
　　二、特别提款权 ··· 104
　　三、普通提款权 ··· 109
　　四、资产风险管理 ··· 112
　　五、结语 ·· 118

第五章　IMF的资产、负债和利润与资本支出及其改革 ············ 121
　　一、IMF的资产及其改革 ··· 122
　　二、IMF的负债、权益等及其改革 ································ 132
　　三、IMF的利润与资本支出及其改革 ······························ 137
　　四、结语 ·· 142

第三篇　国际货币基金组织在国际金融体系中的职能及其改革

第六章　国际货币基金组织的经济监督及其改革 ··················· 147
　　一、双边监督 ·· 148
　　二、多边监督 ·· 152
　　三、地区监督 ·· 160
　　四、金融监督 ·· 163
　　五、为应对危机确定的监督和政策重点 ···························· 169
　　六、结语 ·· 173

第七章　国际货币基金组织的贷款职能及其改革 ··················· 175
　　一、文献综述 ·· 176

二、国际货币基金组织的贷款机制 ……………………………… 179
三、国际货币基金组织的非优惠贷款 …………………………… 181
四、国际货币基金组织的优惠贷款 ……………………………… 188
五、国际货币基金组织的贷款特点 ……………………………… 195
六、国际货币基金组织的贷款改革 ……………………………… 197
七、结语 …………………………………………………………… 202

第八章 国际货币基金组织作为最后贷款人职能及其改革 204

一、文献综述 ……………………………………………………… 205
二、1997 年东亚金融危机中的 IMF ……………………………… 210
三、2008 年国际金融危机中的 IMF ……………………………… 218
四、结语 …………………………………………………………… 232

第九章 国际货币基金组织的能力建设及其改革 234

一、技术援助的领域及援助对象 ………………………………… 235
二、地区技术援助中心（RTAC）与专题信托基金（TRF） …… 240
三、培训活动 ……………………………………………………… 246
四、能力建设的潜在问题与改革 ………………………………… 250
五、结语 …………………………………………………………… 253

第四篇 国际货币基金组织的对外关系

第十章 国际货币基金组织与其他国际组织的关系 257

一、国际货币基金组织（IMF）与国际清算银行（BIS）的关系 …… 257
二、国际货币基金组织与国际清算银行的协调与合作 ………… 262
三、国际货币基金组织（IMF）与世界银行（WB）的关系 …… 264
四、国际货币基金组织（IMF）与世界贸易组织（WTO）的关系 … 268
五、IMF 与二十国集团（G20） ………………………………… 274
六、结语 …………………………………………………………… 278

第十一章 中国与 IMF 的关系 280

一、中国加入 IMF 的背景 ………………………………………… 281

二、IMF 对中国的援助 …………………………………… 283
三、中国对 IMF 的回馈支持 …………………………… 291
四、中国与 IMF 的合作展望 …………………………… 296
五、结语 ………………………………………………… 300

参考文献 ……………………………………………………… 302

第一章

导　　论

国际货币基金组织（International Monetary Fund，IMF）根据1944年7月在布雷顿森林会议签订的《国际货币基金协定》（以下简称《协定》），于1945年12月27日在华盛顿成立，是第二次世界大战后最重要的国际经济组织之一。IMF旨在监督国际货币体系和全球贸易情况，为成员方临时性的国际收支失衡提供贷款援助，针对成员方的可持续发展提供结构性改革建议。IMF的建立和运行为维持国际货币体系稳定、有效协助成员方克服临时性国际收支失衡、确保全球金融制度运作正常、有力推动世界经济增长与就业等方面发挥了重要作用。

但是，随着国际经济格局的变迁和金融危机的频发，IMF逐渐暴露出自身的缺陷，这些问题促使IMF进行反思与改革。20世纪90年代的墨西哥金融危机暴露出IMF信息透明度和数据可靠性的问题；1997年东亚金融危机使得IMF开始认识到金融部门监督的重要性；2008年的国际金融危机及2010年的欧债危机则要求IMF进一步关注发达国家金融风险并大幅提升其资金救援能力。随着国际形势的变化，对IMF进行改革的呼声也越发强烈，IMF也顺应形势不断的修正和改进。

本章主要介绍了IMF的历史沿革、《协定》修订、特性和职责、改革动因和改革方向。第一部分主要叙述了战后的国际金融环境、IMF的成立背景、IMF的宗旨和历史沿革的发展历程；第二部分着重强调了IMF对《协定》的七次修订；第三部分分析了IMF合法性、可信性和有效性的特性以及监督、贷款和技术援助的职责；第四部分阐述IMF改革的动因；第五部分从决策机制、份额与投票权和组织架构与人事制度、经济监督、贷款和技术援助六个方面展望IMF的改革方向。

一、IMF 的历史沿革

第二次世界大战结束之前,为处理战后国际货币秩序问题,同盟国于 1944 年 7 月 20 日在美国新罕布什尔州布雷顿森林召集 44 个国家举行"联合国货币与金融会议",决议签订"布雷顿森林协定",并由会员国共同出资设立 IMF。这一组织属于联合国经济及社会理事会下属的专门机构。这一机构的成立与 20 世纪的国际货币市场的背景以及第二次世界大战后对稳定的国际金融环境的要求有密切关系。本节主要从 IMF 的成立背景、IMF 的宗旨以及 IMF 的历史发展三个方面介绍 IMF 的历史沿革。

(一) IMF 的成立

第一次世界大战前,世界主要资本主义国家都实行金本位制度。自由铸币、自由兑换和黄金自由输出输入构成这个制度的三大特点。按照金本位的规定,黄金作为合法货币同银行券一起在国内市场流通,银行券可以换成黄金。在国际上,只有当多个国家以相当稳定的汇率维持黄金和当地货币单位之间的双车道无限制交换时,且黄金在很大程度上不受干预地自由输出输入的时候,国际性的金本位制才得以存在。但实际上,一个完全成熟的国际黄金标准体系在第一次世界大战前的 40 年左右开始流行起来。

第一次世界大战前国际金本位制度是一个统一而松散的国际货币制度。在金本位制下,各国货币都与黄金挂钩。这一制度由于其简单高效有着实施上的便利,但其存在的问题在当时较为稳定的经济环境下尚未体现出来。由于黄金标准具有可自动调整各国国际收支的强大机制,世界经济在 19 世纪末 20 世纪初处于繁荣稳定时期,价格水平具有相当大的灵活性。然而,1929 年爆发世界经济大萧条,主要资本主义国家之间矛盾加深,贸易战、货币战愈演愈烈,各国无法维持金融货币稳定,纷纷被迫放弃金本位。

英国于 1931 年放弃了金本位。美国担心削弱美国出口产品的竞争力,拒绝使用黄金来确定美元价格比率,并且停止以美元购买黄金。在英美等国后,法国等几个以黄金为主的集团也不得不放弃黄金标准,导致国际黄金标准体系的国际黄金标准崩溃,正常的国际货币秩序遭到破坏。西方国家组成相互对立的货币集团，加强外汇管制，实行外汇倾销。为了避免重蹈历史覆辙，国际社会普遍认为，应尽快地创立一个稳定的国际货币制度，并以这一货币制度为基础，建立能够获得广泛认可的国际贸易和国际金融的行为准则。

IMF 的构想来自第二次世界大战期间英、美、加拿大、法等国各方讨论商议的结果。成立 IMF 最初提出的方案有三种：(1) 国际清算同盟计划，是以凯恩斯（Keynes）为首的英国专家设计，通称"凯恩斯方案"；(2) 同盟国稳定基金计划，于 1943 年 4 月提出，是以怀特（White）为首的美国专家设计，通称"怀特方案"；(3) 加拿大专家国际外汇同盟计划，初稿于 1943 年 6 月提出。其中，凯恩斯方案及怀特方案分别在 1942 年即已完成初稿并经广泛讨论，为现行 IMF 的重要蓝本。

英国的"凯恩斯方案"希望成立一个国际清算联盟，创造"班可"（Bancor）作为国际收支工具，各国中央银行应无限制接受他国中央银行支付的班可，债务国可利用清算联盟自动透支取得班可，并随着各会员进出口量自动增减。债权债务超出一定的限额之后应缴纳每年 1% 或 2% 的费用。美国的怀特方案则拒绝用透支的原则，提议建议设立一个货币的基金，由各会员国出资一定的数额，并发行国际货币"尤尼达斯"（Unitas），使各国货币与其维持固定比价，且可以向基金借调头寸，以度过短期的国际收支赤字。

凯恩斯方案与怀特方案的基本目标并无差别，共同点有：(1) 建议由一个国际组织管制汇率；(2) 建议补充各国的国际流动性存量；(3) 将足以危害国际均衡的监督权力放在国际组织上；(4) 期望建立多边清算机构；(5) 希望重建被战争破坏的国际货币组织，并且希望由条约合作进展为国际组织的合作。然而，为达成这些目标，两者却采取不同的构想与执行策略。在这两个方案中凯恩斯方案比较完备，其基本构想在于提出了清算同盟草案（Clearing Union Proposal），把应用于一国的观念应用到国际经济社会。

凯恩斯方案的基本构想有以下三点：首先，设立国际清算同盟（International Clearing Union），以管理适合世界贸易需要的国际通货量，并使国际通货量顺应世界有效需要而调整。"同盟"账户的记账单位为"班科"（Bancor），以黄金计值。会员国可用黄金换取"班科"，但不可以用"班科"换取黄金。同时，此项世界通货量是会员国透支的累积量，各会员国的透支上限按规定公式计算。会员国的配额可充当其黄金外汇之补充余额，用以应对国际收支逆差，避免世界经济或其国内经济的失衡。清算同盟运用国内银行原则，即借贷必相等。

其次，清算同盟除国际流动性外，也扮演稳定机构的角色。每一会员国在一年内可无条件提款其配额的25%，若两年平均提款额超过配额25%，则需经管理机构同意。如果逆差国希望将借款提高至配额的50%以上，管理机构有权要求该会员国：(1) 贬值；(2) 管制资本流出；(3) 以黄金或外汇准备清偿在清算同盟账面的借款。会员国的借款不得超过配额，对于贷款国家的规定是，若国际收支持续顺差，其在清算同盟账面的贷款超过配额的50%时，管理机构就要与其协商采取措施。

最后，依据上述规定，对汇率的规定较不明确。国际清算同盟的性质是一个中央银行总裁的秘密集会，互相交换意见，但无政治色彩。其不只解决国际收支失衡的长期计划，而且也希望借以解决战后的国际收支困难。凯恩斯认为稳定的汇率可按照货币的供需情况变动。但是根据规定，逆差会员国在其借款超过配额的25%时，只能一次在5%内有自主的贬值权，超过此限度的贬值权则交给管理机构，而管理机构对货币的升值与贬值则无直接的强制力量，因而汇率的实际调整边界较为模糊。

比较凯恩斯方案，怀特方案显得较为保守，主要有以下两点：首先，建立一个国际稳定基金（International Stabilization Fund），目的在达到货币稳定及促进国际贸易复原与平衡成长。为实现此目的，基金会员国共同分担50亿美元的配额。配额的50%在初期以黄金、会员国货币及其政府债券缴纳，其余50%在基金执董会要求时缴付。会员国若需要其他会员国货币得以本国货币向基金购买，最高限额是会员国配额的200%。因此，基金成为扩大各国黄金及外汇准备的蓄水池，也成为扩大国际流动性存量的机构。

其次，创设国际计算单位"尤尼达斯（Unitas）"。尤尼达斯值十美元，仅为会员国在基金的黄金存款的表示单位。不同于班可，尤尼达斯不是在清算同盟内作国际债务清算的真正国际通货。逆差国要接受基金改善国际收支建议；但对顺差国，因基金所持有的通货可能耗尽，基金无妥当办法增加供应，只实施分配制度，即顺差国无国际收支调整的义务。且维持汇率稳定，规定改变汇率须满足两个条件：(1) 为改善基本失衡所需；(2) 会员国总投票权五分之四同意。这一方案较凯恩斯方案缺少弹性。

这两个计划，都希望维持国际收支平衡而采取管制，也都希望汇率稳定，但不必恢复国际金本位，不破坏各国财政金融政策方面的独立。凯恩斯方案比较强调国家的独立，怀特方案则比较强调汇率稳定。美国担心清算同盟的300亿美元借余若全部由美国承担，可能导致美国战后的巨大通货膨胀压力。

而怀特方案的最大缺点是缺乏弹性,不但汇率缺乏弹性,就是基金的总配额也缺乏弹性,不能适应战后贸易发现及物价变动的需要。最后采用的方案折中但比较接近怀特方案。

但美国也作了一些让步,包括:(1)增加稀少货币条款(scarce currency clause),对长期顺差国亦有惩罚措施;(2)汇率调整更有弹性;(3)配额总数增大;(4)黄金认缴部分减少;(5)增列过渡时期条款。另一方面,1943年11月,美国财政部发表《联合国国际复兴开发银行计划大纲初稿》,用意在于解决怀特方案所未处理之国际长期资本移动问题。在1944年7月20日召开的布雷顿森林四十四国会议中,经广泛讨论与修正后,最终方案由与会各国所接受,因而正式确立现行IMF。

(二) IMF的宗旨

《国际货币基金协定》制定了IMF的宗旨。IMF的宗旨是其他各条款的总指导,其修订过程及具体内容变化体现了IMF改革的总体思路和方向。根据其宗旨,IMF制定了成员方必须遵守的行为准则。根据协定,第一条、第二条属于IMF的宗旨;第三条和第四条是指属于国际货币体系范围的国际汇率和国际支付系统。针对如何维护国际货币体系的稳定,IMF又制定了更为具体的国际货币行为准则。此外,IMF的宗旨还规定了IMF的任务,实行经济监督,并提供贷款与技术援助。

几十年来,《国际货币基金协定》历经修订,但IMF宗旨一直维持不变。根据《IMF协定》第一条,IMF宗旨具体包括以下四个方面:(1)通过建立常设单位就各国货币问题协商和合作,以推动国际货币领域的交流和协作;(2)促进国际贸易的发展,提振就业和实际收入以及各成员方生产性资源的开发;(3)向会员提供纾困资金,使各国或地区可以在无须采取损人损己的措施情况下,纠正国际收支失调;(4)根据上述宗旨,缩短成员方国际收支失衡的时间,减轻失衡的程度。

IMF还规定了以下四条行为准则:(1)一国的汇率不仅是一国的内政。成员方都必须根据美元设定其货币平价。汇率在固定的基础上可以定期变动,符合"可调整挂钩"的要求;(2)除非出现某些暂时性的非常情况,一般不允许按经常性国际支付来控制汇率,也不允许成员方采取任何歧视性的货币安排;(3)成员方的黄金和货币储备应当不断扩充,避免成员方在发生国际收支逆差时遭受通货紧缩和失业率增加；（4）对于国际收支不平衡，必须采取逆差国和顺差国双方共同承担的原则。

（三）IMF 的发展

IMF 建立初期，按照《国际货币基金协定》，需要建立平价制并保证美元对黄金的可兑换性。建立平价制，就要建立起固定汇率制度，为各成员方货币确定一个平价，在整个世界建立起一个汇兑平价体系，应该说，在布雷顿森林体系下，成员方有义务维持这个体系的稳定。确保本方货币的汇率不会随意改变。如果这种情况不能得到满足，那么成员方将没有资格使用 IMF 的资金。在 IMF 主持下实施的国际汇率平价制度旨在改善 20 世纪 30 年代黄金标准制度的缺点。

平价体系的建议是通过适当的国际合作，努力改善与黄金交易所标准体系相关的调整过程。IMF 协议的条款很明确，但是关于是否立即建立外汇平价的问题出现了争议。由于战争的破坏，大多数国家或地区不得不承诺在通货膨胀严重，劳动力短缺和国际贸易扭曲的情况下恢复经济。所以，当时的普遍舆论是建立平价制度。但是，IMF 却认为，在战后各成员方的经济恢复过程中，起阻碍作用的关键因素，并不是不恰当的汇率，而是被战争所破坏的生产和交通资源。

基于这一认识，IMF 认为，确立汇兑平价块会妨碍各成员方经济的恢复。因此，1946 年 9 月 12 日，IMF 要求 39 个成员方汇报其汇率。1946 年 12 月 18 日，IMF 公布了 32 个成员方及其许多殖民国家的初始平价。然而，很快就发生了一些混乱，越来越多的成员方逐渐退出平价制度。多重汇率制度很快扩展到亚洲、中东甚至西欧国家。一些西欧国家虽然在绝大多数交易中维持着单一的固定汇率，但也认识到需要建立某种与自由市场类似的机制。这样，在某些特定的交易中，可以使它们得到的货币能够以有利的条件售出。

在这种舆论和现实压力下，IMF 采取了较为务实的态度，并不坚持要求成员方急于取消多重汇率。但同时，IMF 又为自己的这一让步划下最后的边界，要求将自由市场汇率仅限于特定项目，如资本项目和无形贸易项目。而且，成员方要避免使用各种异常做法，如外汇拍卖制、补偿安排等。这样可以尽量减轻各国汇率问题的复杂程度。在 IMF 成员方中，还有一些国家和地区，它们既没有宣布终止官方平价，也没有实行多重汇率，但多数国家宁可维持定值过高的汇率。

布雷顿森林体系崩溃以后,国际货币制度进入了一个新时期。美元的连续下滑和汇率的剧烈波动引起国际社会新的不安,为此,IMF着手研究国际货币制度的改革问题。一国产品绝对不可能与所有汇率波动的主要货币保持固定的价格比率。如果选择与这些主要货币挂钩,这意味着货币汇率将会与其他主要货币波动。如专栏1.1所示,1976年,IMF的"国际货币制度临时委员会"在牙买加首都金斯敦召开会议,达成了关于国际货币制度改革的《牙买加协定》。该协定于1978年4月开始生效。

专栏1.1　IMF视角下的浮动汇率制度

牙买加协议是IMF于1976年1月8日在牙买加首都金斯敦会议上通过的关于国际货币制度改革的协议,就黄金和汇率体系的问题达成了重要共识。主要内容包括浮动汇率合法化、黄金非货币化、提高特别提款权的国际储备地位、扩大对发展中国家的资金融通和增加成员方基金份额。

《牙买加协议》给予了各成员方在汇率制度选择上更大的自由度,有利于建立更加稳定的国际货币制度,主要体现在以下四个方面:(1)浮动汇率制度为建立稳定的国际货币制度建立了合作和监督的框架;(2)主要货币之间的汇率浮动程度也会被削弱,有利于降低有效汇率的短期波动,减轻对国际支付的扰动;(3)浮动汇率制度能够改善市场机制的有效性,提高官方政策的执行力;(4)从长期来看,大部分国家(地区)的汇率变动趋势将趋向于补偿他们之间的通货膨胀差异。

资料来源:国际货币基金组织,1976年年报。

牙买加协议的一个重要内容,就是确立了浮动汇率制度合法化的地位,并赋予了各成员方在汇率制度选择上的自由。在这一原则背景下,发达国家大多选择浮动汇率制度,而大多数发展中国家仍然继续实行与某种货币或成货币保持钉住汇率的制度。但是,在世界主要国家货币采用浮动汇率制度的情况下,这种汇率挂钩安排不同于原来的挂钩汇率制度。但是,这个时期的汇率并不完全由市场供求关系决定。由于许多国家的央行不时在外汇市场交易外汇以实现其政策目标,因此这种汇率制度实际上是一种有管理的浮动汇率制度。

布雷顿森林体系瓦解后,国际货币体系进入了新的时代。从此,全球金融市场也进入一个新的阶段。于是，在新的形势下，IMF 在承受来自各方压力的同时，还要努力地适应这一新的变化，适应包括国际资本自由流动在内的巨大变化。从第二次世界大战后到 20 世纪 80 年代，国际市场的脉络大致可以分为第二次世界大战后美国、英国和瑞士作为金融中心鼎立时期、欧洲货币市场发展时期和新兴金融市场兴起时期。第二次世界大战后的国际金融形势的变化使得 IMF 必须随之变化。IMF 的发展与国际形势的变化息息相关。

第一，国际金融格局变化巨大。第二次世界大战后初期纽约、伦敦和苏黎世是最主要的国际金融市场。由于美元成为各国的储备货币和重要的结算工具，纽约成为世界第一国际金融中心。除纽约外，伦敦和苏黎世也是十分重要的自由外汇市场和黄金市场。进入 20 世纪 60 年代后，欧洲货币市场逐渐形成发展。美国国际支持收入继续遭受巨额赤字，大量美元流入国外，西欧国家的美元数量大幅增加，导致欧洲货币市场快速增长。20 世纪末，新兴金融市场开始兴起。以亚洲"四小龙"和一些拉美国家为代表的新兴金融市场取得了极大的发展。

第二，欧洲美元市场逐渐兴起。布雷顿森林体系瓦解后，IMF 面临的一个新的挑战，就是如何面对欧洲货币市场的兴起。欧洲美元市场的形成，一方面是由于第二次世界大战期间的政治因素，另一方面是由于与特里芬共识相关的资本流动因素。由于美国政府对美国银行施加了昂贵的限制，美国以外的银行可能会提供比美国银行更高的存款利率，且贷款利率低于美国银行。随着越南战争的升级，美国国际收支平衡的失衡进一步加剧，美国商业银行的海外贷款受到了政府的限制。所有这些都促进了欧元市场的大发展。

第三，国际资本流动自由化浪潮已经成为不可阻挡的发展趋势。通过控制国际资本的流动，有可能实现调整国际收支盈余或赤字和实现国际收支平衡的目标。20 世纪 80 年代以来，国际直接投资快速增长，尤其是亚太地区成为吸引外资和投资海外的重要力量。此外规模大、风险高的国际短期投机资本也在对国际金融稳定造成重大影响。正是由于国际资本流动的这些特性，IMF 在对国际金融体系进行监督时，必须要密切关注其流动趋势。国际资本流动的自由化趋势是必须不断加以谨慎观察和研究的重要课题。

第四，国际货币体系逐渐暴露出脆弱性。美元作为国际基准货币和国际结算货币的地位，正在不断受到怀疑和挑战。1985 年 3 月开始的美元危机既是 20 世纪 80 年代美国巨额财政赤字、贸易赤字引发的美元地位下降的结果，又是西方国家之间在冷战结束后政治经济矛盾的集中体现。在 IMF 看来，一方面，国际外汇市场的动荡加剧了资本投机，进而影响了 IMF 会员方的汇率政策；另一方面，与美元联系的表面的汇率稳定经常掩盖实质的不稳定，从而孕育着更大的金融风险，1997 年的东亚金融危机便凸显了这一点。

第五，大量出现的金融衍生工具正在对国际金融稳定造成威胁。金融衍生工具来源于传统的金融工具，如货币，外汇，存款和贷款，股票，债券和商品，以及与这些常见商品和金融工具价格紧密相关的新投资工具。金融衍生品的出现是因为人们需要保存价值，推测和规避风险。20 世纪末金融衍生工具开始得到广泛使用，但另一方面也催生了大量投机者利用金融衍生品市场获取高额利润，金融衍生品往往层层嵌套，其中蕴藏的风险不易被察觉和监管，2007 年美国次贷危机的爆发就与金融衍生工具的联动风险息息相关。

二、IMF 的宗旨和《国际货币基金协定》修订

《国际货币基金协定》（以下简称《协定》）是 IMF 的最高法律准则，IMF 的一切行动都必须以《协定》为依据，因此，《协定》的修订过程及具体内容变更体现了 IMF 发展的总体战略和改革的基本方向。《协定》第一条规定了 IMF 的宗旨，它是其他各项条款的指导。历史上 IMF 共对《协定》进行了七次修订，本节将对这七次修订进行详细阐述。在这七次修订中，IMF 的宗旨并未发生过太大的变动，但是其他条款的变更则体现出 IMF 对内治理和对外职能的改革路程，也为我们展望 IMF 的未来发展提供了重要参考。

（一）对宗旨的修订

IMF 宗旨修订提案考虑主要内容是布雷顿森林体系向牙买加体系过渡后跨境资本流动的管理问题。IMF 部分执行董事曾多次发起修订上述宗旨的讨论，但最终未能达成正式修订结果。20 世纪 70 年代中期以后，随着浮动汇率制的实施以及经济金融全球化浪潮下国际资本流动的迅速增长，对成员方汇率政策的双边监督成为 IMF 监督工作的重要组成部分。国际经济情势的演化使得 IMF 有必要加强对会员的资本账户管理。但根据《国际货币基金协定》，IMF 无权干涉成员方的资本账户自由化状况。

1978 年，第二次修订后的《国际货币基金协定》在措辞上原则性支持国

际资本流动。其中，第四条第1款指出国际货币体系的根本宗旨是提供一个促进会员与会员之间货物服务和资本的交换以及保持经济健康增长的框架，但上述对资本流动的支持只是国际货币体系的宗旨而并未成为 IMF 的宗旨。并且第六条第3款明确允许成员方对资本账户进行管制，它指出成员方可以采取必要的管制，以调节国际资本流动。因此宗旨对于国际资本流动的处理实际上边界并不清楚，也为其工作的开展带来了诸多困难。

1997年2月，关于修订宗旨的提案正式成型。通过修订《国际货币基金协定》第一条，IMF 拟被赋予新的宗旨：促进资本流动自由化，以大大加强 IMF 的职能与权限。其一，它将使 IMF 有史以来首次能在贷款条件中增加资本自由化条款。但 IMF 并不必然通过这一新权限在借款国中推进资本自由化，使用与否取决于 IMF 管理制度。其二，IMF 还将对成员方资本账户限制行为进行裁决，这将通过修订第六条得以实现未经 IMF 同意，会员不得对国际资本交易中发生的国际支付和转移施加限制。

为了便利实施 IMF 在浮动汇率制度下的监督职能，执董会多次讨论了 IMF 将资本流动自由化纳入成员方汇率政策的目的。这将改变长期以来《国际货币基金协定》第六条第3款对成员方限制资本流动权力的保护。但上述提案始终未取得所需投票权同意。1997年4月，虽然提案在执董会中已得到显著多数支持，但执董们仍无法达成共识。1997年的东亚危机降低了 IMF 对资本自由化的追求。宗旨修订的失败使 IMF 始终未真正将资本账户自由化强加于发展中国家，同时也无法系统地将资本账户自由化融到 IMF 的贷款条件中。

IMF 宗旨仅涉及经常项目自由化而不涉及资本账户自由化，将资本账户自由化加入 IMF 宗旨的改革举措因具较强的政治敏感性而难以取得共识。发展中国家担心一旦资本账户开放成为 IMF 贷款条件的一部分，将进一步危害成员政策的独立性。虽然 IMF 声称它不一定通过贷款条件促进资本账户自由化的进程，但发展中国家认为，IMF 很难寻求不准备使用的权力。在 G7 国家中，加拿大财政长保罗·马丁和执董托马斯·巴恩斯率先反对宗旨修订。1997年5月，英国政府换届后也对宗旨修订持反对态度。

虽然美国时任执董卡林·利萨克斯支持宗旨修订，但美国时任财政部部长劳伦斯·萨默斯持中立态度，他指出这个议案与稳健的经济政策相关性甚低，更多地属于 IMF 的事务。1998年5月1日，美国众议院强势民主党人士在少数派领袖理查德·格普哈特的领导下集体致信时任财政部部长罗伯特·鲁宾，强烈反对 IMF 宗旨修订，美国财政部遂改变其原有立场，反对宗旨修订。这些宗旨修订论争过程中遇到的现实问题及国际金融危机频发的具体实践，使IMF逐渐修正其对资本账户自由化的态度。

21世纪初，IMF开始特别关注资本账户自由化的潜在风险以及自由化的先后次序。2005年，成员方资本账户自由化接受了全面评估，并指出IMF管理层在成员方推进资本账户开放的次序和步伐方面研究不足。2012年11月，IMF就国际资本流动管发布了较为全面的看法。IMF指出国际资本流动带来重大收益，如增强一国金融部门的竞争力，更有效地配置全球资金资源以缓解经济失衡；同时也强调其风险性，可导致信用或资产价格膨胀并使一国经济在应对全球经济传染效应时变得更脆弱。

此外，IMF还指出，即便是长期开放曾从资本流动中获益的成员方也须警惕资本流动带来的风险。金融体系和相关制度的完善，能有效增强收益、降低风险；自由化进程和次序都必须得到很好的规划，以便确保收益大于成本；曾经广泛、长期限制资本流动的国家有可能受益于有序资本自由化；所有国家和地区都须考虑其政策可能对球经济和金融稳定产生影响的途径；跨境政策协调将有助于降低资本流动的风险，IMF的这些观点在成员方中取得广泛共识，它将指导IMF在公正地考虑各成员方情况的条件下，对成员方提出政策建议。

（二）对《协定》的七次修订

1.《协定》的第一次修订

通过比较第一次修订前后的《协定》条文，可总结出第一次修订所做的改变。将原《协定》内容（共二十条）扩展为三十二条，同时在第一条前面新增"前言"部分。在IMF中建立特别提款权（Special Drawing Right，SDR）账户。为了便于SDR运作，IMF将SDR业务从原有账户General Account中分离出来，形成SDR账户（Special Drawing Account）和普通账户（General Account）两大账户；建立了技术层面的系统设置，让成员参与SDR账户，管理上述两个主要账户并解释他们的联系。

第一次修订规定，履行修订协议项下义务的所有货币基金组织成员都可以参加特别提款权账户，普通账户（General Account）被授权持有并使用SDR。修订内容还对分配、取消、使用特别提款权、特别提款权利率和黄金含量提供了非常详细的规定。此外，在协定第一次修订期间，IMF讨论了部长决策机制问题，并同意在IMF外部设立这些机构。1972年，IMF成立了一个C-20临时委员会来讨论IMF的治理改革，使部长们能够在IMF内部而不是外部发挥他们的政治影响力。

2. 《协定》的第二次修订

在IMF发展与改革历史中，《协定》的第二次修订尤为重要。《协定》第二次修订定义"可自由使用货币（A Freely Usable Currency）"为符合如下条件的成员方货币，实际广泛运用于国际交易支付；在主要外汇市场中被交易。"可自由使用货币"在SDR账户（Special Drawing Rights Department）和"普通账户（General Department）"的"普通资金账户（General Resource Account, GRA）"中具有特殊作用。在GRA中，《协定》对可自由使用货币间的购买、回购与涉及不可自由使用货币的购买、回购实行不同政策。

在SDR账户中，其主要重要性在于当IMF指定的SDRs受让方从转让方处接受SDRs时，须根据SDR条款，向转让方提供等值的可自由使用货币。事实上这种相互可兑换性责任仍然与第一次修订之后失效的货币可兑换相联系。这种施加在法郎、英镑和美元上的责任要求三个发行国中的任一方，在货币接受方的要求下必须将自身的货币等值兑换为其余两种货币中的任一种。根据《IMF附则与章程》修正案，IMF将继续帮助转让方获得其所需要的可自由使用货币。

第二次修订前的"协议"规定，IMF必须有2名以上执行董事，其中5名由5名成员中股份比例最高的成员任命。根据协定第12条第3（b）款选举7人。7名中的2名由未被赋予任命执董权限的美洲共和制国家选举产生。因美国属美洲共和制国家中有权任命执董的国家之列，故被授权选举这2名执董的美洲国家实为拉美国家。原《协定》还规定经总投票权的80%多数通过，可增加由选举产生的执董数量，这既可通过美洲共和制国家选举数量增加，也可通过其他国家或地区选举数量增加来实现。

现有的"第4条"是在《协定》第二次修时引入的，它为固定汇率制度崩溃后的国际汇率体系建立了一套新的行为准则。在原来的固定汇率制度下，成员方在确定本国货币汇率时的选择是非常有限的，货币的价值必须根据含金量直接或通过美元间接确定。为了使成员方能够自由选择包括浮动汇率制度在内的各种汇率制度，第二修正案将采用第四条。可能需要会员使用SDR或其选择的黄色以外的其他标准来维护其货币价值；或通过合作安排，维持会员本方货币与其他会员方货币的汇率；或成员方选择其他汇兑安排。

在《协定》第二次修订中,IMF还试图通过"附录D"引入新的机构——委员会(the Council),并使之成为理事会和执董会之间的中介。它在能力和结构上与IC相似,但具有正式的决策权。虽然该委员会编写了"基金组织协定"的附录,但并未立即启动;根据该协议第12.1条,理事会拥有多数85%的投票权,可以启动该机构。多年来,虽然有人提议陆续启动委员会,但由于没有获得理事会85%多数的投票权,所以这一机构直到现在还没有正式开始运行。

3. 《协定》的第三次修订

20世纪80年代的严重债务危机增加了成员违约贷款的数量,加强欠款管理是IMF启动第三次修订协议的主要原因。早在1986年,沙特阿拉伯的沙特阿拉伯执行董事Yusuf Nitira就要求对协议进行修改,以便IMF可以暂停投票权并在国内获得份额。这项建议遭到发展中国家执行董事的强烈反对。1989年,在执董们意见分歧显著的情况下,执董会通过了公开谴责政策。在这一新的程序下,IMF可公开宣布某个成员方未能合作以解决其问题,总裁可致信有利害关系的他国理事们及其他多边组织的首脑以通告该国的缺点。

在执董会中,主张惩罚欠款国的执董因此举收效甚微而不满,另一部分执则因IMF把惩罚而非援助作为重点而抱怨。1990年,美国重提通过修订《协定》以暂停成员方相关权利看法。根据美国执董托马斯·道森,美国政府认为不承担义务的成员方不能享受相关权利,而发言权和投票权是成员方在IMF事务中的最基本权利。因此加强对拖欠款项成员方的管理措施必须包括暂停成员方的投票权及其在理事会、IC和执董会中的代表权。1990年2月,执董会就此进行了为期数天的争论。1990年,IC和理事会批准了这一规定。

4. 《协定》的第四次修订

IMF前总裁康德苏(Michel Camdessus)一直努力扩大SDR在金融体系中的作用。早在1995年3月,康德苏就请执董会重新考虑数额可观的SDR份额问题,原因是当时的IMF在为墨西哥提供数额空前巨大的178亿美元SBA(Stand-By Arrangement,备用信贷)贷款后急需增资。墨西哥比索危机正导致许多发展中国家在国际资本市场上难以融资,新的SDR分配将有助于缓解资金缺口。随着IMF成员方队伍的不断扩张,国际社会也希望IMF能够找到恰当的方式使1981年后加入IMF的成员方也能分享SDR制度的成果。

1996年9月,IMF达成了一个折中结果,即通过修订《协定》以实施"一次性特别增持",该次增持使所有成员方在SDR的累计分配量上与其份额占比相当。该次特别增持的规模必须足够大以使所有成员方至少都能得到少量的分配。此后，IMF 又为修订细节问题经历了长时间的争论，例如关于增持总量。1994 年，康德苏所提议的增持总量为 360 亿 SDR，至 1996 年 9 月，他已将此提议额度降至 266 亿 SDR。发展国家小组会议坚持认为总量应为 308 亿 SDR，而某些 G7 成员方，主要是德国，坚持上限为 160 亿 SDR。

1997 年 9 月，执董会最终采取的方案要求将 IMF 的 SDR 总存量翻倍，从 214 亿 SDR 增至 428 亿 SDR。这一分配规模，在使所有成员方的累计分配量与其份额占比相当的条件下，能使每个成员方分得约为其份额 29.3% 的额度。在 IMF 理事会全体通过决议，同意《协定》的第四次修订之后，成员方议会及立法机构的批准经历了较长时间，当时美国国会的批准成为仅有的、难以克服的障碍，因为特别增持远非当时美国政府的当务之急，因此它们并不急于改革 SDR 制度。截至 2001 年 11 月，批准的国家数量已达 110 个。

5.《协定》的第五次修订

IMF 新收入模型（the New Income Model）的实施要求对《协定》进行第五次修订，具体而言，一方面，通过修订扩大投资账户（IA）的投资权限；另一方面，使已商定的来自黄金销售的所有利润更方便地转移至 IA，充实资金。2008 年 5 月 5 日，IMF 理事会同意修订《协定》以实施这些改变。在取得多数成员方同意后，此次修订于 2011 年 2 月 18 日生效。IMF 规定从 GRA 转移至 IA 的货币数量不超过转移时总储备和特别储备的总量之和。IMF 投资权限的扩大使 IMF 能够逐渐适应其投资策略而无须进一步修订《协定》。

6. 2008 年改革与《协定》的第六次修订

IMF 在 2008 年改革决议的生效依赖于《协定》的第六次修订。IMF 每 5 年对份额审查一次，以确保份额总量充足同时份额结构反映成员方在世界经济中的相对比重。自 1998 年以来，世界经济发生了重大变化，但 IMF 在第 12、13 次份额总审查中未对份额做任何增加，因此份额总量不足，并且无法反映成员方在世界经济中的相对占比。为此 IMF 理事会在 2006 年 9 月通过了一个 2 年期的改革计划决议。2006 年 IMF 为少数份额严重低估的国家进行份额特别增持。2007 年，IMF 改革了份额公式，调整了公式结构。

第一，根据新公式，IMF 理事会通过决议，为 54 个份额被低估的成员方增加份额。它还要求执行局在下次监管审查（第 14 次全面审查股票）中进一步调整其成员的股权结构。股权特别增加的影响取决于协议第六修正案的生效。合理的份额意味着成员方经济力量的合理反映，有助于该国凭借自身的基本面状况和信用水平在 IMF 获得应得的援助。同时对份额的动态修改也反映出 IMF 对后加入的成员方的重视以及对成员方发展水平的关注，也能进一步激励各国实行可持续发展。

第二，改革"基本票"的数量以加强低收入国家的发言权。成员方的投票权由两个组成部分：数量固定且各国相同的"基本票"和"加权票"。在《协定》第六次修订之前，基本票被固定为每个成员方 250 票。随着基金组织成员数量的不断增加以及与股份有关的投票权数量的增加，基本票数占总投票权的比例。这一比例继续下降，这使得 IMF 所有成员方的基本票变为原有的 3 倍（约为 750 票）。这一措施一方面可以防止基本票数与总份额相关，继续减少基本票数量，另一方面可以增加 IMF 低收入成员的投票权。

第三，第二副执行董事将加入到授权的选区。随着 IMF 成员总数和选区平均成员数量的不断增加，执行董事在选区的工作量越来越重。为此，该协定第 12（3）（e）条规定由特定数量成员方选举产生的执董可任命第二名执行事，以加强执董办公室执行 IMF 规定的能力并更有效地代表选区内成方。此外，第六修订协定第 12 条（3）（e）款也授权每次定期执行选举都可以调整可任命第二副执行董事的选区数量。因此理事会在 2010 年改革中决定在 2012 年常规执董选举之后，7 个执行董事有权任命第二位副执行董事。

7. 2010 年改革与未来的《协定》第七次修订

2010 年，鉴于全球性金融危机的爆发及履行阶段性份额审查的需要 IMF 理事会完成了第 14 次份额总审查并决定使 IMF 成员方份额增加 1 倍；根据现有份额公式，将份额从被高估的成员方向被低估的新兴经济体和发展中成员方转移至少 5% 的幅度；保护最穷国的投票权占比；截至 2014 年 1 月，加速推进下一轮阶段性份额审查（第 15 次份额总审查）在 2012 年调整的基础上再次审查份额公式。此外，2010 年的理事会决议还要求 IMF 未来必须对《协定》进行第七次修订并兑现以下三点承诺。

第一，通过《协定》第七次修订使所有执董都由选举产生。目前的《协定》规定，执董分为两类：一类由任命产生，另一类由选举产生。2010 年的《协定》修订提案取消了由任命产生的执董，要求所有执董都由选举产生。这使得《协定》中与选举 15 名执董或与任命执董有关的条文也必须删除或修改。随着《协定》的生效，不再由任命方式产生执董，但据现有《协定》条款已任命的执董仍正常工作。对于 MF 所做出的"保持 24 名执董"的承诺，理事会须在每次常规执选举时通过使执董数量增至 24 名的决议。

第二，向成员方承诺执董数量保持24名，在第14次份额总审查下的份额增持生效之后，董事会每八年审查一次。现有的《协定》规定执行局由20名执行董事组成（其中5人由任命产生，15人由选举产生）。同时《协定》授权理事会在每次常规执董选之际对由选举产生的执董数量进行增减。根据2010《协定》修正案提案，《协定》仍规定执行局由20名执行董事组成；但与过去不同的是，所有执行董事都由选举产生；同时，《协定》继续授权理事会，经投票权85%多数同意，可在每次常规执董选举之际增减执董数量。

第三，承诺减少欧洲两个发达国家的席位数量。长期以来，人们广泛呼吁欧洲成员方必须在IMF执董会中为新兴市场国家腾出部分席位。IMF理事会2010年改革决议承诺为新兴市场和发展中国家而减少欧洲发达国家的2个执董席位，其实施不迟于第14次份总审查下份额增持生效之后的第一次常规执董选举。但截至2014年9月5日，仅有持总投票权77.07%的146个成员方同意上述改革决议，而改革决议生效须经IMF总投票权的85%以上并且总数3/5以上的成员方同意。

三、IMF的特性和职责

（一）IMF的主要特性

IMF的职责总体可以分为两大类：对内职责和对外职责。对内职责包括决策机制、份额与投票权机制、组织架构与人事制度等；对外职责包括经济监督、贷款、作为国际最后贷款人和技术援助等。两方面的职责既各司其职，又相互促进，目的是为了保证IMF工作的合法性、可信性和有效性。首先，IMF依照《国际货币基金协定》章程开展工作，行事必须符合《协定》规定的宗旨；其次，IMF通过完善内部治理机制促进信息的公开透明和成员方决策权的公平公正；最后，IMF通过完善的贷款和监督框架保证项目实施的有效性。

由美国次贷危机引发的国际金融危机暴露出IMF职责的严重不足。一方面，2007年美国次贷危机爆发前，IMF不仅没有能够及时发出预警信号，而且对次贷危机的严重程度估计不足，引发了人们对其可信性的质疑；另一方面，在国际金融危机爆发后，IMF对许多危机国的贷款项目效果不佳，且低收入国家的利益没有得到有效地保障，其合法性和有效性也遭受了许多国家的严厉批评。因此，有必要先对IMF工作的特性以及这些特性目前面临的问题做出阐述，为未来的改革提供方向。

1. 合法性

IMF的最高法律准则是《国际货币基金协定》。根据《协定》第一条，IMF的宗旨包括以下五个方面：（1）就国际货币问题进行磋商和协作，从而促进国际货币领域的合作；（2）促进国际贸易的扩大和平衡发展，从而有助于提高和保持高水平的就业和实际收入以及各成员方生产性资源的开发，并以此作为经济政策的首要目标；（3）促进汇率的稳定，保持成员方之间经常性贸易的多边支付体系，消除妨碍世界贸易发展的外汇管制；（4）在具有充分保障的前提下，向成员方提供暂时性普通资金以增强其信心，使其能有机会在无须采取有损本国和国际繁荣的措施的情况下，纠正国际收支失调；（5）根据上述宗旨，缩短成员方国际收支失衡的时间，减轻失衡的程度。

为了保障工作的合法性，IMF进一步建立了以下三个机制：（1）决策机制，IMF采取"加权表决"的投票权分配制度和"多数票"原则的表决权集中制度，并且采用"协商一致"原则，可经充分协商而达成一般合意；（2）份额与投票权机制，对成员方份额和投票的分配以及份额公式的设定直接反映了成员方经济在世界经济中的地位，进而决定了各成员方在IMF的话语权；（3）组织架构与人事制度，IMF现有的组织架构主要包括理事会、执行董事会、总裁、发展委员会等，彼此之间权责分明，相互监督。

但是，IMF的合法性也遭受了质疑。一方面，低收入国家能接受的贷款援助有所限制。从IMF贷款援助的历史看，无论发达国家还是发展中国家在其经济发展中都需要IMF的支持。然而，每个成员方可获得的贷款额度并不相同，取决于其在IMF的份额。这意味着份额较低的发展中国家和低收入国家可以获得的贷款额度相对较低。而发展中国家和低收入国家往往市场比较脆弱，发生危机的可能性更大，需要的贷款额度较多。在IMF现有的贷款援助机制下，对贷款限额的规定无法满足这些发展中国家的需求。

另一方面，少数西方发达国家在IMF这个当今最重要的多边全球经济治理机构中拥有过多的份额和投票权。20世纪大批非洲国家的独立促使IMF成员方数量和结构发生了改变，新兴市场和发展中国家发展迅速，经济实力明显增强，正逐渐成为牵引世界经济复苏的火车头。但是，它们在IMF的份额却被大大低估，代表性严重不足，而西方发达国家却始终掌握着大部分的投票权，使得 IMF 采取的措施大多符合发达国家的利益。以西方发达国家为主导的 IMF 必须做出相应调整，从而更好地反映世界经济的客观现实。

2. 可信性

IMF 作为世界上最重要的多边经济组织，确保其报告成果真实可信，才能更好地为成员方提供预警与援助。IMF 工作的可信性是有效性的前提，各成员方之间、IMF 和成员方之间如果能认可 IMF 发布报告的权威性，将会促进信息流通和多边合作，大大降低道德风险和逆向选择问题。因此，IMF 每年将会派出工作人员小组，前往将会开展项目的各成员方进行实地调查考验，与当局和社会相关人士进行座谈，采集经济数据，并通过严谨的计量模型进行分析，得出详尽的工作人员报告，公布在官网上。

但是，历次金融危机中 IMF 的表现遭到了许多国家的批评。一方面，IMF 监督范围过于狭窄，体现在三个方面：（1）没有涵盖所有金融产品和金融市场参与者，2008 年国际金融危机中以信用违约互换（CDS）为代表的高杠杆率衍生品在发达国家迅速扩张，使系统风险不断蔓延，但这并没有引起 IMF 的足够重视；（2）没有涵盖所有能够产生金融风险的重要问题，IMF 未能发现其背后隐藏的风险，对危机管理与问题银行处理框架也明显不足；（3）IMF 只重视对外部门政策的监督，对金融政策和财政政策的监督不够。

另一方面，IMF 的运作程序和信息公开也不够透明。IMF 缺乏完善的内控机构，内部监督不力，导致 IMF 的许多决策没有得到及时的纠正，执董会作为 IMF 的常设职能机构，其规模和成员结构也一直遭受争议，工作定位也不明确。同时 IMF 内部的选举流程并不是那么标准化，不仅高管人员国籍表现出显著的地域特征，关于总裁候选人资格及提名程序、总裁选举程序、总裁业绩考核与问责机制等相关环节均缺失或十分薄弱。这些程序环节上的信息缺位严重损伤了 IMF 的客观立场，削弱了其工作的可信性。

3. 有效性

当成员方陷入经济危机，发生国际收支不平衡、本币贬值、流动性紧张等问题时，IMF 会向其提供贷款项目，以非优惠贷款或优惠贷款的形式提供流动性援助。同时 IMF 会实行监督职能，评估双边或多边风险与脆弱性，为成员方政策调整确立方向。此外，IMF 的能力建设将通过实际专家建议、同行学习研讨会和政策导向培训，向各成员方提供相关技术支持。为了充分发挥 IMF 对世界经济的援助作用，扩大援助规模和提高援助项目有效性缺一不可。IMF一系列的对外职责正是对援助项目有效性的重要保证。

但是，IMF的有效性也有一些缺陷，主要包括以下三点。第一，危机预警与防范能力不足。反思过去历次及此次金融危机的暴发与蔓延，IMF监督职能的缺陷是重要原因之一。一方面，IMF没有加强对全球金融体系及成员方脆弱性的监测，未能及时预计到可能出现的问题并未雨绸缪地采取有力防范措施。另一方面，当危机暴发后，受危机影响的国家不得不向IMF贷款时，往往也难以忍受其极为苛刻的贷款条件，转而寻求其他筹资途径代替。从而大大削弱了IMF扮演危机防范者的能力。

第二，贷款援助方案过于僵化。在很多危机援助贷款中，IMF的援助方案过于教条，产生了不利的影响。成员方出现危机向IMF寻求援助时，IMF为了确保收回其贷款，往往建议成员方实行紧货币、紧财政或双紧缩的方案来刺激经济增长，而没有针对这些国家的具体问题进行具体分析，带来了严重的负面影响。例如，在东亚金融危机中，IMF忽视东亚国家的特殊政治、经济状况，提供不切实际的政策建议，引发了严重的社会和政局动荡，加剧了危机的严重程度。

第三，技术援助效力难以满足需求。近年来，成员方越来越多地要求IMF针对与全球化有关的问题提供技术援助，特别是在反洗钱和防范恐怖主义融资，加强公共投资、公司伙伴关系和财政风险管理，采纳数据以及金融和财政管理的国际标准和准则，克服金融部门评估规划所查明的脆弱性，以及开展债务可持续性分析等。然而，由于知识与核心专长升级滞后的限制，IMF在这些新领域中提供技术援助的效力和效率还远远不能满足实际需要，从而妨碍了它在预防金融危机功能的正常发挥。

（二）IMF的主要职责

1. 经济监督

IMF对成员方进行监督。从概念上说，其职责来自布雷顿森林体系中固定但可调整的汇率平价制度的监督者角色。实施有效监督的必要条件包括成员方需要提供及时、可靠和全面的数据、保证监督的连续性、突出监督重点、制定并遵守国际公认标准和守则、鼓励成员方增强政策透明度、促进信息流动等。IMF的监督分别双边监督、多边监督、地区监督等形式。双边监督是指对每个成员方的政策进行评估和提出建议。多边监督又称全球监督，是指对全球经济和金融市场的发展以及趋势进行监督。

2. 贷款

帮助成员方解决国际收支问题、应对经济危机、促进经济可持续增长是IMF的重要职责之一,贷款是其提供援助的主要手段。当成员方因为自然灾害、政治不稳定、金融危机等原因陷入国际收支不平衡时,IMF可以通过提供中短期贷款满足成员方的融资需求,改善国际收支失调问题,维持汇率稳定,同时根据贷款条件帮助和监督成员方制定积极的经济政策,利用贷款资金稳定经济基本面,努力恢复可持续的经济增长。IMF往往作为国际最后贷款人,为金融危机中的各成员方提供贷款援助。

3. 技术援助

IMF的另一主要职责是技术援助。技术援助是指IMF帮助各国和地区加强设计和实施稳健的经济政策的能力,在其核心专长领域提供建议和培训,包括财政、货币和汇率政策、金融系统的监督、统计和法律框架等。IMF通过实际专家建议、同行学习研讨会和政策导向培训,与财政部和中央银行等政府机构分享知识。IMF的技术援助工作使政府能够提供更好的服务,如改善在学校、公路和医院方面提供的服务。这些工作有助于促进经济环境稳定,并提高经济增长和创造就业机会。

四、IMF改革的动因

国际金融危机暴发后,IMF及时总结了经验教训,并采取了一些职能改革措施,在一定程度上增强了其合法性、可信性和有效性。尽管如此,危机下IMF的上述职能改革仍然不够充分和完善,其中许多是应对危机的临时举措。随着世界经济逐渐步入后危机时代,出现了诸多新的现象与问题。这些问题为IMF的职能改革带来了新的挑战与考验,也是IMF改革的推动力。因此,IMF职能改革仍需进一步深化,从而更好地适应新的世界经济现实与环境中的成员方需求。IMF改革的动因可以归纳为以下六点:

(一)世界经济格局变化

金融危机暴发后的几年里,世界经济格局发生了重大变化。美国和日本尽管仍然是世界上领先的经济体，但它们在危机中都遭了受严重创伤；欧洲国家在危机中也损失惨重，一些国家仍然处于欧债危机的复苏过程中。相反，以"金砖四国"为代表的新兴市场和发展中国家迅速崛起，保持了持续高速的经济增长，综合实力不断提升，对世界经济增长贡献巨大。这种新情况迫切要求改革现有的针对新兴市场和发展中国家的不利政策，IMF在职能发挥上应更多地考虑它们的利益。

（二）世界经济复苏不强劲和高失业率

危机后的世界经济可持续发展面临障碍。一方面，危机后推动世界经济复苏的主要动力是库存积累和财政刺激。但是库存积累即将结束，很多国家或地区财政刺激也在逐渐退出，大多数发达国家或地区已经难以依靠消费和投资来拉动经济增长。相反，新兴市场和发展中国家消费、投资和净出口均在支持强劲增长，但其产出也将接近潜能。另一方面，自2007年以来每年大约新增3000万失业人口，其中75%来自发达国家。世界经济存在复苏动力不足和高失业率的问题，IMF需要改革自身职能，更好地适应成员方的发展需求。

（三）全球金融安全性不足

2010年以来，以希腊和爱尔兰为首的欧元区国家先后暴发了主权债务危机，其带来的市场动荡导致金融稳定进程出现倒退。主权国家的政府财政可持续性面临挑战，高额外债的风险外溢至银行部门，影响融资渠道并感染实体经济。一国的风险还会积累蔓延至他国，增加了全球金融的系统性风险。另外，由于当前发达国家经济增长放缓，新兴市场的增长潜力颇受投资者青睐，大量的资本流入使后者的宏观经济与金融风险不断增加。上述两方面风险的积累迫使IMF加快建立全球金融安全网的工作进程。

（四）全球外贸环境和货币体系不稳定

美国在国际金融危机后的举措对全球经济均衡发展构成了较大威胁。一方面，许多新兴市场国家保持巨额经常账户顺差，国际储备屡创新高。而美国贸易赤字巨大，使得当前贸易保护问题突出，抑制了市场信心和经济增长。另一方面，无论是美国在危机后实行的量化宽松政策，还是2015年开启加息周期，美元作为国际货币体系主导货币，都使其他国家面临货币升值或贬值压力，再次引发各方对汇率战的担忧。因此，如何推动全球经济外部重新恢复平衡以及摆脱当前国际货币体系的无序状况，将是IMF亟待解决的难题。

（五）IMF治理结构的内在弊端

长期以来IMF份额和投票权机制难以公平体现世界经济力量的对比变化，具有份额分配缺乏科学性和透明性、基本投票权让位于加权投票权、发达国家所占的份额过大、欧洲国家在执行董事会所占的席位太多、美国"一股独大"等问题，没有体现新兴市场和发展中国家"在世界经济中的应有地位。决策机制的不健全也影响了其职能的合理发挥。国际金融危机使得世界各国以及IMF本身决心改革其内部治理机制。唯有进一步改革IMF的内部治理机制才能进一步巩固对外职能改革的积极成果，使其改革更加全面和系统（谢世清，2011）。

（六）完善对低收入国家的援助

许多低收入国家或地区在金融危机中也深受重创，至今未能得到很好的恢复。尽管IMF在帮助这些国家摆脱危机影响时特意放宽了贷款条件，但出于对贷款回收上的考虑，IMF贷款时仍旧附加了限制政府支出等条件。受援国在申请灵活信贷额度（FCL）时宏观经济改革措施也必须满足IMF的要求。目前只有哥伦比亚、墨西哥和波兰才有资格获得该项贷款，而很多低收入的危机国实际上很难获得灵活信贷额度（FCL）的贷款支持。IMF需要进一步完善对低收入国家的援助，在提供足够援助与维持自身可持续运营之间取得平衡。

五、IMF的改革方向

世界经济形势的变化和出现的种种问题，迫切要求IMF的现有职能对此做出改革。IMF 未来的改革应致力于进一步提高合法性、可信性和有效性。反观 IMF 在金融危机暴发后所采取的一系列职能改革措施，可以发现这些措施还存在诸多不尽如人意的地方，未来 IMF 的职能仍需要进一步完善。由于 IMF 的对内职责主要包括决策机制、份额与投票权和组织架构与人事制度，对外职责主要包括经济监督、贷款和技术援助。因此，下面将从这六个方面阐述 IMF 未来的改革方向（谢世清，2011）。

（一）决策机制的改革方向

IMF 的决策机制应向加强成员方之间的协调的方向转变。首先，国际金融危机凸显出 IMF 缺乏在全球范围内对成员方的经济与金融进行有效协调的功能；其次，即使在没有危机的正常情况下，也存在许多需要成员方彼此合作、共同解决的议题，也需要 IMF 加以协调。最后，国际货币体系的最终目标应当是建立超主权国家的国际储备货币，而其实现过程必然会招致美国等西方发达国家的反对。因此，新的国际货币体系的建立势必要求 IMF 与成员方相互协调，克服障碍，确保其更平衡、更稳定、更公平。

IMF 的决策机制应向加强与其他国际经济组织的协调的方向转变。目前全球经济治理中存在着一系列国际经济组织，但彼此间的职能没有很好地界定。例如，IMF 与世界银行、世界贸易组织由于缺乏有效协调机制，它们在应对危机上只能采取一些临时性措施（Bradlow，2009）。这就要求 IMF 加强与其他国际组织的协调，共同促进全球经济与金融的稳定有序发展。此外，解决目前经济复苏缓慢、失业、汇率问题等，也需要国际层面的协调合作。虽然 G20 为解决这些问题提供了平台，然而如果没有 IMF 的协调，G20 协议将缺乏有效的实施手段。

（二）份额和投票权的改革方向

IMF 的份额和投票权应向更加公平科学的方向转变。IMF 成员方的投票权以份额计算公式为基础，公式则由诸多参数和对应的权重构成。从 IMF 先后四次形成的份额公式看，其参数和权重选择缺乏科学依据，随意性较大，缺乏透明性，严重影响份额公式作为决定成员方份额和投票权的客观依据的公平性与合理性。此外，IMF 的份额分配还呈现出强烈的历史继承性，很大程度上损害了 IMF 在全球金融治理的合法性。因此，IMF 应该更加注重制定科学合理的份额公式，保障各成员方的应得利益。

IMF 的份额和投票权应向更能反映世界经济格局的方向转变。份额公式夸大了发达国家在世界经济中的分量，而新兴市场和发展中国家经济实力的增长却未能在份额及投票权中得到应有的体现。IMF 应该通过简化和改革份额公式，提高新兴市场和发展中国家在 IMF 中的话语权，使份额及投票权分配结果能够基本反映各成员方在世界经济中的相对地位。因此，在 IMF 份额公式改革中，能够对成员方的宏观经济状况产生影响的重要变量以及有利于提升发展中国家份额占比的重要变量逐渐应得到进一步重视（黄梅波、陈燕鸿，2014）。

（三）组织架构与人事制度的改革方向

IMF 的组织架构和人事制度应向透明度更高的方向转变。主要包括三个方面：(1) 廓清组织内各机构的职责界限，提高各机构之间的独立性，避免业务重叠带来的低工作效率；(2) 提高总裁选举程序的透明度，建立针对总裁的问责机制，并消除长期以来 IMF 总裁人选明显的区域来源特征；(3) 及时根据世界经济政治格局变化对 IMF 内部机构的规模和结构做出调整，扩大新兴市场和发展中国在执行董事中的席位，避免执董会内部发展中国家处于劣势地位的不平衡现象。

IMF 的组织架构和人事制度应向提高工作人员多样性的方向转变。这里的多样性包含国别多样性和专业多样性两个方面。一方面，IMF 未来应注重在全球范围内招收工作人员，改变以往 70%～80% 的工作人员来自西方发达国家的现状。增加发展中国家背景的工作人员比例，以便加强发展中国家与 IMF 的沟通与合作以及增强其在 IMF 的发言权；另一方面，IMF 应同时提高工作人员的专业背景和知识结构的多样性，及时根据经济形势和研究进展更新数据质量和技术手段，以便更好地处理世界经济迅速变化中所出现的新问题（谢世清，2010）。

（四）监督职能的改革方向

IMF 的监督职能应向更好地防范金融危机的方向转变，着力于危机前和危机爆发的初始,主要包括四个方面:(1)加强对整个金融体系及成员方宏观经济的监测,以便及时发现其中的脆弱环节,从而及早预测到问题并采取有力防范措施;(2)进一步提高成员方及早向其寻求援助的积极性,从而防止危机发生、加剧和蔓延,这就要求IMF进一步改革其贷款条件,使其更具灵活性与可接受性;(3)政策上更具多元化,使其更好地满足成员方实际需求;(4)确保提供的贷款资金在支取上更具便利性。

IMF的监督职能应向稳定全球金融体系的方向转变。鉴于全球金融稳定对世界经济发展具有保障作用,IMF须积极消除那些对全球金融体系稳定构成威胁的隐患:(1)应关注成员方公共债务的持续性状况,将财政政策纳入监督范围,及时为财政状况显露危险征兆的国家发出警告;(2)应加强对跨国资本转移的调控,防止国际私人资本的大规模流动对金融市场较为脆弱的新兴市场和发展中国家造成冲击;(3)还应将复杂的金融衍生产品,如抵押债务工具、CDS等及其市场纳入其监管范围,缩小监管真空地带。

IMF的监督职能应向加强对发达国家的监督以及对金融部门的监督的方向转变。过去,IMF过多地强调对发展中国家以及对外部门尤其是汇率政策的监督,忽视对发达国家的经济监督,对这些国家的金融政策的监督力度不够。近年来,发达国家金融政策问题引发了全球性系统风险,进而酿成了金融危机,不仅对这些国家本身造成巨大冲击,还祸及许多发展中国家,对世界经济增长和就业带来严重打击。因此,未来IMF应加强对发达国家的监督,监督范围也由对外部门政策扩展到金融政策。

(五)贷款职能的改革方向

IMF的贷款职能应向更好地缓解金融危机的方向转变。IMF贷款资金主要依靠成员方认缴的份额,如果没有足够财力为所有危机国家提供贷款,则不具备国际最后贷款人的实力。因此目前IMF应采取下列措施来提高其对金融危机的缓解能力:(1)应完善现有的FCL等新型贷款工具的依附条件,以使更多的国家可以获得援助;(2)应逐步增加更多的快速灵活的新贷款工具;(3)应放宽其贷款限额,改变限额受限于成员方份额的状况;(4)还应使双边借款和发债等筹资方式常态化,扩大资金来源以增强危机援助能力。

IMF的贷款职能应向扩大对国际贸易收支失衡的援助的方向转变。当前部分国家贸易失衡严重,尤其表现为发达国家积累贸易逆差,新兴市场和发展中国家积累贸易顺差,外部不平衡严重阻碍了全球经济的可持续复苏。重新恢复平衡除了应在逆差国和盈余国之间进行协调外,IMF也应积极加大对贸易赤字国的援助力度。未来IMF仍应将对成员方贸易收支失衡的支援作为其贷款援助的重要方向。除了继续通过普通贷款、中期贷款和各种特殊贷款提供援助外,IMF还应积极创建新的贷款设施,以帮助成员方尽快恢复国际贸易收支平衡。

IMF的贷款职能应向加强对低收入国家的支援的方向转变。低收入国家往往在IMF中的话语权少,经济结构不平衡,可持续发展能力较弱。鉴于低收入国家的特殊性,IMF应多方面加强对它们的优惠贷款援助:(1)当低收入国家深陷危机时,应积极提供贷款援助;(2)当低收入国家经常账户出现赤字时,应积极提供不附加与宏观经济和汇率管理有关条件的援助;(3)应就增强低收入国家资源的流动性方面加大对低收入国家援助;(4)向那些并未向其借款的低收入国家提供逆周期、促增长的贷款;(5)为低收入国家减债提供更多支持。

(六) 技术援助职能的改革方向

IMF的技术援助职能应向优化资金使用的方向转变。目前技术援助是IMF的第三大现有职能,其所用资金占据了IMF总支出的五分之一。近年来危机防范方面的技术援助需求剧增,使得技术援助资金紧张问题尤为突出。因此,未来IMF应适当扩大资金规模,并进一步合理优化其资金使用,以缓解其技术援助资金压力。IMF应对其技术援助项目设定优先顺序并以此为标准依次进行援助。同时,它还应对技术援助项目进行追踪、监测及评估,以落实技术援助部门的问责制。

IMF的技术援助职能应向增强援助效果的方向转变。总体上看,IMF的技术援助应更加着力在危机前对危机进行预警与防范,在危机中对危机进行管理以防止其蔓延和造成恐慌,在危机后对抵御危机政策措施的退出进行合理安排。此外,全球经济一体化所带来如反恐、反洗钱和热钱等新问题也会对IMF的技术水平提出新的要求。为此,IMF技术援助必须扩大技术援助工作团队规模,拓展其技术援助服务范围,及时更新升级技术水平,跟上经济发展与知识更新的步伐,以提高援助的效果。

六、结　　语

　　IMF 的成立背景是金本位制度的崩溃，在经历了凯恩特方案和怀特方案的争辩后，各成员方接受了最终的修正方案，正式成立了 IMF。《国际货币基金协定》制定了 IMF 的宗旨。IMF 的宗旨是其他各条款的总指导，其修订过程及具体内容变化体现了 IMF 改革的总体思路和方向。IMF 的早期发展主要集中在平价制度的建立上，最终 IMF 采取了较为务实的态度，并不坚持要求成员方急于取消多重汇率。近年来 IMF 的发展与国际经济形势的变化息息相关，遭遇了国际金融格局变化巨大、国际资本流动自由化浪潮等机遇和挑战。

　　随着世界经济格局的变化和国际金融体系逐渐暴露的风险，为了适应这些变化，IMF 共对《国际货币基金协定》进行了七次修订。在这七次修订中，IMF 的宗旨并未发生过太大的变动，但是其他条款的变更则体现出 IMF 对内治理和对外职能的改革路程，尤其是第二次、第六次和第七次尤为重要，不仅有效优化了内部治理结构，提高了选举透明度，通过重新分配份额为被低估的新兴市场和发展中国家提供了更为合理的贷款额度和投票权也为我们展望 IMF 的未来发展提供了重要参考。

　　IMF 的特性可以总结为合法性、可信性和有效性。IMF 根据《协定》开展工作，通过完善内部治理机制保障工作的可信性，并通过监督保障项目实施的有效性。但是，合法性方面，发展中国家和发达国家在话语权上具有明显的不平衡；可信性方面，IMF 的运作程序和信息公开也不够透明，监督范围不够广泛；有效性方面，IMF 在金融危机中被质疑危机预警与防范能力不足、贷款援助方案过于僵化等。IMF 的主要职责包括经济监督、贷款和技术援助，它们在维护国际经济环境稳定和促进成员方发展方面发挥了重要作用。

　　国际经济形势的变化和随之出现的各种问题成为 IMF 改革的动因，主要包括以下六个方面：（1）世界经济格局变化巨大；（2）世界经济复苏不强劲，失业问题严重；（3）全球金融安全性不足；（4）全球外贸环境和货币体系不稳定；（5）IMF 治理结构存在内在弊端；（6）对低收入国家的援助尚有待完善。这些问题在后危机时代为 IMF 带来了新的机遇和挑战，要求 IMF 进行有针对性的转变与改革，从而能够适应客观经济的现实需求，更好地帮助成员方解决经济问题，稳定全球经济运行。

IMF的改革方向可以从对内和对外两个方面阐述。对内方面，决策机制应向加强成员方之间的协调、加强与其他国际经济组织的协调的方向转变；份额和投票权应向更加公平科学、更能反映国际格局的方向转变；组织架构和人事制度应向透明度更高、工作人员更多样的方向转变。对外方面，监督职能应向防范危机、稳定全球金融体系、加强对发达国家和金融部门监督的方向转变；贷款职能应向扩大对国际贸易收支失衡的援助、加强对低收入国家的支援的方向转变；技术援助职能应向优化资金使用、增强援助效果的方向转变。

第一篇

国际货币基金组织治理结构及其改革

第二章

IMF 的治理结构及其改革

IMF 作为第二次世界大战后建立的国际经济秩序的重要组成部分,其治理结构突出反映了其国际组织的性质,需要尊重民主政治和国际法治的通行原则,尽可能广泛地体现其成员方的意志和利益。IMF 治理结构的改革,对于解决其作为一个以资本多数决为基本议事规则的金融机构在决策过程中可能出现的控制和操纵等问题,具有重要意义。在治理结构的改革中,IMF 通过份额的调整,投票权机制的改变等措施,最大程度地完善其制衡机制,确保每个成员方"均享有充分主权之固有权利"。

IMF 投票权与治理结构的改革长期以来一直是发展中成员方重点关注的对象。其中,2010 年的份额与投票权改革是一次最大规模的有利于新兴市场和发展中国家的份额转移方案。这次改革认可了新兴市场和发展中国家在全球经济体系中的重要性,取得了发展中国家和发达国家平等分享投票权的实质性进展。这也意味着 IMF 这个国际金融体系中最为核心的机构正在逐渐适应世界经济版图的多极化发展趋势,将有利于促进全球经济治理框架的公平性、包容性和合理性。

本章对 IMF 的治理结构及其改革进行探究。第一部分介绍成员方,几乎全球所有国家和地区都成为 IMF 成员方;第二部分阐述份额与投票权机制,描述了份额的三大功能及投票权机制的变化情况;第三部分说明决策主体与机构,包括理事会、执行董事会、总裁以及国际货币和金融委员会;第四部分阐明问责制,指由独立评估办公室为主导的对 IMF 各部门进行审查、管理的内部监督机制;第五部分分析 IMF 的人力资源管理,着重探究了理念的变化与革新;第六部分对本章进行总结。

一、成员方

（一）申请条件

IMF 向每一个能够管理其本身的对外事务、愿意并且能够履行国际货币基金协定条款所规定的成员方各项义务的国家敞开大门。只要一个国家在加入之后，遵守 IMF 宗旨，并且采取切实步骤向 IMF 的目标靠拢，就可以被接纳为成员。从许多非市场经济国家逐渐加入 IMF 的事例中，也可以得到证实。1991 年，当 IMF 只有 155 个成员方时，就有 20 多个国家并不属于市场经济国家。此外，IMF 还提供制度转型贷款以帮助这些成员方（东欧和独联体）克服从计划经济向市场经济转型中遇到的困难。

迄今为止，IMF 成员方已经达到了 189 个国家，实现了成员方的普遍性目标。而这一目标，也正是 IMF 创立者所期望的事情。IMF 的成员，可以分为两类：一类是创始成员，包括参加过 1944 年布雷顿森林会议和 1945 年 12 月 31 日以前在基金协定上签字成为成员的国家和地区；另一类则是创始国之外的其他成员方。当非创始成员方提出申请，并确定了加入的条件后，经理事会表决同意，由申请方在协定上签字，从而完成加入 IMF 的规定程序。一般而言，创始成员方与其他成员方需履行相同的义务和承担相同责任。

1. 创始成员方

1944 年，44 个国家的代表在美国新罕布什尔州参加了布雷顿森林会议，宣布成立国际货币基金组织（IMF），构建了战后国际货币体系的新秩序。但是，当时的苏联不愿向 IMF 提供有关的经济和金融信息，也不愿接受 IMF 的监督和承担有关货币和经济政策的义务，并拒绝在协定上签字。所以，除苏联外，其他参加布雷顿森林会议的国家均加入了 IMF。中国是 IMF 的创立国之一，但由于历史原因，中国在 IMF 的合法席位直到 1980 年 4 月 17 日才得以恢复。目前在 IMF 的整体运行中，创始成员方仍发挥着极其重要的作用。

2. 其他成员方

IMF 的成员方数目在不同阶段呈现出不同的增长态势。1945 年成立之初，成员方数目虽逐渐增加，但速度较慢。截至 1959 年，IMF 才由最初的 44 国增至 69 国。随着 20 世纪 60 年代原殖民地国家纷纷独立，参加 IMF 的国家和地区迅速增多。进入20世纪90年代后,成员方迅速增加。其原因则与当时的国际经济环境有很大关系,而1989年"东欧剧变"和苏联解体,是造成这一变化的重要原因。21世纪以来,许多国家经济体制的变化与经济实力的增强,也带来了成员数目的高速增长。

按照一般的程序,经过各种形式的初步接触之后,正式申请加入IMF的国家,应由国家元首或外交部部长等高级官员签署有关申请文件。IMF在接到申请书后,将很快派遣一个资格审查团到该国。检查团的主要目的,是加强相互了解,并且收集必要的数据以计算该国在IMF中的份额。工作人员将计算出来的份额,向一个由5~8位执行董事组成的委员会报告。经过这个委员会审议,并且征得申请过的同意,将提交IMF理事会进行表决。理事会根据审查团提供的报告与投票权机制,对该国或地区是否被纳入成员进行最终决议。

表决吸收IMF新成员的方式有两种:一种方式是采取邮寄方式投票,也是通常的做法。由于需要征集到2/3以上理事的意见,并且代表50%以上的投票权,所以,获得表决结果一般需要30天时间;另一种表决方式是在IMF年会上进行。无论以何种方式表决,只需简单多数就可通过对成员方的资格审查。当申请方在IMF协定条款的原始文本上签字之后,该国或地区就正式被IMF接纳为会员方。古巴、朝鲜、安道尔、列支敦士登、瑙鲁、摩纳哥和图瓦卢等7个国家是目前仅有的非IMF成员的联合国成员。

(二) 退出条件

IMF的成员方也可以放弃成员方资格,如前述一些国家那样,只需要书面通知IMF就可以方便地做到这一点。当然,有时不是愿不愿意放弃的问题,如果某成员方不能按照IMF的规定履行义务,IMF可以剥夺该国使用IMF普通资金的资格。或者,当该国在一段时间后仍不能履行IMF的有关义务,在有多数投票权同意的情况下,IMF可中止其投票权,甚至中止其成员方资格。成员方的主要义务包括欠款偿还、提供本国或地区经济资料、在外汇政策和管理方面接受IMF监督等。

然而,成员方必须按期履行义务以保持身份,否则,无法继续享有IMF成员方所特有的资金融通等方面的便利。在《国际货币基金协定》第三次修正案中,就对始终不能履行偿还对IMF欠款义务的成员方做出明确的警告。假若在被宣布无资格使用IMF普通资金后的一段时间内,某成员方仍不能履行还款义务,在获得70%投票权同意的情况下,IMF可暂时中止该成员方的投票权。如果在此后一段时间内,该成员方仍无法履行还款义务,则在80%投票权的情况下,可以要求该国或地区退出IMF。

二、份额与投票权机制

(一) IMF份额的来源与分配

IMF份额的分配是IMF决策机制的基础,也是IMF的支柱与精华。它是IMF在多次改革过程中逐渐摸索、改善而得出的,对成员方地位进行划分与管理的有效途径,也是IMF作为多边国际组织的重要特点。根据《国际货币基金协定》第三条"份额和认缴款"规定,IMF成员方的认缴款等于其份额。IMF会基于每一成员方的经济规模、经济开放度、波动性以及外汇储备水平等因素,分配以一定的以特别提款权来表示的份额,从而反映所谓的一个国家的"相对经济地位"。

IMF通过份额调整并利用新增份额的不同分配来体现各国和地区经济地位的相对变化。份额的任何变更,需经85%的多数票通过,并需要占总投票权85%的五分之三的成员方签字认可。IMF在实践中发展出一些定量标准来"计算"份额,作为确定新成员方初始份额及调整现有成员方份额的参考依据。在2016年的份额调整中,中国成为仅次于美国和日本的IMF第三大份额国。IMF一般每五年对份额进行一次总审查,并在此基础上进行调整。根据某一成员方的要求,IMF如认为合适,也可在任何其他时候考虑单独调整该国之份额。

(二) IMF份额支柱功能解读

通过对IMF份额法律性质以及《国际货币基金协定》的研究,分析得出IMF份额具有贷款、储备和决策三大支柱功能,分别对应成员方的三大核心权利——普通提款权、特别提款权和投票权。成员方从IMF可获得的融资数额(即贷款限额)以其份额为基础,而成员方认缴的份额决定了IMF分配给各成员方的国际储备资产以及成员方在IMF决策中享有的投票权数。IMF份额是成员方在 IMF 中的地位与重要程度的代表。一般而言，有能力认缴更多款项的成员方能够获得更大的权利。

(三) IMF 份额与投票权的决定与调整

份额多少取决于成员方的经济规模、经济开放程度、波动性及外汇储备水平等因素，反映一国在世界经济中的"相对经济地位"。根据《国际货币基金协定》，各成员方向 IMF 认缴的股本为该成员方的份额。份额主要有四个作用：(1) 决定了成员方向 IMF 应认缴的资金数额，构成了 IMF 的主要资金来源；(2) 决定了成员方投票权的大小；(3) 决定了可以获得 IMF 贷款的最高限额；(4) 决定了能够从 IMF 获得的特别提款权 (SDR) 分配的数量。因此，份额对各成员方而言意义重大。

总投票权是基本票和认缴份额所代表的加权票之和。每个成员方都拥有 250 票基本票，体现了主权国家平等的原则。此外，每增加 10 万 SDR 份额便增加 1 票，反映了成员方的经济实力。鉴于份额大致反映成员方在全球经济中的位置，IMF 每隔 5 年进行一次投票权份额总检查，评估其资金基础是否充裕，并根据审查调整单个成员方的份额，以恰、及时地表明该国在全球经济中相对地位的变化。一旦检查调整不及时，可能使 IMF 份额分配格局与世界经济版图格局的差距扩大。

IMF 的总份额调整改革可细分为普遍调整和特别调整，与普遍增资和特别增资相对应。普遍增资就是所有成员方按现有份额等比例增资，其目的在于扩大 IMF 的资本金，成员方的份额比例保持不变；而特别增资是增加个别国家或地区的份额，稀释其他成员方所占比例。无疑，特别增资才能改变 IMF 的投票权结构，并反映成员方经济地位的相对变化。表 1 中展现了 IMF 历次份额总检查的情况与其份额变化的情况。第一、二、三、十、十二和十三次总检查不增加份额，其他八次总检查和 1959 年 4 月都通过决议进行了特别增资（见表 2-1）。

表 2-1　　　　　　　　历次 IMF 的份额总检查

份额检查	决议采纳时间	总份额增加（百分比）
第一次五年检查	不增加份额	—
第二次五年检查	不增加份额	—

续表

份额检查	决议采纳时间	总份额增加（百分比）
1959 年	1959 年 4 月	60.7
第三次五年检查	不增加份额	—
第四次五年检查	1965 年 3 月	30.7
第五次总检查	1970 年 2 月	35.4
第六次总检查	1976 年 3 月	33.6
第七次总检查	1978 年 12 月	50.9
第八次总检查	1983 年 3 月	47.5
第九次总检查	1990 年 6 月	50.0
第十次总检查	不增加份额	—
第十一次总检查	1998 年 1 月	45.0
第十二次总检查	不增加份额	—
第十三次总检查	不增加份额	—
第十四次总检查	2016 年 1 月	100

资料来源：IMF 官方网站（www.imf.org）。

当然，除了上述 IMF 根据情况对份额进行必要调整外，对于每个成员方来说，它们也可以按照本国（地区）经济形势的变化随时申请调整其份额。一般来说，份额的增加总是按照一定比例进行的。按成员方现有份额，75%的增资，按比例分配给所有成员方。另外 15% 份额，根据份额公式进行计算，得到各成员方相应的增资比例。还有 10% 的份额，则分配给那些计算份额比重大大超过实际份额比重的国家（地区）。这一份额公式，是根据国（地区）内生产总值、经常账户交易和官方储备来测算成员方在世界经济中的相对地位。

1. 份额的贷款功能——普通提款权

IMF 的主要职能之一，就是用成员方所缴纳的份额向遇有国际收支困难的成员方提供普通资金贷款。与一般的商业贷款不同，按《国际货币基金协定》的要求，IMF 通过与成员方交换货币向成员方放出或收回融资资源。当成员方行使提款权时，它用本国货币向 IMF "购买（Purchase）"外汇或者特别提款权。反之，当成员方向 IMF 还款时，它就用外汇或特别提款权向 IMF "购回（Repurchase）"本国货币。这种贷款安排使得特别提款权实质上成为一种贷款性质的国际货币。本书第四章详细阐述了 IMF 的资金来源与运作。

自《国际货币基金协定》开始生效时，普通提款权就占据了 IMF 业务的主体。它的设定，直接针对国际收支平衡状况，是以国际经济组织的身份介入成员方宏观经济调整最显著的例子。成员方的普通提款权又可分为储备部分和信用部分。其中，储备部分占成员方份额的25%，成员方可无条件提取这部分贷款，无须受IMF的审查，也不需支付利息。储备部分相当于普通银行的准备金部分，保证成员方在有需要贷款时，IMF能够至少提供一部分贷款以应对成员方的需求（卢萍，2003）。

普通提款权的信用部分占成员方缴纳份额的100%。它共分四个档次，每档等于所认缴份额的25%。对超过储备部分的提款申请，IMF应详细审查，决定其是否符合《国际货币基金协定》和根据该规定所制定的政策。这正是IMF贷款中备受关注和饱受争议的贷款条件性。简而言之，普通提款权是IMF成员方根据缴纳份额所享有的提款权利。普通提款权一般在3~5年后需要偿还。总之，普通提款权等同于信用卡，可透支。这张信用卡的额度与持有信用卡的资格则需要通过严格的审查。

此外，通过对普通资金账户的使用，IMF还设有"借款总安排"和"新借款安排"这两项常备多边借款安排。《国际货币基金协定》第七条第一款关于IMF补进货币的办法中规定了借款总安排制度。在普通资金账户中，若有关业务所需要的某种成员方货币亟待补进时，在与该成员方协议的期限和条件下，IMF可向该成员方提议借入稀少货币；或经该国同意，向其境内或境外的其他来源借入稀少货币；或要求成员方向IMF出售其货币。总之，IMF为及时满足成员方贷款要求有诸多常备措施。

这就是IMF向成员方借款或要求成员方出售本国货币的法律依据。其中，借款总安排是西方十国集团成员方以其本国货币提供给IMF作为备用信贷的特别协议。该协议于1962年签订并生效，规定了IMF在国际短期资金发生巨额流动、可能引发货币危机时，可从十国集团借入总额为60亿美元以内的资金，贷给发生危机的成员方，以帮助其稳定货币汇率。这笔资金由十国集团成员方分摊。其中，美国承担20亿美元，联邦德国和英国各分担10亿美元，其他国家则从1亿到5.5亿美元不等。

新借款安排（New Arrangements to Borrow，NAB），是当IMF因为贷款需求而需要增加其份额时和38个成员方（其中包括新兴市场国家）之间达成的一组信贷安排。一旦激活此安排，新借款安排可以为IMF提供额外的高达1824亿特别提款权（约合2530亿美元）的特别提款权。新借款安排设立于1997年，当时有25个成员方参与。新借款安排是由借款总安排发展而来的。

与借款总安排相比,新借款安排设立时间较短,标准更为宽松,参与国家不仅包括十国集团,还包括新兴市场国家。

2. 份额的储备功能——特别提款权

特别提款权(SDR)是 IMF 按照成员方缴纳的份额分配给各成员方的国际储备资产,是 IMF 于 1969 年进行基金协定第一次修订时创设的一种储备资产和记账单位,旨在补充成员方的官方储备。它与黄金、外汇储备一同构成成员方的国际储备。特别提款权是账面资产,是虚拟资产,虽不能直接用于贸易或非贸易支付,但可用于国际收支平衡或国际结算等之需。特别提款权可用于交换可自由使用的货币。特别提款权是 IMF 根据份额向成员方分配的一种资产,由成员方自由支配和使用,且使用特别提款权后无须偿还。

形象地说,特别提款权是借记卡,有多少用多少。2015 年 11 月 30 日,IMF 正式宣布人民币将于 2016 年 10 月 1 日加入特别提款权。这意味着 IMF 正式为人民币作为国际储备货币背书,人民币的国际化地位得到了国际法的保障,有效提升了人民币蕴含的国际法治信用(丁志杰,2010)。截至 2017 年底,特别提款权的总量增至 2041 亿特别提款权,约相当于 2850 亿美元。目前,特别提款权中一篮子货币的权重分别是:美元 41.73%,欧元 30.93%,人民币 10.92%,日元 8.33%,英镑 8.09%。

3. 份额的决策功能——投票权

IMF 成员方份额的大小决定了投票权的多少。IMF 每个成员方首先拥有相同数目的 750 票基本投票权,然后按成员方持有的以特别提款权计算的 IMF 份额。每 10 万特别提款权可多得一票,再加基本票数,即为一成员方在 IMF 中的总票数。可见,IMF 实行的是以成员方所持份额为基础的"加权表决"制。IMF 的表决方式分为简单多数通过和特别多数通过,特别多数又包括 70% 特别多数和 85% 特别多数。非重要事务只需简单多数,但重要事务须经总投票权 70% 多数通过。另外,重大事项须有 85% 以上的投票权方能决策实施。

(四) IMF 的投票表决制度

1. 加权投票制

IMF 采取加权投票制,每个成员方的投票权由基本投票权和加权投票权两部分组成。每个成员方拥有相同数目的基本票。在此基础上,根据各国所认缴的份额，每增加 10 万 SDR 可增加 1 票。此外，《协定》还规定，截止投票日，从 IMF 普通资金中净出售的该国货币价值应为每 40 万 SDR 增加一票；凡截止投票日，该国按第五条第 3 款（b）项和（f）项的净购入额的该国货币价值每 40 万 SDR 应减少一票，但不论净购入还是净售出，均要求在任何时候不得超过该国份额。

加权投票制是布雷顿森林体系构建过程中一国一票制和纯粹以份额决定投票权的两种方案的折中。由于基本票只占总票数的很小部分，因而投票权基本上取决于份额，即 IMF 成员方的投票权分布格局基本上与份额的分布相同。但与纯粹以份额决定投票权相比，一定数额的基本票能够给予经济实力相对较弱的国家一定的话语权，保证了成员方的利益。与一国一票制相比，加权投票制又考虑了成员方的相对经济地位，更为合理。因此，该制度，以及相应的投票权利安排，是最为公平而有效的。

加权投票制将各成员方的权利与其对 IMF 的贡献结合起来。一方面有利于保证 IMF 的资金来源，增强其融资能力同时也在一定程度上反映了世界各国经济力量的对比，有利于调动各国参与 IMF 的积极性；另一方面，也造成了发达国家拥有大部分投票权、以美国为首的发达国家控制和操纵 IMF 的局面。截至 2016 年，除中国外，位居 IMF 投票权前五位的都是发达国家，其中美国拥有 16.77% 的投票权，位居第一。而最小的南太平洋国家图瓦卢只有 755 票，占总票数的 0.03%。

此外，自 IMF 成立至 2011 年 3 月 3 日这 60 余年中，成员方的基本投票权保持 250 票不变。加权投票权则随着成员方份额的变化加以调整基本投票权在总投票权中的比重下降，直接后果是实力弱小的发展中国家在 IMF 会议上的发言权减弱。直至 2011 年 3 月 3 日，IMF 才通过投票表决，基本票升至 750 票。低收入国家（Low Income Countries，LIC）的话语权和影响力得到一定程度的提高，进一步保证了 IMF 各成员方力量的均衡。在 2016 年第十五次份额检查中，IMF 更重视提高新兴市场和发展中国家占比。

2. 多数票原则

IMF 的表决权集中制度采取多数票原则，包括"简单多数（Majorites）"和"特别多数（Special Majorities）"两种形式。"简单多数"是指超过总票数的 50%。例如，"执行董事会每次会议的法定人数应为过半数执行董事，并代表不少于半数的总投票权""结束中止 IMF 相关业务需总投票权多数同意"。此外，《协定》第十二条第 5 款（c）项明确指明"除另有特别规定外，所有

IMF 的决议，必须有投票的过半数决定"。由于缺席或者有资格投票的执董等原因而没有投的票不计在内且不被视为反对票。

"特别多数"一般是指总投票权的 70% 或 85%。由于"特别多数"是针对"总投票权"而言，因此由于缺席未投的票被计入反对票。85% 的特别多数票原则意味着美国凭借其 16.75% 的投票权而对 IMF 重要事项拥有一票否决权。少数情况下的"特别多数"原则还涉及"双重多数"机制。所谓"双重多数"，即不仅要求投票权的 70% 或 85% 同意，还要求其他维度的多数同意。例如，《协定》第二十八条（a）规定："本协定的修改需经总投票权的 85% 以及 3/5 的成员方同意。"

IMF 成立后，以美欧为首的发达国家为了加强对 IMF 的控制，不断扩大特别多数票原则的使用范围。特别多数票决议事项种类的增加扩大了美欧等国家及发达国家集团一票否决权的行使范围，同时拉大了发达国家和发展中国家的权力差距，加剧了成员方之间的不平等现象（孟国碧，2002）。这与 IMF 对于基本票的改革初衷与份额改革的导向是相违背的。IMF 的改革总是试图平衡发达国家与发展中国家间的力量，但发达国家不断试图扩大自身影响力，可能会破坏成员方之间的均衡，阻碍 IMF 进一步发展。

3. 协商一致原则

协商一致原则是指经充分协商且无须投票而达成一般合意的表决制度，它具有以下三个特点：（1）"协商一致"是通过谈判与调停的方式，是各国的意见接近同意，最后达成一项所有当事国同意的协议，而"一致通过"是一种付诸表决的方法。因此，"协商一致"与"一致通过"的概念不同；（2）它最终形成的法律文件，虽然以协商一致的名义出现，但它允许当事国对某些事项作出保留，并作为协议的一部分记录在案；（3）使用协商一致制度的目的在于避免由于表决形成的对抗，使决议能得到更有效的贯彻执行。

在 IMF 发展的 60 多年中，协商一致原则在各项决策中发挥了重要作用。组织章程中要求总裁应争取每个成员方达成"共识"，而不是一切付诸表决。首先，协商一致虽有较大的灵活性和实用价值，但它允许成员方对决议提出保留或发表执行解释的声明，一定程度上降低了决议的执行能力。其次，协商一致还有着概念模糊、耗时较长等缺陷。最后，协商一致的决策经常是在非正式会议上推敲决定的，因而往往都由美欧等发达国家主导。即使 IMF 有意争取采取协商一致方式，有些重大决议还是不可避免地要付诸表决的。

（五） IMF 份额公式的改革

2008 年国际金融危机爆发以来，随着发展中国家和新兴市场国家加快崛起，传统的以西方发达国家为主体的国际金融体系和世界经济格局必须做出相应调整。在三大国际金融组织之一的 IMF 中，新兴市场和发展中国家的份额被严重低估、代表性不足，基本票彻底让位于加权票，这严重影响了 IMF 的合法性和有效性，应该加以纠正。尽管最近几年来，中国、韩国、墨西哥和土耳其等新兴市场和发展中国家在 IMF 中的份额略有增加，但提高份额仍然是迫切的客观要求。

IMF 份额的改革本质上是份额公式的改革。IMF 份额公式作为衡量成员方地位和 IMF 投票权的基础，能否准确反映当今世界经济格局和影响因素成为 IMF 治理结构改革至关重要的问题。在 IMF 建立之初，计算各国份额的布雷顿森林公式就随之确定。1982 年的修订加入衍生公式，使其进入了五个公式的阶段。2000 年份额公式审议组提出的新的公式提案，关于份额公式的探讨更加深入。很多专家学者都提出了自己的公式建议，减少计算份额和实际比例之间的差距，以提升代表性。

2008 年 IMF 理事会又通过了一个新的份额公式，作为今后计算份额的基础。IMF 份额公式的改革主要关注两个方面：一是公式变量，如何选取合适准确的变量以代表成员方的实际经济情况；二是公式形式，包括线性和非线性等，何种形式才能准确反映变量和成员方的份额之间的关系，得到接近当今世界经济实际情况的份额分配比例。IMF 的份额公式的改革经历了以下四个阶段：布雷顿森林公式、修正公式、QFRG 公式、2008 年新公式。每一阶段在前一阶段公式的基础上，主要优化了代理变量、权重与公式形式三个方面。

1. 布雷顿森林公式

布雷顿森林公式在 1944 年引入，旨在帮助 IMF 成立之初的成员方进行份额分配。当时 45 个国家参加了布雷顿森林会议，但在 1945 年 12 月 27 日举行的《协定》签字仪式中，仅有 44 个国家正式签字成为 IMF 的创始成员方，中国便是其中之一。这个公式的标准和权重反映了当时对 IMF 份额总规模和世界各国相关经济规模的设想，后来又考虑了非经济因素以进行调整。公式为：$Q = (0.02Y + 0.05R + 0.10M + 0.10V)(1 + X/Y)$。这一原始公式是之后所有修正公式的基础。

其中，Q 为一成员的计算份额，Y 为该国 1940 年的国民收入，R 为其 1943 年 7 月 1 日的黄金与美元储备余额，M 为 1934~1938 年平均进口额，V 为 1934~1938 年出口的最大变化量，X 为 1934~1938 年平均出口额。可以看到，公式中给予黄金与美元储备余额的权重最大，其次是国民收入，而平均进口额与出口的最大变化量权重较小。若按照该公式，则经济实力雄厚、贸易逆差大、出口变化较大的国家会获得更大的份额。这一公式虽然体现了国家的经济地位，但易造成份额不均等的情况恶化（郑红，2009）。

2. 修正公式

之后提出的四个修正公式，主要有以下变化：（1）去掉了第一组数据和相应的五个公式，只关注第二组数据的五个公式的作用；（2）用 GDP 替代了国民收入；（3）将储备工具拓展至包括 SDRs、欧洲货币单位（ECUs）和 IMF 储备头寸，并且衡量的阶段也由最近一期期末值转变为 12 个月的平均值；（4）使用经常性收入、经常性支出和经常性收入的波动性代替了原有公式中的出口、进口和出口波动性变量；（5）将四个衍生修正公式中的波动性系数均下调 20%。

3. QFRG 公式

由于以往的份额公式计算比较复杂，透明度不高，计算份额与实际份额间的差距持续存在。因此，IMF 在 1999 年建立了外部专家组（Quota Formula Review Group，QFRG），提出了 $Q = 2/3Y + 1/3V$ 的新公式。这里的 V 为经常性收入和长期净资本流量的波动性，代表成员方向 IMF 借款的潜在需要。以往的份额公式缺乏考虑国际资本流动的作用，而 20 世纪 80 年代后国际资本流动对成员方的经济情况产生了重要作用（李超，2013）。在这个公式中引入长期净资本流量，符合经济发展的新趋势，反映了经济发展的新变化。

4. 2008 年新公式

在 2000~2008 年，由于 2000 年提出的份额公式没有被 IMF 成员方广泛接受，众多学者对新的份额公式进行了进一步探讨，提出了各种不同形式的份额公式，并进行了实证分析。这些研究主要阐明了在公式变量和形式变化等两方面的观点。在变量方面，很多学者认为可以引入一个衡量所有净资本流量波动性的变量。该文建议使用经常性总收入和净资本流量波动性的三年移动平均值作为对稳健性的测量。这一度量确保了时间上的一致性和稳定性，对于份额公式的优化有重要意义。

2008 年，IMF 理事会通过了新的份额公式，新的公式为：$Q = (0.5Y + $

$0.3CC + 0.15V + 0.05R)^k$。其中，Q 代表计算的份额，Y 是以市场汇率和 PPP 汇率的三年平均值转换后的 GDP 平均权重，比例分别为 60% 和 40%，基于 PPP 的 GDP 与 IMF 的非金融活动相关，如汇率监督等职能，衡量了一个经济体中生产的产品和服务总量；CC 是经常性支出和经常性收入的五年平均值；V 是经常性收入和净资流量的波动性；R 为官方储备平均值，k 等于 0.95，是压缩因子，用以使计算所得份额占比总和达到 100。

在 2010 年进行份额与投票权改革以前，在 IMF 中拥有最多份额的前五个国家为美国（17.09%）、日本（6.12%）、德国（5.98%）、法国（4.94%）、英国（4.94%）。所有发展中国家成员中，中国占据的份额规模最大，位居总排名第六（3.72%）。中国今年第二季度的 GDP 已经超过日本，但在 IMF 中的份额几乎只有日本的一半。这与中国目前作为"世界第二大经济体"的地位不相符合。在经济增长率全球领先的"金砖四国"中，除中国外的其他三国，俄罗斯（2.73%）、印度（1.91%）、巴西（1.40%）所占份额相对较少。

总体而言，发达国家在 IMF 中仍占有主导地位。最为突出的是，发达国家在 IMF 拥有 57% 的份额（投票权），其中美国更是拥有一票否决的实际能力。不仅如此，发达国家在 IMF 中的主导地位还体现在，部分欧洲国家，如荷兰、卢森堡、比利时等，在 IMF 中占有执董位置，但是在全球经济中的比例下降，与其在 IMF 中的地位不相称。日本在全球经济中的比例下降，但它仍占据第二把交椅。发达国家占据与其经济地位不相符的主导地位，不利于 IMF 的决策、总体运营与未来发展，也损害了发展中国家应得的利益。

与之相应，新兴市场经济体和发展中国家份额之和仅为 43%，不敌发达国家，处于弱势地位。这与其经济占世界经济的比重不匹配，与其在全球经济体系中日益提高的重要地位也不相符。特别是对于"金砖四国"而言，其在 IMF 中的份额比例远小于四国 GDP 在世界 GDP 总量中的占比，也远小于四国经济增长对全球经济增长的带动作用。可以说，随着近年来国际财富向新兴市场国家和发展中国家转移，五年一次的检查频率已经过于缓慢。各国在 IMF 中所占份额越来越无法真实反映其经济占比（徐明祺，2002）。

（六）IMF 投票权结构的改革

进入 21 世纪以来，IMF 针对投票权代表性不足的问题，多次进行份额和投票权机制改革。2006年9月，IMF在新加坡年会上迈出了份额改革的第一步，对中国、韩国、土耳其、墨西哥的份额进行了小幅上调。2008年国际金融危机凸显了对IMF治理进行改革的迫切性。在多次G20峰会的推进下，IMF份额改革进程加速。2009年4月，G20伦敦峰会定下份额改革的基调，领导人在加强国际金融监管和IMF增资等问题上达成共识，决定强化IMF在国际金融体系的中心角色。

峰会决定将IMF的资金规模增至现在的3倍，由2500亿美元增加到7500亿美元，以确保IMF有足够资源以帮助陷入困境的国家。领导人还要求IMF将第十四次份额总检提前到2011年1月，以尽快提高发展中国家的份额和代表性。伦敦峰会使IMF成为最大的受益方，并为接下来的份额改革定下了基调。这象征着IMF迈开了其在漫长投票权改革路程中的第一步，之后的改革基本围绕平等性、代表性展开。目前正在展开的第十五次份额总检更加强调对陷入困境的成员方的援助。

2009年9月，IMF在G20匹兹堡峰会中，达成了份额改革框架协议。伦敦峰会使IMF进行了1998年以来的最大规模的普遍增资，但相对份额比例却没有调整。因而在9月份G20匹兹堡峰会上，IMF份额改革成为各方利益博弈的焦点。发展中国家认为，IMF应向发展中国家转移至少7%的份额，而发达国家认为不能超过5%。最终领导人达成的协议使IMF份额改革取得了重大突破，决定将发展中国家的份额提高至少5%，并宣布G20将取代原先的八国集团（G8），成为今后讨论世界经济议题的首要平台。

2010年10月，G20财长和央行行长庆州会议达成了份额改革的历史性协议。作为G20首尔峰会的准备会议，韩国庆州会议就IMF份额改革达成一致意见：首先，发达国家会向代表性过低的新兴市场和发展中国家转移超过6%的投票权，使后者总体份额升至42.29%；其次，欧洲国家将把两个执董席位让给发展中国家；再次，"金砖四国"的份额都将有所提升，纷纷进入前十名；最后，中国持有份额将从现在的3.72%升至6.39%，成为IMF第三大股东国。庆州会议后不久，IMF执董会正式通过了该会议所提出的份额改革方案。

2010年11月12日，G20首尔峰会通过了《首尔峰会宣言》，确认了此前在庆州会议上通过的IMF份额改革方案，并承诺继续推动和落实国际金融机构改革。此次IMF份额改革方案有三点最为引人注目：（1）发达国家将向新兴市场和发展中国家转移超过6%的IMF份额；（2）份额被严重低估且经济富有活力的"金砖四国（中国、印度、俄罗斯和巴西）"全部进入前十名；（3）中国所持有份额从目前的3.72%升至6.39%，投票权也将从3.65%升至6.07%，中国IMF份额跃居全球第三。

此次IMF份额改革是有史以来IMF针对新兴市场和发展中国家的最大份额转移方案，具有重要的历史意义。首先，改革意味着IMF正在适应全球经济多极化发展，将有利于增强IMF的合法性、有效性和可信性。其次，这也是一次明显的权利东移，赋予以"金砖五国"为代表的发展中国家更多的话语权，使它们第一次站到了国际金融舞台的中央。再次，改革也标志着以G20为首要平台的发达国家和发展中国家共同治理全球金融秩序的新时代的到来。最后，中国份额的大幅增加给中国带来了全新的机遇和挑战（钱颖一等，2001）。

三、决策主体与机构

IMF的决策主体与机构，由理事会、执行董事会、总裁1人、第一副总裁1人、副总裁2人以及国际货币和金融委员会组成。其中，理事会是最高权力机构，执董会是常设决策机构。总裁由执董会推选，是IMF的最高行政领导，负责日常事务的管理。副总裁由总裁直接任命，协助总裁进行各项事务的管理。国际货币和金融委员会是主要的顾问与咨询机构，每年召开两次年会，对IMF的项目进行讨论与建议。IMF的决策机构组织严密，结构分明，有利于IMF及时做出全面且合理的决策。

（一）理事会

组成与任务

IMF的最高权力机构是理事会（Board of Governors）。理事会由每个成员方任命的一位理事和一位副理事构成，每任任期五年。这些理事和副理事一般由一国的财政部长或央行行长担任。理事及副理事可以连任，一直到新的任命为止。理事会的职责是对IMF的事务进行检查，批准年度报告和基金账目，其中，基金账目需要经过审计师核实。IMF要从所有理事中选举理事会主席，并每两年选举指定的执董之外的执行董事。凡涉及IMF的重大制度问题,都必须在理事会进行讨论。

这是因为这些重大问题只有理事会才有权力做出决定。在《协定》中没有明确规定执行董事会或 IMF 总裁的权力全部归属理事会。但一般而言,在接纳成员、调整份额、分配特别提款权等方面,理事会要行使其权利。其他权力可以赋予其常委会和执行董事会。理事会常委会是对理事会负责的常设机构。但由于它未能获得协定条款规定的 85% 通过,理事会常委会一直未能以永久的形式成立,仍然是临时委员会。但实质上,理事会常委会已经成为理事会在闭会时的代理机构。

当 15 名以上的理事提出要求,或者提出请求的理事代表 1/4 以上的投票权,或执行董事会召集时,IMF 理事会都可以举行会议。如无特殊情况,理事会要在每年的 9 月左右举行年会。自 1953 年以来,IMF 年会一直和世界银行年会联合召开,会议的地点主要在 IMF 和世界银行总部所在地美国首都华盛顿。但是,连续两届年会在华盛顿召开之后,应在其他成员方举行一次。联合召开的年会有利于两大国际组织协同合作,在世界经济发展方向上达成共识。2018 年 IMF 年会将于 10 月 8~14 日在印度尼西亚巴厘岛召开。

成员方的投票权通常由该国的理事行使,副理事则只有在理事缺席时才有投票权。一般决策只需简单多数通过即可,而特殊问题要求有更多的投票权同意。但在现实中,大多数的 IMF 决策,是在达成共识后全体一致通过的。成员方的决议采取加权投票制。在一定条件下,IMF 成员方的投票权会自动调整。在投票日,成员方在 IMF 普通资金中的该国货币,每净售出 40 万特别提款权可增加额外的一票投票权。相应地,每净购买 40 万特别提款权的别国货币,或直接购买特别提款权,则要减掉一票投票权。

(二) 执行董事会

1. 选举办法

执行董事会(Executive Board)是 IMF 的常设决策机构。在理事会授权的范围内,由执行董事会处理 IMF 的日常事务。例如,仅在 1998 年,执行董事会就召开了 131 次正式会议、6 次学术讨论会和 4 次非正式会议。至于执行董事会人数,按照 IMF 的最初规定,是由 12 人组成,而现已增加到 24 人。执行董事(Executive Director)经指定或选举产生,每任任期两年。其中,份额最多的五国可分别指定一名执行董事。目前,该五国包括美国、日本、德国、法国和英国。此外，中国、俄国与沙特阿拉伯也可各指定一名执行董事。

其余的执行董事，则由成员方按资源原则和地理位置以划分选区的方法选举产生。目前全球共有 19 个选区。每一选区内的国家数目不同，所选出的执行董事代表的投票权占 IMF 总投票权的比重也由 1.55%～4.98% 不等。当然，IMF 并不强迫成员加入某选区，事实上，某一国家与某一地区的关系紧密程度，对该国加入某选区起着决定性作用。例如，西班牙就属于拉美选区。又如，以色列就与亚美尼亚、保加利亚、塞浦路斯等国属于同一个选区，而不与中东阿拉伯国家为同一选区。

同时，在不影响选区内部传统多数的情况下，IMF 不反对该选区的国家寻找新的成员，以加强其总的投票权。由于一些国家拥有特殊的经济地位和较大的份额，或其地理位置具有特殊性，IMF 准许它们单独成为一个选区，如沙特阿拉伯、中国和俄国。它们可以任意推选一名代表本国利益的执董（钟红，2006）。为保证执行董事的组成能达到理想的平衡，理事会也可以改变执行董事的选举数目。执董会席位的比例也影响着 IMF 内成员方的实力，在进行调整时理事会需格外慎重。

关于执行董事会的情况，重要的还包括如下三点：（1）执行董事会的每次定期选举，理事会可根据总投票权的 85% 多数增加或减少席位；（2）每一执董应指派一名副董事在其本人缺席时全权代理行使其职权。当执行董事出席会议时，副董事可参加会议，但不得投票；（3）如果某选任的执董在其任期结束前出缺超过 90 天以上时，应由其所属成员方另派一执行董事，来继续其未满的任期。当选的票数必须超过半数。在执行董事出缺期间，由它指派的副董事代行职权，但副董事无权指派副董事。

2. 执董会的法定职能

德·弗里斯（1976）总结了 IMF 执董会的总体职责：管理布雷顿森林体系所建立的国际货币体系，确保 IMF 通过一定的途径和方法使《协定》能持续满足不断变化的世界经济需要。执董会的上述职责具体通过以下三个职能来实现：（1）IMF 及国际货币体系战略决策，这也是 IMF 所需要做的主要决策内容；（2）IMF 的日常事务管理，确保庞大的 IMF 能够保持较高的运营效率以及良好的运营效果；（3）IMF 的内部监督，保证各部门各司其职，在合理的框架下运作。

（1）战略决策职能

IMF 执董会是主要决策部门。1948 年 1 月，总裁、执董和工作人员的相对职责开始明确化，执董负责政策规划及重要问题的决策。《IMF附则》第10部分规定，执董会须向理事会提交年度报告，讨论IMF的运行状况和政策，并就IMF所面临的问题向理事会提供建议。在年度报告中，执董必须全面审查国际货币体系的功能。具体而言包括全球储备的充足性，普通资金账户和特别提款权账户的业务行为，IMF的金融服务成效，IMF资金的管理等内容。在具体实践中，执董会必须负责新政策的制定。

20世纪60年代后期，国际经济形势使《协定》的修订越来越迫切时，执董会成为修订工作的革新力量，推动了IMF的新发展。它适时创设、推行并发展了特别提款权（SDR）工具；还对《IMF附则》进行了相应的补充。1969年和1970年因国际货币体系承受巨大压力，执董会审查了汇率调整机制，决定采用"临时中心汇率制度"，并在1971年拓宽浮动区间。1971年末期，执董会开始考虑复杂的国际货币体系改革问题。执董会作为IMF决策机构的职能在这些事件中得到了充分的体现。

20世纪70年代初的执董会战略决策功能得到进一步加强。1971年，执董会共举行138次正式会议和19次非正式会议，共耗时288个小时。其中129个小时用于讨论重大政策问题（包括浮动汇率、币值调整、汇率机制调整和特别提款权（SDR）等问题），111个时用于讨论200个以上的成员方问题，29个小时用于讨论IMF年度报告，而只有20个小时用于讨论行政事务。1971年，执董会通过了553个决议，比1965年多了184个。执董会逐渐增多的决议也体现了国际经济形势多元化、复杂化的走向。

（2）日常事务管理职能

执董会管理的事务几乎涉及IMF的全部职能（监督、贷款和能力发展）。首先，从监督方面看，双边监督表明，执董须通过磋商程序或道德劝告方式，确保成员方总的行为原则与《协定》中关于汇率和国际收支方面的规定保持一致（如《2007年监督决定》以及第四条磋商）；还须监督和关注成员方对某些被广泛接受但仍属非正式规定（如国际收支调节及国际货币政策、行为的恰当方法）的执行情况。为此，执董须经常到委任或选举他的成员方去，参与IMF工作人员与成员方政府官员就《协定》第八条和第十四条磋商相关事项的讨论。

其次，在贷款方面，执董会所投入的时间和精力多于其在多边监督中所付出的。它必须负责制定并实施成员方对IMF资金使用的基本政策和技术方法，包括贷款工具的设置与实施、贷款条件的调整与实施、成员方向IMF购买他国货币或特别提款权、成员方向 IMF 购回本国货币以及 IMF 资产的运作政策、提供非优惠贷款，主要包括备用安排（SBA）、中期信贷（EFF）、灵活信贷额度（FCL）、预防性和流动性额度（PLL）以及提供优惠贷款，主要包括备用信贷（SCF）、中期信贷（ECF）和快速信贷（RCF）等。

最后，在能力发展方面，执董会负责制定对各国的具体技术援助政策，并定期对 IMF 的能力发展状况进行审查。此外，执董会还负责 IMF 的内部行政事务（如批准预算、制定总体的雇佣政策等）。为了履行日常事务管理职能，执董必须全职在 IMF 工作。《协定》第十二条第 3 款（g）规定，执董会应常驻 IMF 总部办公，并应根据 IMF 业务的需要经常性地举行会议（大约每周开会三次）。第 14（d）部分规定，执董和副执董有义务将所有的时间和精力投入到 IMF 事务中，他们中至少有一个必须在 IMF 总部办公。

（3）内部监督职能

执董会的内部监督职能，主要体现为对总裁（同时也是执董会主席）工作的监督。《协定》第十二条第 4 款（a）规定："总裁由执行董事会每 5 年选举一次……总裁在执行董事会的监督下负责 IMF 工作人员的组织任命及辞退。"此外，执董会的内部监督工作还涉及财务、风险管理、人事管理以及行政政策等广泛内容。除去内部决策与日常管理职能，执董会还起到一定的监督作用。这一监督主要是针对执董会自身的监督，而非对各下属部门的监督，体现了 IMF 对最高管理层的强力约束。

（三）国际货币和金融委员会

国际货币和金融委员会的前身是临时委员会，1999 年 9 月，IMF 决定把它改称为国际货币和金融委员会。这是承袭二十国集团委员会而于 1974 年 10 月在理事会下面设立的专门委员会（李晓、冯永琦，2012）。国际货币理事会临时委员会相当于一个咨询机构，全称是理事会关于国际货币制度问题的临时委员会（Interim Committee of the Board of Governors on International Monetary System）。国际货币和金融委员会目前由 24 位 IMF 理事、部长或其他级别相近的官员组成，他们代表着与执行董事会相对应的各个选区。

国际货币和金融委员会每年一般召开两次会议。第一次在 4 月或 5 月，第二次在 9 月或 10 月，即 IMF 年会召开之际。在这两次会议上，根据管理和调整国际货币体系的各项事宜，其中包括可能威胁到国际货币体系的突然动荡，国际货币和金融委员会向理事会提出咨询意见并进行汇报。此外，国际货币和金融委员会还就修改《协定》向理事会提出建议，其主要起到顾问与咨询的作用。国际货币和金融委员会是 IMF 最重要决策机构。在大多数情形下，它做出的决定就等于理事会的决定。

（四）发展委员会

发展委员会（Development Committee，DC）成立于 1974 年 10 月。它是联合委员会，正式名称为"世界银行和 IMF 理事会关于向发展中国家转移实际资源的联合部长级委员会"。发展委员会的职责是就发展中国家的经济发展及其所涉及的资金、贸易和全球环境等方面的问题向 IMF 和世界银行的理事会提供咨询与建议（饶戈平，黄瑶，2002）。发展委员会有 25 个成员，他们来自世界银行的 5 个单国家选区和 20 个多国家选区。发展委员会成员通常由一国财政部或发展部部长组成，代表着两个国际组织的全体成员方。

虽然发展委员会名义上是联合委员会，但它主要处理世界银行所关注的问题。因此，它在 IMF 中的地位远远不及国际货币与金融委员会。与国际货币和金融委员会一样，发展委员会每年举行两次部长级会议，均以论坛形式举行。第一次通常在四五月间，第二次则在九十月间。参加会议者除发展委员会成员外，还包括新兴市场国家的财政部和发展部部长。发展委员会就发展中国家经济发展的热点问题、未来趋势以及所面临的主要障碍展开讨论并给出建议。会议尤其强调发展中国家应该具有韧性与应对挑战的能力。

（五）总裁

1. 总裁的产生与职能

IMF 执行董事会推选总裁（Managing Director）一人，但这位总裁不能是理事（Governor）或董事（Director）。总裁负责 IMF 的日常管理。总裁既是 IMF 的最高行政领导，同时也是执行董事的主席。在进行决策表决时，除非在双方票数相等时，总裁可投一票决定票外，通常他（她）没有投票权。在出席理事会时，总裁亦没有投票权。作为 IMF 的理事或执行董事的人，都不得兼任总裁。IMF 的总裁任期一般为 5 年，也有连任两届的。依据惯例，IMF 的总裁常常由欧洲人担任，而世界银行的总裁则由美国人担任。

总裁是 IMF 工作人员的首脑，在执董会监督与指导下处理 IMF 日常业务，并负责 IMF 工作人员的组织、任命和辞退。《协定》中明确规定，总裁和 IMF 工作人员执行其职务时，需完全对 IMF 负责。而各成员方应尊重这种职守的国际性，避免任何企图对 IMF 工作人员执行职务施加影响的行为。总裁任命副总裁协助其工作。自 2011 年 7 月起，IMF 开始实行四位副总裁制度，包括第一副总裁和其他三位副总裁。1994 年以来，IMF 的第一副总裁全部由美国人担任，这是大国之间"共识"的结果。

2. 总裁制度存在的问题

（1）总裁人选是大国干预的结果。IMF 总裁制度存在多方面的问题。最为突出的是，关于总裁选举程序的法律规定及总裁问责机制均不完善。总裁人选是强国间相互妥协、而非全体成员方正式协商的结果。在 IMF 总裁的早期任命中，美国往往能够对欧洲国家总裁候选人的最终选择方面起到重要作用。美国干预的方式包括：直接提名某一欧洲人为总裁候选人；支持某一欧洲候选人与其他欧洲候选人竞争；直接否决欧洲的提名等（李莉莎，2008）。这种不透明的选举过程对于 IMF 的长久发展不利，损害了成员方之间的平等。

（2）总裁选举相关法律规定不完善。通常在总裁选举之初，IMF 理事、成员方官员和执董们事先进行非正式磋商。在候选人多于一个的情况下，执董会通过"非正式投票程序"（由一个或多个非正式民意测验构成）来确定合适的候选人。在 2007 年之前，并不存在对候选人所必备的资质、专业和经历方面的规定。2007 年，相关环节得到改善。一方面，在资格方面，执董会制定了总裁的"候选人资格"材料，但其中也没有完整的工作描述；另一方面，在提名方面，执董会设定了时间表并从执董中提名总裁候选人，并与那些确实提交申请的人面谈。

但是，在挑选候选人方面仍没有正式程序。按照惯例，候选人将先由其母国政府推荐。但是，这导致了一些可能称职的人选因为各种原因（包括国内政治因素或者缺乏国内当局的热捧）没有被提名，在 2007 年的选举过程中，随着俄罗斯执董提名捷克人为候选人，这种惯例被打破（刘华，齐洪，2006）。但事实仍然是必须由执董来提名，并且没有挑选优秀候选人的商定程序。这使得实际提名权力完全被执董会所掌控。总裁选举变成了执董会内部权力的较量，不利于组织以公平、有效的方式运行。

IMF 总裁选举程序不完善，使总裁选举无法按照有序、公平、透明的方式进行。选举制度的第一个漏洞在于它可能会使总裁职位在一段时间内处于空缺状态。由1999年持续至2000年的那轮总裁选举过程集中体现了这一点。总裁米歇尔·康德苏在离任前一个月告知执董会以便后者准备总裁选举事项。但两位非欧洲的总裁候选人为选举过程增加了麻烦。执董会召开非正式会议，试图用"意向投票"方式在三个候选人中选出一个总裁。但选举程序的漏洞使得非正式投票不但没有达成一致，还出现了许多弃权票。

选举制度的第二个漏洞在于总裁选举程序不完善。这为美国、欧洲等发达国家操控IMF这一国际金融组织提供了极大便利。总裁实质上是大国博弈的棋子，超级大国的意见在选举过程中发挥了过多的作用（刘铁娃，2006）。总裁选举制度的这两点缺陷使得在总裁的选举史上，发生过这样或那样的意外事件。另外，IMF副总裁由总裁任命，但对此也并没有针对性的详细规定。副总裁的任命只能参照《协定》对总裁任命所有工作人员的要求。但副总裁职位（1994年后指第一副总裁）自1949年以来一直专为美国财政部提名者保留。

（3）总裁问责机制缺失。IMF总裁问责机制缺失表现主要为以下几点：①缺乏对总裁职位要求的系统描述；②对总裁不当行为缺乏有力的问责机制；③对利益冲突缺乏相应保护或处理机制。执董会对总裁有一定的监督作用。根据《协定》第十二条（b），总裁应该在执行董事会的指导下处理IMF日常业务，并在执董会总体监督下负责IMF工作人员的组织、任命和辞退。因此总裁必须在执董会的监督下进行工作，但监督应该到达何种地步，并无明确规定。执董会对总裁的要求也只是根据现实情况进行的修修补补，尚缺乏正式的工作描述。

执董会对总裁实施监督是非常困难的，根本原因在于法律并未赋予执董会以监督实权。首先，执董会并无审查总裁工作业绩的正式程序，现任总裁的任职书规定，总裁须遵守工作人员行为守则。但工作人员行为守则并无这方面的详细规定，对揭发总裁不当行为的主体也没有任何保护措施；其次，虽然IMF规定执董会有权终止总裁的任职，但缺乏正式、透明的总裁职务解除机制。虽然在程序上，执董会选举了总裁，但实际上总裁人选历来都是欧美或G7国家协商的结果，总裁的免职决定也需经历大国间的协商过程。

对IMF副总裁的问责机制也是缺失的。1949年2月9日，美国执董安德鲁·奥弗比（Andrew N. Overby）成为IMF历史上第一任副总裁。安德鲁·奥弗比在IMF资金使用问题上，采取十分强硬的态度，为美国谋求更大的利益，招致许多成员方的怀疑和诟病。此后的副总裁在许多问题上也表现出对美国的明显倾向性。但是，对副总裁工作的问责却难有政策与法律依据。总体来看，IMF 的总裁与副总裁还都受到选举、监督、问责等制度不完善的困扰，这也会带来大国之间利益斗争的激烈局面。

四、问责制（独立评估办公室）

（一）透明度改革

透明度是问责制的重要前提，透明度改革是 IMF 完善问责制的重要步骤。自 20 世纪 90 年代后期，IMF 不断增加国别报告、政策文件和其他文件的公布数量，向公众开放 IMF 档案并通过 IMF 的对外网站、新闻发布会和一般推介活动与公众积极互动。2009 年 12 月，执董会完成了 IMF 透明度政策的最新一次检查，这也标志着 IMF 提高业务透明度的工作已进行了约 10 年。这在一定程度上反映出，对透明度与 IMF 的保密顾问角色之间的权衡关系，各方存在着不同程度的关切。

IMF 透明度做法的总原则是 IMF 将争取及时披露文件和资料，除非有反对做出这样的披露的强有力的具体理由。而且，大多数执董支持改用无异议程序公布大多数国别文件和相关政策意向文件的提议。无异议程序要求所有成员对公开某份文件的提议一致同意。由于这一程序为文件公开设置了较高的门槛，执董们认为这一程序将会鼓励工作人员和当局及早考虑与公布文件有关的问题，从而提高文件公布的及时性。及时公布相关文件有利于组织保持运行的透明程度，进而确保运行的效率。

在意识到在使用 IMF 资金和政策支持工具的情况下公布文件的重要性之后，大多数执董提出了这一要求：凡请求使用 IMF 资金或政策支持工具的成员方均应表明，在执董会会议之前或在一项滞后的决定通过之前，他们同意公布与之相关的执董会文件。除非是在已经另外利用特别贷款、灵活信贷额度或 IMF 的低收入贷款机制的情况下，一个成员方如果决定不公布文件，将影响管理层关于是否建议批准该成员方使用 IMF 资金或政策支持工具的决定。透明度成为成员方使用 IMF 提供相关便利的一个重要前提条件。

经过广泛讨论并本着折中的精神，执董们总体上支持对透明度决定和档案政策进行修订的建议。执董会批准的变化内容已经生效。具体修订的条文内容完善了 IMF 相关的透明度政策。首先，提高信息数量和及时性。为了加强其政策并提高政策的一致性，IMF 执董会批准了一系列改革。这些改革涉及了 IMF 运行的具体方面，在不同情境下规定了公布文件的范围与时效，并强调了 IMF 进行这种改革的目标与导向，即加大透明度，接受各成员方的监督，确保组织能够更加有效地运行。

这些改革措施包括：（1）除非成员反对，否则公布大多数国别文件，不再将重点放在获得明确公布准许上（在这次检查之前，公布文件需得到准许）；（2）将鼓励成员方当局把公布的文件的范围进一步扩大。扩大后的内容应涵盖其金融部门状况和对国际准则和标准的遵守情况；（3）在涉及 IMF 贷款的情况下，建立这样一种预期，即成员方当局在相关执董会会议之前表示同意公布的意向；（4）将推定公布的做法扩大到大部分政策文件，包括与 IMF 收入、融资或预算有关的文件（除非涉及市场敏感信息）。

其次，还规定了更早公开档案，原因在于近年来各方对 IMF 档案的兴趣也在增加。在出台其他旨在加强 IMF 问责制的措施的同时，执董会还决定缩短公开存档文件的等待时间，主要的变化是：（1）将公开执董会文件的时滞从 5 年缩短到 3 年；（2）将公开执董会会议记录的时滞从 10 年缩短到 5 年；（3）允许网上登载部分数字化存档材料；（4）制定一项普遍原则，即初期列为"严格保密"的文件在按照时滞规定应公开时解密；（5）帮助公众在 IMF 网站上查找信息，包括为公众制定 IMF 信息指南。

IMF 通常每年与每个成员方进行 IMF 第四条中规定的磋商过程。IMF 执董会对参加磋商的经济学家小组提交的结论报告进行讨论。为了最大限度地提高这一过程的透明度，经与有关国家达成协议，这些报告都将公布在 IMF 的网站上。以往在公布一个国家的第四条报告时，必须征得该国的明确同意。而 IMF 修订透明度政策后，自 2010 年 3 月起，IMF 会按照无异议程序公布第四条报告，也就是说，除非该国明确知晓 IMF 不应该公布该报告，否则将自动认定一个国家同意公布该报告。

（二）独立评估办公室

独立评估办公室成立于 2001 年，任务是对 IMF 的政策和活动进行独立和客观地评估，以此增进 IMF 的透明度和问责制、加强其学习文化并支持执董会的机构治理和监管职责。独立评估办公室的主要工作包括：系统地评估

IMF 的一般政策；在监督工作和 IMF 支持规划的背景下，对 IMF 的经济政策建议进行跨国比较分析；以及对完成的国别业务进行评估。根据其职权范围，独立评估办公室完全独立于 IMF 管理层，并与 IMF 执董会保持适当距离。独立评估办公室向执董会报告其评估结果。

1. 成立独立评估办公室的背景

对于如何进行内部机构和人员考核的问题，IMF 管理层很早就有成立独立评估办公室的想法，早在 1993 年 1 月，执行董事会就讨论了总裁提出的另行建立评估办公室的建议。尽管就此问题做了大量讨论，但当时 IMF 并没有就如何实施该建议达成共识。因此，IMF 继续采用内部评估的办法，包括对一些问题进行自我评估，如对亚洲金融危机国家提供的 IMF 规划、加强的结构调整贷款（ESAF）和监督（万国华，1999）。但自我评估在全面性与客观性上存在天然缺陷，难以有效达到监督的目的。

后来，IMF 还发表了一些由外部专家撰写的评估报告，期待外部专家能够提供有建地且更为全面地进行评估。该评估报告涉及该小组的具体工作内容，如加强的结构调整贷款、内部研究活动和监督。执行董事会对这一做法做了检查，听取了官方部门内外的看法。最终，执行董事会所做的结论是这些外部专家所做的评估与建议与实际情况有较大差距。其原因是外部专家不太熟悉 IMF 业务和职责的细节，外部专家终究无法与内部工作人员对于组织的结构、运行方式等的熟悉程度相比。

从 2000 年开始，IMF 执行董事会决定成立独立评估办公室，以对这些来自 IMF 内部和外部的检查和评估进行补充。这样，有助于 IMF 汲取经验教训，更快地将改进意见吸收进其今后的工作。成立独立评估办公室的主要目的，就是为了加强 IMF 内部学习文化，提高 IMF 的外部信誉，促进外界更好地了解 IMF，支持执行董事会所负担的机构管理和监督职责。总的来说，独立评估办公室是当前 IMF 实行问责制与内部监督机制的核心机构，是自我评估、外部专家监督与成员方监督等方式综合的产物。

2. 独立评估办公室的职责

（1）结构与责任。评估办公室独立于 IMF 管理层和工作人员。它应在与执行董事会保持一定距离的情形下运行。在确定评估办公室的结构和运行模式上，维持其业务的真正独立性是其必须坚持的工作原则。评估办公室由执行董事会任命一位主任，由他（她）来领导评估办公室的工作。评估办公室主任任期四年，可续任一届（最长不超过三年）。主任一职可在执行董事会批准之下随时解除。在任期届满时，评估办公室主任不得再被任命为IMF的永久工作人员。评估办公室的独立性是对其行使职能的基本要求。

评估办公室主任负责选拔本部门的工作人员，其中包括外部咨询专家。这些工作人员的业务职责和条件，将由执行董事会决定。这样做的目的，是确保评估办公室能够独立和高质量地从事评估工作。评估办公室主任要负责拟定工作规划。评估办公室工作规划的主要内容，应着重于对IMF成员方有重大意义的问题，并且不能脱离IMF的工作宗旨。评估办公室的工作规划，应在与执行董事会和管理层磋商之后拟定。评估办公室要向执行董事会呈交工作报告，供执行董事会审阅。

评估办公室的主任要定期向执行董事会汇报工作，包括起草本部门的工作年报。另外，评估办公室还要将它的工作报告定期呈交给国际货币与金融委员会。针对评估办公室所做的各项评估，工作人员、管理层或相关成员方的有关当局，应有机会对评估办公室的评估报告提出看法和评论。在与执行董事会磋商之下，评估办公室还要拟定评估办公室业务预算，并上报执行董事会审批。拟定预算工作应独立于管理层。但是，具体到预算的执行，将受制于IMF的预算和支出管制程序。

（2）磋商、内外关系及检查。在执行其使命（包括拟定其自身的工作规划）的过程中，评估办公室可自由与任何人或任何团体（无论是IMF内部或外部）进行磋商。但是，它要对自己起草的评估报告、年报、对外声明及各种文件承担负责。评估办公室的工作规划要对外公布，而且还要迅速公布评估办公室的报告。只有在特殊情况下，执行董事会才可以做出不对外公布的决定。公布的评估报告，将含有IMF管理层、工作人员和其他方面（包括有关国家政府）所做的评论。这种综合各方观点的评估报告具有更强的借鉴意义。

需要强调的是，评估报告尤其需要包括IMF执行董事会对这些报告所做的结论。至于评估办公室与IMF内部工作人员的关系，执行董事会规定，评估办公室应尽量避免干预其他部门的具体业务活动，特别是不应事无巨细地管理机构的运行。在评估办公室成立三年之内，执行董事会还要对评估办公室业务进行外部检查。检查的目的，是评判其组织结构、使命、业务模式或职责范围。这些检查要全面征求官方团体以外的看法和建议。评估办公室起到的是监督而非管理的作用，它自身也需对执董会负责并受其管理。

3. 独立评估办公室的工作方案

独立评估办公室的工作方案在 IMF 的运行中尤其起到重要作用。一方面，尽管独立评估办公室与 IMF 执董会保持适当距离，但它必须把评估结果提交执董会检查。执董会讨论之后，IMF 工作人员和管理层就落实执董会批准的独立评估办公室所提出的建议，向执董会准备和提交前瞻性实施计划。实施计划是在独立评估办公室进行外部评估之后设立的框架的一部分。该框架力求确保采取更系统的后续行动来落实执董会批准的独立评估办公室所提出的建议，并对实施情况进行监督。

另一方面，执董会于 2007 年设立定期监测报告，以确保执董会批准的独立评估办公室的建议得到后续处理和系统的监测。之前完成的定期监测报告记录了针对独立评估办公室建议的后续措施，并强调密切监测实施对保持一个有效的制度性问责框架和浓厚的学习文化非常重要。每个定期监测报告的重点是近期管理层实施计划的进展情况，以及以前尚未落实的定期监测报告的建议是否已经得到落实。定期监测报告实质上相当于对独立评估办公室的中期评价，及时调整在执行过程中可能出现的偏差与不足。

五、人力资源管理

IMF 的人力资源管理目的是：（1）通过吸引和留住高素质、多样化、具有各类相关技能和经验的工作人员，支持 IMF 不断发展的业务目标；（2）在奖励卓越表现和培养团队精神的环境中，高效和有效地管理工作人员。2010 财年，通过持续开展高强度的征聘活动和实施重要的人力资源改革，IMF 在迈向这些目标的过程中取得了重大进展。IMF 在对其人事制度进行改革的进程中，时刻体现了这些改革的目标与理念。截至 2017 年 4 月，IMF 共聘用了 2280 名专业和管理人员以及 488 名辅助人员。

（一）人事制度

1. 任命

在执行董事会的总监督之下 IMF 的工作人员由总裁任命、组织和辞退。总裁在任命工作人员时，最需重视该人员是否具有很高的工作效率和很强的工作能力。同时，在选聘工作人员的时候，IMF 强调国际化的用人方针，即尽可能在全球范围内挑选和录用工作人员。如前所述，总裁在人事任命这项职能上仍然受到执董会的监督与制约。执董会在引导总裁进行工作人员任命时，遵从国际化与高效性的原则，同时也会对被任命的工作人员进行资格与能力的审查。

对 IMF 工作人员来说，他们必须只对 IMF 负责。在效率与技能方面，他们应当达到《协定》中所规定的"最高水准"。为保持成员方能够不断地从 IMF 获得应有的帮助，与 IMF 建立长期的合作关系，IMF 在招聘工作人员的时候，要录用一批志愿在 IMF 长期工作的国际公务人员。同时，IMF 必须根据国际劳动力市场的变化，并结合短期的工作重点，雇用很多短期工作人员。在某些特殊情况下，IMF 还需临时聘用一批能够解决现实问题的专业人员。短期工作人员的聘用体现了 IMF 人事制度的灵活性与实用性。

至于一些技术性的工作，尤其是一些特定服务性工作以及一些高度专业化的经济、金融及技术性工作，IMF 则需要根据客观情况进行商业化运作。甚至在必要时，IMF 将采用外包方式，委托外方组织来开展一些工作。这样做的目的，就是为了更灵活、更有效地运用 IMF 的物质和人力资源，最大限度地提高 IMF 的工作效率。若采取外包方式开展工作，IMF 必须更加谨慎，需要对承担任务的外方组织进行严格的资质审查，并加大监督力度，避免委托－代理问题的出现，保证被外包的工作顺利进行。

2. 对工作人员的要求

近年来，由于国际社会针对 IMF 改革的呼吁日益增多，以及 IMF 内部的工作日益繁重，导致该组织工作人员正面临着不断加大的压力。对此，执行董事会也表示出很大的担忧。1999 年底，由 IMF 管理层任命的压力工作小组递交了一份工作报告。该报告建议，应制定一些切实的措施，努力减轻因改革和工作加重对雇员造成的巨大压力。2000 年 3 月，IMF 内部审计与监察办公室还完成了一项评估。该评估的主要内容就是考查 IMF 各部门的人事管理工作是否给员工施加过大的压力。

在这些调查和建议的基础上，IMF 工作人员协会委员会提出了一项十分具体的建议报告，决定采取措施，解决工作人员所面临的一些压力。根据这些建议，IMF 执行董事会和人力资源部发表了一项声明，提出了改善 IMF 人力资源管理的一些新措施做法。主要包括：（1）更好地均衡工作负担和资源；（2）改善管理做法并加强责任性；（3）增加工作安排的灵活性；（4）改善出访代表团的工作环境；（5）为工作人员应付压力提供更多的指导；（6）解决在国外居住和频繁出差带来的压力。

除了上述 6 项措施外，该建议报告还涉及了工作人员的加班问题。执行董事会和 IMF 工作人员普遍认为，解决该问题的方法包括两个重要方面。一方面，必须制定十分明确的机构职责，明确工作重点，取消无关紧要的活动。另一方面，IMF 管理层要为新的工作任务提供足够的资源，减少人员的工作负担。人力资源部决定，对工作人员压力要进行季度调查，并监督人力资源管理的工作进展。这些措施将有效地为 IMF 的工作人员减压减负，使得 IMF 内部运营保持较高的工作效率。

在这些减轻工作人员压力的计划中，IMF 还提出了一些新的要求：（1）通过部门年度人力资源计划，更好地规划资源；（2）在升职标准和年度考评方面，促进并奖励良好的管理做法，尤其要关注较高级的工作人员的管理行为；（3）通过在一些部门实施"压缩工作时间"，为工作安排提供更多的灵活性；（4）制定 IMF 工作人员出差行为守则，减轻出差压力；（5）为工作人员提供必要的服务信息和业务指导，以有利于他们减轻和应付压力。

此外，为了帮助工作人员减轻家庭压力，IMF 在华盛顿总部开设一家幼儿园，IMF 工作人员的孩子能够进入这家幼儿园就读。在工作人员加入 IMF 头 60 天之内和生育（领养）孩子前后，IMF 不鼓励他们进行对成员方访问等出差任务。另外，管理层和人力资源部还开始对每年出差超过 50 天的工作人员进行监测。其目的是关注他们的工作压力状况并提供必要的服务性帮助。IMF 正着力在员工福利方面做出更多有益的尝试与改变，在提高现有员工的积极性与效率的同时，也希望吸引更多人才加入。

3. 征聘

征聘活动在 2010 财年达到高潮。2008 年结构调整工作导致自愿离职的人数高于预期，又恰逢危机工作增加了对额外工作人员的需要。在初步的内部人员调整阶段之后，外部征聘活动紧锣密鼓地展开，一直持续到 2010 财年。随着 281 名新工作人员的加入，2009 年的征聘达到历史高峰。截至 2010 年 4 月 30 日，IMF 拥有 1844 名专业和管理人员以及 568 名其他级别的工作人员。IMF 在 2009 年招聘了较高比例的经验丰富的经济学家和金融部门专家，反映出其不断演变的需求。

4. 多元化特点

IMF 尽一切努力确保工作人员的多元化能够反映该机构的全体成员方，

同时，该机构积极从世界各地录用工作人员。目前，IMF 的工作人员来自 189 个成员方中的 143 个。在 2016 年专业人员的所有外部聘用中，来自代表性不足地区（撒哈拉以南非洲、东亚以及中东和北非）的人员聘用占比为 29%。按国籍、性别、低收入国家以及工业化国家分列的 IMF 工作人员分布情况显示了 IMF 的工作人员分布相对均衡。在性别、工业化程度等因素上也不存在明显的倾向性。这体现了 IMF 国际性与公平平等的性质。

提高 IMF 多元化的努力采取几种方法向前推进。2010 财年的征聘活动中，IMF 派代表团前往非洲、中东和东亚招聘，通过 IMF 的针对有工作经验人士的面试小组招聘多元化的候选人（小组评估候选人是否适合被任命为有经验的经济学家），并加强了在代表性不足地区的推介活动。这些活动取得了令人鼓舞但参差不齐的结果。此外，IMF 最近推出了多元化记分卡，以透明的方式记录向多元化目标推进的进展情况。目前，IMF 的多元化工作展开情况良好，来自代表性不足地区的工作人员比例逐渐提高。

（二）薪酬制度

为了招聘和留住 IMF 各部门所需要的工作人员，IMF 管理层还制定了富有吸引力的薪酬和福利制度。同时，IMF 每年还要对工作人员的薪金结构进行检查。在被认为理由充分的情况下，可以对工作人员的薪金进行调整。至于调整的标准，主要是以美国、法国、德国等国家的私人金融工业公司及公共部门机构的薪金为参照基础。针对工作性质、内容与强度的不同，IMF 制定了十分详细的薪酬制度，这种差异化提高了 IMF 的工作效率，更有效地调动和发挥工作人员的积极性。

1. 管理层的薪酬

执董会定期检查管理层的薪酬，理事会负责审批总裁的工资。每年根据华盛顿特区的消费者物价指数进行调整。这一工资结构可以反映出管理层每个职位的责任，可以看到总裁在其中扮演了更加重要的角色，而副总裁中，第一副总裁是承担更多责任的那一个，因此薪酬相对更高。总体而言，管理层薪酬是富有吸引力的，最低也达到了接近 42 万美元，足够吸引优秀的经济学或其他领域人才参与 IMF 的高层管理工作。截至 2016 年 7 月 1 日，IMF 总裁的年薪为 500600 美元，第一副总裁为 435280 美元，其他副总裁为 414570 美元。

2. 执行董事会与高级官员的薪酬

执董会虽然对总裁实施监管与各种形式的制约，但从薪酬角度而言，与管理层存在明显差异。2010 年，执董的薪酬为 230790 美元，副执董的薪酬为 199650 美元，IMF 高级官员的平均工资为 291578 美元。这是因为管理层需要面对 IMF 在更大范围内的问题，同时承担更多操作层面的责任。总体而言，执董会薪酬在 IMF 高级官员的薪酬中处于较低的位置，这说明执董会更多起到的是监督与制约的作用，在实际操作层面承担的责任相对较少。但执董会薪酬已经很高，体现了 IMF 给予员工较好的待遇。

（三）2010 年人力资源改革

为保持积极的业绩文化，奖励创造优秀业绩的工作人员，并为其职业发展提供机会，IMF 在 2010 财年进行了一系列的关键改革。首先，这次改革决议进行决定高级层次提拔的人才检查。这些检查将确保采取更全面的结构化方法来评估工作人员获得高级职位的资格和可能性，并为工作人员的职业发展提供指导。外派工作（是理想的成为高级工作人员的经验积累途径）得到了加强。这些改革在保证 IMF 各工作岗位吸引力的同时，建立了更加完整的晋升通道与更加有效的激励机制，有助于人才的选拔。

其次，这次改革更新了工作人员退休计划。这项改革将使工作人员退休计划对短期工作人员更具吸引力；更新了退休人员在选择其退休计划时用于计算一次性支付金额的折算因子，增加对选择这一方式的退休人员的支付金额；并调整了在计算工作人员退休福利时用来"推算加总"其税后工资的公式。此外，通过与其他机构就退休福利转移达成进一步的协议，工作人员退休计划改革将提高加入和离开 IMF 的人员流动性，同时它也增加了一项自愿储蓄计划，为工作人员提供一个便捷和享受税收优惠政策的退休储蓄工具。

再次，这次改革强化了奖赏和表彰计划。为了奖励良好行为和特殊努力，IMF 引入了一项新计划，对在团队合作、创新和领导能力等方面展现出特长的工作人员加以表彰。此外，IMF 还引入了新的年度业绩评估体系。在每年年初设定目标，衡量工作人员的成绩。在一年期间内提供定期反馈，并重点加强职业发展。奖赏和表彰计划给工作人员提供了充足的激励，使工作人员能够在岗位上努力工作，表达自己的想法，发挥个人才干。这一改革无疑进一步推动了 IMF 运行的效率，提高了员工工作的积极性与效率。

最后，这次改革还提高了人力资源服务提供的现代化水平。作为正在进行的提高效率努力的一部分，简化了流程的人力资本管理项目进一步改善了业绩管理和人力资源服务管理。关键的进展包括制定了一个年度业绩检查自动化解决方案、开发了一个人力资源数据库，以及引进了职位管理基础系统。在程序方面的改进包括外包了新员工教育背景查证和雇用前推荐材料调查。更完整的人员信息管理系统使得总裁能够更高效地对员工进行管理，也是前文所述奖赏和表彰计划等实施的基础。

六、结　语

IMF 的成员包括创始成员方和其他成员方。IMF 向每一个愿意并且能够履行国际货币基金协定条款所规定的成员方各项义务的国家敞开大门，无论该国实行什么政治体制和经济体制。迄今为止，IMF 成员方已经达到了 189 个国家和地区，实现了成员方的普遍性目标。当一个国家递交加入 IMF 的申请后，IMF 会派出资格审查团进行评估，最终由理事会表决投票。此外，IMF 成员方可以自愿放弃已经获得的成员资格，但也可能由于未能按期履行成员方应尽义务而被警告甚至剥夺其使用 IMF 便利的权利。

IMF 的份额与投票权制度历经多次改革，最终目的是要使得发达国家与欠发达国家的话语权，达到 50%：50% 的格局。从当前情况来看，IMF 的改革虽然还未尽善尽美，但已经极大程度上避免了大国对于 IMF 决策的操控和影响（朱丹，2010）。IMF 份额公式大致经历过四个阶段，每个阶段都会在公式与相关变量上进行一定程度的修改。IMF 各成员方的票数由基本票和按份额决定的投票权组合而成，后者体现了成员方的经济地位。在成员方合理分配份额的基础上，IMF 采取加权投票制、多数票制与协商一致原则进行投票表决。

IMF 的决策机构以执董会与总裁为主。IMF 执董会对 IMF 及国际货币体系重大问题进行战略决策，管理 IMF 日常事务，并对 IMF 内部运行进行监督。IMF 总裁作为重要国际金融机构领导人，在选举总裁方面需要做到以下三点改善：（1）其人选必须具有更为广的地域代表性，应从所有成员方中"择优"而得；（2）其选举过程应更加民主并具有更高的透明度；（3）全体成员方应有权评估总裁工作业绩并对其实施问责。国际货币和金融委员会是 IMF

最重要决策机构。在大多数情形下，它作出的决定就等于理事会的决定。

IMF 的问责制是 IMF 进行内部管理与监督的重要手段，其主要执行部门是独立评估办公室。独立评估办公室是建立于组织内部的专家机构，对组织各项工作的实施情况进行监督，并撰写报告，提出建议。独立评估办公室所写的报告与提出的建议需要满足 IMF 不断改革的透明度要求，经执董会审核后方可发布。独立评估办公室是问责制的重要执行者，对于 IMF 的内部治理具有重要意义。从执行层面讲，独立评估办公室还应当及时执行经执董会审议通过的各项建议，根据评估报告为相关部门提供指导。

IMF 的人事制度经过了多次改革，目标是实现高效化和多元化。作为国际组织，IMF 希望其雇员来自多个成员方，目前的情况也基本实现了这一目标。在人事制度上，IMF 通过分级薪酬制度明确各岗位职责，采取外包、任命、征聘等多种方式保证人事的灵活性，实现高效化。同时，IMF 完善了员工退休计划，提高了员工福利，希望能够吸引到更多相关领域人才加入。人事信息管理系统的完善也帮助 IMF 成功实现了人事管理的现代化，对进一步进行人事改革具有积极的推进作用。

第三章

IMF 的组织结构及其改革

IMF 组织结构的改革，尤其体现了组织发展的方向。职能部门的变化，既能够反映组织的发展方向，也体现了外界对于组织的需求改变。IMF 作为一个国际机构，涉及多边国家关系，在世界经济体系中发挥着重要作用。深入探究其组织结构及变化过程，对于了解 IMF 细致的运营机制、内部体系有重要意义。IMF 的各个部门都有特定的职能，为组织的各个项目提供保障与支持。这些部门的变革与发展体现了 IMF 在不同时期的工作重心，也反映了当时全球经济环境的变化情况。

作为一个庞大的组织，IMF 力求在组织结构上达到两个目标，第一，执行不同任务的能力，要求各部门之间分工到位，保证每个环节的高效率；第二，组织结构的效率，在顺利完成各个项目的前提下，避免职能重叠、人浮于事，力求精简。这两个目标是 IMF 在其发展过程中始终追求的，其组织结构也在多次的变动中，追求能力与效率的均衡。IMF 在多次改革中，逐渐调整其组织结构，正越来越接近能力与效率最大化的平衡。IMF 的改革，主要体现在份额比重，各部门的合并与拆分等方面。

IMF 在保持宗旨不变的前提下，对决策机制、份额投票机制和组织结构等方面进行了多次改革，以增强组织的有效性与合法性。本章中，我们对 IMF 的组织结构进行探究，并追溯其改革历程：第一部分介绍 IMF 的地区部门及其变化；第二部分介绍 IMF 职能部门的设置与分工，着重阐明其发展情况；第三部分介绍 IMF 的辅助服务部门，叙述辅助部门的职能改革；第四部分介绍 IMF 的重要办公室，突出了其在 IMF 治理中的地位；第五部分追溯 IMF 的组织结构改革历程，梳理总体脉络；第六部分总结。

一、IMF 的地区部门

地区部就所主管地区或国家的政策和经济发展,向 IMF 执董会和管理层提供咨询。这些工作人员还肩负制定 IMF 融资安排,支持成员方经济改革与规划,检查成员方执行 IMF 的活动或项目进展等重要职责。地区部还与其他有关职能部门一起,向成员方提供技术援助和政策建议。一般而言,IMF 地区部门的调整与 IMF 不断追求"有效性""合法性"的改革原则相适应(李本,2010)。如图 3-1 所示,IMF 有五大地区部门:非洲部、亚太部,欧洲部,中东和中亚部,以及西半球部。

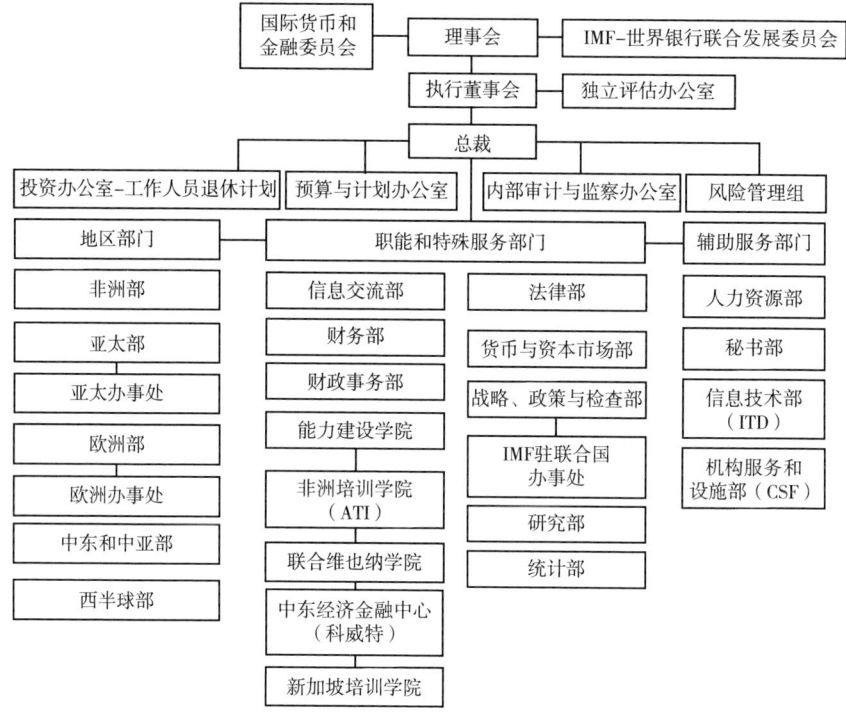

图 3-1 IMF 组织结构示意图

(一)非洲部

非洲部的主要职责是对非洲 45 个国家进行研究与监督,为 IMF 在非洲进行的项目提供咨询与支持。非洲部致力于促进非洲地区国家的经济增长,定期出台非洲国家经济增长预期报告,搭建非洲国家与其他国家经济合作、交流的桥梁。部门主管将定期前往非洲各国与政府官员见面,了解经济发展的相关进展。2018年以来,非洲部评估团体已经到访过加蓬,塞内加尔等多个国家。随着非洲地区经济的发展,非洲部正在起到越来越重要的作用。

目前,非洲部最为关注的话题,是东非五国货币联盟的成立,以及单一货币区域的构建。非洲部支持东非五国肯尼亚、乌干达、坦桑尼亚、布隆迪和卢旺达在2024年前货币联盟的成立。非洲部内部人员认为,加快东非的经济一体化进程有助于提高竞争力、生产力和社会福利,将会成为东非地区经济增长的关键点。虽然东非共同体的GDP增速远高于撒哈拉以南非洲地区的平均水平,东非地区仍然面临维持中长期强劲可持续增长、保证大规模的公共投资和借贷助力稳定增长、扩大经济增长的受益范围等挑战。

(二) 亚太部

亚太部的主要责任是监督IMF在亚太地区33个国家的工作,包括借款项目的顺利运行,及中国、印度、日本等国的双边或多边经济关系。亚太部下设的亚太办事处位于日本东京。办事处工作人员与总部就宏观经济和结构改革问题,与各国当局开展持续的政策对话,并负责对经济发展进行分析与监测、发现政策问题。此外,亚太部还会就这些领域的问题与国际社会交换看法。随着亚太地区目前在全球经济中的角色愈发重要,亚太部的职责相应也变得更为重大。

除此之外,亚太部也负责与当局、总部和援助方协调技术援助项目,目的是帮助当局加速以下方面的改革进程:(1)货币政策和银行业务;(2)财政管理;(3)国际收支政策和操作;(4)经济和金融统计数据的编制和发布;(5)宏观经济管理能力的培养。近年来,亚太部最关注的问题是亚太经济如何在经济高速增长的过程中,主动应对贸易保护主义,维护多边规则。其在人民币加入IMF特别提款权货币篮子的过程中也起到了积极作用。

(三) 欧洲部

欧洲部下的欧洲办事处设在法国巴黎,负责对欧洲46个国家与地区

（其中44个是IMF成员）的经济发展与经济关系进行监督与建议。欧洲部每年两次会对欧洲地区和全球经济背景下欧洲重大事件进行总结和分析，发布在IMF的地区经济展望报告中。该报告主要对欧洲各国的经济政策以及动向进行概括与分析，并对欧洲经济给出未来发展的预测与展望，是IMF重要的监督与政策工具之一，欧洲部一直是地区部的主要部门之一。

由于欧洲多国如希腊、西班牙等在近几年中的经济发展中陷入了财务困境，IMF欧洲部更加关注欧洲的失业率、债务压力等问题。目前，欧洲部认为欧洲仍然面临着较高的失业率，多国政府面临着结构性的发展问题，欧洲部希望了解希腊债务问题的解决办法，并在下次欧洲国家面临类似问题时能够给予更好的指导。欧洲部也负责协调IMF与欧洲货币IMF与欧洲货币合作基金等地区性机构之间的合作与交流。欧洲地区的经济发展正遭遇巨大的挑战，欧洲部将以多年的运作经验协助各国应对挑战，解决经济发展中的难题。

（四）中东和中亚部

中东和中亚部的主要职责是监督中东、中亚区31个国家与地区的经济发展与多边经济关系。由于中东与中亚地区多个国家对于IMF贷款有较大需求，中东与中亚部的活跃度也相对较高。主管需要率领技术小组与贷款提起方政府进行沟通与交流，确定贷款项目的实施细节。同时，与其他地区部门一样，中东与中亚部也需要定期发布地区报告，对于所管辖地区的经济发展与改革进行监督与建议，与政府官员进行会晤。由于中东与中亚地区经济波动较大，中东和中亚部的工作也十分重要。

目前，中东与中亚部认为诸如流动性收紧、贸易紧张局势以及持续的结构性问题这类因素正使中东国家面临一系列挑战。中东地区所面临的一系列"风险矩阵"可能是当地风险与区域风险的组合。国际上，全球日益抬头的贸易紧张局势必对中东地区产生影响。此外，利率上升将导致全球金融环境收紧，流动性显著不足，进而对中东一些高负债国家的经济产生较为明显的冲击。中东与中亚部正着力倡导这些地区的国家从公众工资改革和能源补贴改革两方面来完善税收政策。

（五）西半球部

西半球部的主要职责是监督西半球的 34 个国家与地区的经济发展与经济联系。西半球包括墨西哥，加勒比地区等中美、南美的国家与地区。现任主管来自墨西哥，曾在墨西哥银行、墨西哥财政部等单位任过职，对墨西哥以及其他西半球地区的经济状况都有较深的研究。西半球部设有地区专家组，专家组成员定期会面商讨重要经济议题。由于中美、拉丁美洲地区移民众多，且绝大多数为发展中国家，西半球部的经济议题所涉及范围也相对较宽。

目前，西半球部主要工作集中在西半球国家的资本募集、投资基础设施建设以及移民相关问题上。西半球部认为，拉美地区具备一定的优势，如资本充裕的金融体系、总体健康的公共财政、还款层次合理的债务结构、本国货币在债务中占有重要比例。这些优势有助于西半球国家应对未来的经济冲击。世界经济与国际贸易均在增长，全球经济和金融市场当下呈增长趋势，这对拉美来说是个利好消息。此外，原材料的价格上涨也会大幅推动拉美地区的增长。

二、IMF 的职能和特殊服务部门

IMF 的职能和特殊服务部门主要包括 10 个：财务部、财政事务部、能力建设学院、法律部、货币与资本市场部、研究部、统计部、战略、政策与检查部以及信息交流部。职能和特殊服务部门主要负责落实 IMF 的各个项目，提供技术援助，开展经济研究，确定组织财务政策等。法律部、统计部、财政事务部、货币与资本市场部负责提供具体的技术援助；能力建设学院负责开展培训活动。财务部，战略、政策与检查部、研究部与信息交流部主要服务于 IMF 内部。

2017 财年 IMF 在双边监督的成本比例为 25%，多边监督为 20%，对全球体系的监督为 10%，贷款为 13%，技术援助为 23%，培训为 5%，其他杂项为 4%。从成本比例上，我们可以看出 IMF 职能部门工作重心的变化与转移。其中，培训与技术援助共同构成了国家能力建设的部分，占 28%，是目前 IMF 职能部门的工作重心。而双边监督、多边监督也是 IMF 所着重开展的活动。这体现了随着全球经济的发展，出现了更多具有发展潜力的新兴经济体，它们需要 IMF 的指导与技术支持。

IMF 的职能和特殊服务部门的改革遵循有效性的原则，既保证职能的齐全，又希望实现机构的精简，避免职能的重叠。在这一核心思想的指导下，IMF 不断完善自身职能部门，在前期通过增加部门不断实现专业化与精细化（隋伟、孙中俊，2010）。中期，由于运作模式逐渐成熟，出现了部分职能重叠的情况，IMF 合并了部分部门以保证组织的效率。近年来，随着全球化不断深入，IMF 又重新调整了自身的部门数量与各自职能，以确保组织工作的顺利进行。全球化潮流下，双边乃至多边的经济关系无疑也占有非常重要的地位。

（一）财 务 部

财务部目前由 Andrew Tweedie 担任部长。他从 2008 年开始便一直担任这一要职，此前 Tweedie 在亚太部与西半球部都有很长的工作经历。财务部在职能部门中的地位十分重要，是核心部门之一，对于基金的使用，资源的配置，有效的内部管控，都起到了不可或缺的作用。由于财务部的重要性，它在 IMF 的发展历程中一直比较稳定，没有太大的部门变动。财务部依据领导的意见对 IMF 的财务计划进行修改，确保组织的资金正常周转，为 IMF 开展项目提供了财务保障。

财务部的职责覆盖 IMF 财务管理的方方面面。财务部负责制定 IMF 的财务政策及其实施。执行和控制普通账户、特别提款权账户和管理账户的财务操作，根据行政与资本的预算控制 IMF 的开支，维持 IMF 的账户和财务记录。财务部的职责还包括份额检查、IMF 融资和流动性、借款、投资等。在 IMF 成立初期，财务部较为关注会计上的各项事务。随着金融工具的日益丰富与全球贸易的范围扩大，财务部未来将更加关注金融领域与贸易领域的工作，保证 IMF 的财务状况良好。

（二）财政事务部

财政事务部目前由 Vitor Gaspar 担任部长。与财务部主要对 IMF 内部的财务操作不同，财政事务部负责所有与成员方公共财政有关的活动。该部的主要职责,是参加涉及财政问题的地区部门代表团,审核 IMF 政策建议,考察 IMF 支持的调整规划中的财政部分,并在公共财政领域为有需求的国家与地区提供技术援助。此外,该部还开展对财政问题的调查和政策研究,并研究收入分配和贫困、社会保障体系、公共开支政策和环境问题。与财务部关注具体财务问题不同,财政事务部更加关注宏观层面的财政问题。

财政事务部也没有经过太大的调整,它作为各国财政政策的研究者与监督者,会定期出台《财政监测报告》,对各国目前采用的财政政策进行讨论,给出预期与建议。在 2017 年出发布的《财政监测报告》中,财政事务部提出了五项指导原则供各国决策者参考,包括有利于经济长期增长、财政政策应实行逆周期调控、拥有强劲的税基支撑、有利于包容性增长和审慎执行以管理公共财政和宏观经济风险。财政事务部对各国应对可能出现的财政危机具有重要的指导作用。

IMF 财政事务部牵头编制的《财政透明度守则》及相应评估是 IMF 当前加强对成员方财政监督、决策和问责工作的关键要素。该守则是披露公共财政信息的国际标准。它包括围绕四个支柱建立起来的一套原则:(1)财政报告;(2)财政预测和预算编制;(3)财政风险分析和管理;(4)资源收入管理。对于每项透明度原则,守则对基础的、良好的和先进的做法进行了区分,让各国了解完全遵守守则过程中的重要阶段,并确保其适用于 IMF 广大成员方。这套原则确保了成员方的信息对 IMF 相对透明。

(三) 能力建设学院

能力建设学院是由原来的技术援助办公室与国际货币基金研究所于 2012 年合并而来,负责向成员方(特别是发展中国家)的官员与 IMF 的工作人员提供培训,同时也为 IMF 不同地区间的部门协作提供了良好的平台。它旨在提高各国或地区政府工作人员的经济素养与宏观分析能力,以便于 IMF 相关工作更加顺利地展开。能力建设学院投入资金较大、人力较多,是 IMF 为各成员方与其他发展中国家和地区提供的基础性、根本性的技术援助。自成立以来,它的地区分布、课程设置、人员投入,以及实际的参与人数等,都在不断变化,以更好地适应全球经济发展的新态势。

IMF 的能力建设学院属于 IMF 的职能部门。能力建设学院更注重从根本上提升工作人员的经济素养与工作能力,即人力资本的建设与积累。能力建设学院的培训内容包括：金融规划与政策、对外部门政策、国际收支方法、国民账户以及政府金融统计和公共财政政策等。能力建设学院目前下设联合维也纳学院，非洲培训学院，科威特的中东经济金融中心与新加坡培训学院四个地区分部，以对相应地区的成员方进行知识、技术的培训与援助。如专栏 3.1 所示，非洲培训学院是 IMF 能力建设学院中最新的一个部分。

专栏 3.1　非洲培训学院

非洲培训学院自 2013 年 6 月才开始运作，位于非洲东部的毛里求斯。毛里求斯位于印度洋西南方，距马达加斯加约 800 公里。它是世界各地 IMF 区域培训中心网络的一部分。

非洲培训学院通过转移经济技能和最佳实践帮助发展各国的决策能力。通过非洲培训学院，IMF 提供广泛的课程，从财政，货币和汇率政策到债务可持续性，金融部门监管以及资源丰富国家的宏观经济管理。它的课程还涉及包容性增长和区域一体化等问题。

非洲培训学院的主要目标是通过高质量培训促进改善宏观经济和金融政策。这将支持撒哈拉以南非洲的可持续经济增长和减贫。它是 IMF 能力建设学院中最新的一个部分，但其存在十分重要。这代表着 IMF 将着力于解决成员方之间的不平等问题。

资料来源：非洲培训学院：http://www.imfati.org/。

能力建设学院以前又称基金学院，在初期只有联合维也纳学院与新加坡培训学院两个分院。在改革的过程中，能力建设学院逐渐扩大了自己的覆盖范围，主要增加了中东经济金融中心与非洲培训学院两个部分。这是因为中东、中亚、非洲等地区的经济体逐渐发展，但仍面临着诸多难题。如果不能及时引导并解决，这些地区的经济波动可能带来全球经济的危机。因此 IMF 在关键地区建立了新的能力建设学院，争取为这些地区的国家提供经济发展方面的引导与支持。

（四）法律部

法律部目前由 Sean Hagan 担任部长。法律部负责向管理层、执行董事会和工作人员提供使用法律条文的咨询，负责 IMF 开展活动所需要的各种法律工作，如法律文件的起草等。在法律诉讼和仲裁案件中，法律部充当 IMF 的法律顾问。按照要求，该部应提供立法改革方面的技术援助，负责答复成员方当局和国际组织提出的关于 IMF 法律规定的问题，并就 IMF 在汇兑措施和限制方面的管辖权做出法律结论。法律部是 IMF 的法律基石，它的有效运作保证了 IMF 的有效性与合法性。

法律部作为重要的技术援助部门之一，与财政事务部、货币与资本市场部以及统计部，向成员方提供涵盖与宏观经济和金融稳定有关的各类问题的指导。低收入国家与中等偏低收入国家获得的技术援助比重最大，但 IMF 绝大多数成员方都有获益。近五年来按收入组别划分的技术援助相对较为稳定，发达经济体年均提供 20~30 人次的援助，新兴市场和中等收入经济体能得到 120~130 人次的援助而低收入发展中经济体可以得到 140 人次左右的技术援助。法律部提供的援助对成员方十分重要。

2017 财年，法律部的重点工作是向规划、非规划国家继续在反洗钱和反恐融资、金融和财政法、破产以及债权执行等方面提供有关法律问题的技术援助。IMF 基于与金融行动工作组、世界银行、埃格蒙特集团金融情报中心以及其他地区机构一道，在反洗钱和反恐融资领域开展工作。IMF 根据修订的国际标准牵头开展了对墨西哥的评估，并在多伙伴反洗钱和反恐融资专题信托基金下，继续实施成功的全球技术援助项目。在部分发达国家的资助下，IMF 积极向有需求的地区提供反洗钱、反恐融资方面的技术援助。

此外，在金融财政法律方面，央行业务、银行监管框架等的技术援助维持在先前水平，市场基础设施方面的技术援助很少，但公共财政管理法律框架方面的技术援助继续增长，这保持了近年来的趋势。IMF 也继续在企业和住户破产以及债权执行等方面向成员方提供技术援助，以帮助确保能够尽早迅速恢复有生存力的企业和对无生存力的企业进行清算，为负债累累的住户提供新的开始，并改善债权执行过程。法律部在 IMF 执行法务相关领域的技术援助中，扮演着重要角色。

（五）货币与资本市场部

货币与资本市场部目前由 Tobias Adrian 担任部长，他曾在美联储任职。货币与资本市场部也是技术援助部门中的重要组成部分之一，主要负责对各国金融体系、债务管理、资本市场建设以及货币政策等方面提供建议，并进行监督，出台《全球金融稳定性报告》。在当今世界面临显著经济风险和脆弱性时，IMF 在货币与资本市场方面的能力建设工作旨在解决成员方的迫切需求，即促进货币和金融稳定，以及危机防范与管理，同时也在不断应对成员方产生的新的需求，例如管理大宗商品价格疲软对汇率政策的影响。

货币与资本市场部的主要职责是就金融体系的健全性（包括谨慎管理、监督和系统性重组）、中央银行的货币与汇率政策和工具、资本流动和汇兑措施及制度等事务，向成员方和地区部提供分析和技术支持。货币和资本市场部要制定和传播关于货币的良好政策和最佳做法。围绕监督活动和申请使用 IMF 资金问题，该部检查与其专业利用有关的问题，并在政策评价和制定方面提供专业支持。它还与各成员方的中央银行、监督机构以及其他国际组织协调，在上述领域提供援助。

2017 财年，货币与资本市场部主要工作重点较为分散。主要包括以下内容：中非货币政策现代化，亚洲稳定金融框架的建立，东加勒比货币联盟银行重组，完善吉尔吉斯共和国的银行业监管，黑山共和国的银行业和保险业监管。IMF 发现这些国家与地区的货币制度、金融部门发展存在一定稳定，在发现初期便着手引导相应政府进行改革。例如，IMF 2013 年通过评估发现吉尔吉斯斯坦银行业监管的缺陷主要在于其法律框架，之后便开始通过货币部与法律部对共和国的银行业发展提供技术支持。

（六）研究部

研究部目前由 Maurice Obstfeld 担任部长。研究部是 IMF 进行各类研究的核心组织，负责与 IMF 工作有关领域的研究。例如，在制定关于国际货币体系和监督方面，研究部发挥着突出的作用。它与 IMF 的其他部门合作，共同制定对成员方的政策建议。它还负责协调编写半年度的《世界经济展望》和年度《国际资本市场》报告，负责向七国集团、亚太区域经合组织等提交报告，为执行董事会关于世界经济和市场发展研讨会提交分析报告等。研究部汇聚了 IMF 最为优秀的经济学家。

研究部的部门设置较为固定，其雇佣人数总体来讲也较为稳定。2009 年，受到金融危机的冲击，IMF 也进行了人员的精简。目前，IMF 约有 280 名研究人员，包括专业与管理人员，488 名支持岗位的工作人员。同时，基于 IMF

多样性和包容性的原则,研究部人员的分布也十分分散,来自全球约 100 多个不同国家与地区。这也保证了研究部的研究质量,避免观点的单一化、片面化。研究部的经济学家随时关注全球经济热点,力图做出较为精确的经济预期,引导经济发展。

(七) 统计部

统计部目前由 Louis Ducharme 担任部长。他自 2013 年开始担任这一职务。统计部负责管理国别、地区以及全球经济和金融统计数据的数据库,并通过审查国别数据,辅助 IMF 行使监督职能。它还负责制定国际收支统计、政府财政统计,确定货币与金融统计的概念,编写统计方法手册等。同时,统计部还向成员方提供技术援助和培训,帮助建立统计制度,负责出版 IMF 的统计刊物。此外,统计部还负责制定和解释成员方公布数据的标准。

统计部是与财政事务部、法律部、货币与资本市场部并列的重要技术援助部门。它通过帮助各国家和地区编制、管理和报告其宏观经济和金融统计数据,更准确地了解经济状况,包括经济脆弱性和风险,从而协助政府官员制定更明智的政策,吸引用这些数据来衡量宏观经济稳定性的投资者。高质量、及时的宏观经济数据是所有经济决策的基础。统计部协助 IMF 建立了关于宏观经济的一系列数据库,包括公共财政数据库、贸易数据库、国际金融数据库等。这些数据库为各国政府与研究人员提供了丰富的参考资料。

在过去五年里,IMF 的统计能力建设增长了 20% 以上。IMF 通过其 14 个区域能力建设中心开展大部分能力建设工作,其中 6 个区域能力建设中心位于非洲。统计部的支持主要侧重于实体部门和政府财政统计,同时也针对对外部门统计开展工作。例如,通过其非洲区域技术援助中心——包括安哥拉、博茨瓦纳等——IMF 协助几个国家重新确定了其国民账户统计基期,更新有关经济结构的信息,进一步发展价格指数,特别是消费者物价指数。

财政事务部所提供的援助往往是最被需要的,每年都超过了 140 次,这说明宏观政策制定上的援助是各国家和地区最需要的。其次是货币与资本市场部,在 60~80 次。再次是统计部。法律部所提供的援助相对较少,说明纯技术性援助的需求相对较小。年份上来看,IMF 提供的技术援助数量随时间有一定的上升,幅度并不明显。这说明 IMF 提供援助的能力有所增强,所发挥的作用也不断扩大。

（八）战略、政策与检查部

战略、政策与检查部目前由 Siddharth Tiwari 担任部长。IMF 内部机构中，关于贷款机制及其政策方面，战略、检查与政策部发挥着中心作用。通过对成员方及政策工作的检查，战略、检查与政策部要确保实行双边和多边的监督，检查与评估那些受到 IMF 资金支持的成员方的经济规划，检查与评估包括透明度和危机防范在内的关键领域中的政策实施。与地区部门、援助部门有所不同，战略、政策与检查部重点关注内部机构的发展态势。

近年来，关于 IMF 在加强国际金融体系、突出贷款条件的重点，以及关于实施减少贫困等方面的工作，都是战略、检查与政策部的核心工作。此外，战略、检查与政策部还与地区部一道，向那些使用 IMF 资金的成员方，提供具体的技术援助。战略、检查与政策部既是内部检查、政策制定的主要参与者，也在对外能力建设与技术援助上起到了重要作用。它既是对各国的监督机构，也是对 IMF 的检查机构。战略、检查与政策部在 IMF 的整体运作中正发挥越来越重要的作用。

此外，IMF 将驻联合国办事处划至战略、政策与检查部管辖。IMF 驻联合国办事处致力于与联合国保持尽可能多的密切接触，交换彼此的信息。IMF 驻纽约联合国办事处特使的职责，是加强 IMF 与联合国之间的沟通与合作。其中，驻联合国办事处的最主要职能，包括介绍 IMF 的观点，为在联合国举行的与 IMF 有关问题的讨论提供素材，让 IMF 了解联合国系统内发生的重大变化，促进与其他国际机构的合作等。

（九）信息交流部

信息交流部目前由 Gerry Rice 担任部长。他之前曾任该部门的副部长，在推广 IMF 方面经验十分丰富。信息交流部负责 IMF 非统计刊物的编辑、印刷和分销，向新闻界和公众提供信息服务，与非政府组织和议会团体保持接触，为管理层起草讲话稿，管理 IMF 的网站等。它以通俗易懂的方式，向公众宣传 IMF 的政策和业务方面，是 IMF 对外交流的窗口。信息交流部是 IMF 职能部门的重要组成部分，保证 IMF 在新的信息时代获得宣传上的优势。

与当今大多数现代化机构一样，IMF 也将信息交流作为提高工作效力的战略工具。通过采用包括社交媒体、视频、博客和播客在内的新技术的战略性互动在 IMF 沟通战略中起着越来越重要的作用。同时，在当今瞬息万变的世界，IMF 正在加深与新的影响者的互动，其中包括民间社会组织和私营部门网络。此外，IMF 主要通过"世界银行和 IMF 的议会网络"与在经济决策过程中发挥重要作用的各国议员沟通，此外有针对性地举行国内和地区互动活动以进行这种决策上的沟通。

IMF 的宣介活动有双重目标：第一，倾听外部的声音，了解外部的焦点和想法，以利于提高 IMF 政策建议的相关性和质量；第二，让外部世界更好地了解 IMF 的业务和目标。IMF 宣介活动所接触的具体团体包括青年领袖、贸易和工会组织、民间社会组织、议员、学术界、媒体和智囊机构。近年来，IMF 宣介活动战略中越来越多地使用诸如社会媒体、视频和播客等工具，利用现代化工具对 IMF 的活动与理念进行更好的宣传，信息交流部在其中起到了重要的作用。

信息交流部以前曾被划分为单独的信息与交流部，包括对外关系部与驻联合国办事处两部分，后来在 IMF 精简员工的历程中，重新归为职能部门，缩减了员工数量。但这并不意味着信息交流的重要性下降了。恰恰相反，随着 IMF 政策的发展，例如，越来越多地通过鼓励各方参与的手段推进低收入发展中国家的减贫工作，及越来越强调透明度和良好治理。沟通交流和宣介活动已成为 IMF 国家层面工作中不可或缺的一部分。将对外关系部与驻联合国办事处分开，单独设立信息交流职能部门，是为了实现更专业化的分工。

三、IMF 的辅助服务部门

IMF 的辅助服务部门包括人力资源部、秘书部、信息技术部以及机构服务与设施部四个部分。辅助服务部门为 IMF 顺利开展各种项目提供支持与帮助。人力资源部主要对 IMF 员工负责，开展员工培训，提供员工所需信息，同时监督员工工作；秘书部负责对管理层的活动进行汇报，同时提供秘书建议，负责准备管理层所需材料；信息技术部负责解决技术问题，提供信息处理服务，包括多语言交流。而机构服务与设施部负责将 IMF 的项目与商业伙伴的各项活动融合在一起，确保项目的顺利进行。

IMF 的辅助服务部门在 IMF 的发展进程经过了数次调整。人力资源部与秘书部较为稳定，职能也没有较大改变。信息技术部是 2015 年新成立的部门，是 IMF 为了适应新时代信息技术的广泛应用而独立出来的服务部门。机构服务与设施部是服务部门中经常调整的部分，该部门会随着商业要求的变化及时调整服务内容，保证 IMF 与合作伙伴交流畅通。它的前身是技术与综合服务部，当时部门职能较为杂乱，涉及面较广，经过调整后实现了更好的专业化，提高了整体运行效率（徐崇利，1999）。

（一）人力资源部

IMF 人力资源部的工作宗旨，就是要为 IMF 的其他部门制订人力资源计划，并提供人力资源资源建设的帮助。人力资源管理目的是：第一，通过吸引和留住高素质、多样化、具有各类相关技能和经验的工作人员，支持 IMF 不断发展的业务目标；第二，在奖励卓越表现和培养团队精神的环境中，高效和有效地管理工作人员。通过持续开展高强度的征聘活动和实施重要的人力资源改革，IMF 已经取得了重大进展。第二章已经重点介绍了人力资源管理的相关制度，这一章重点追溯其改革历程。

自 2010 财年开始，IMF 进行了人力资源的重大改革，包括：第一，决定高级层次提拔的人才检查，以确保采取更全面的结构化方法来评估工作人员获得高级职位的资格和可能性，并为工作人员的职业发展提供指导；第二，改革工作人员退休计划，以使工作人员退休计划对短期工作人员更具吸引力；第三，引入奖赏和表彰计划，来对在团队合作、创新和领导能力等方面表现出特长的工作人员加以表彰。改革是为了完善内部员工激励体制，增加优秀员工福利，增强 IMF 的人才吸引力。

此外，人力资源部还在 2010 财年提出了建立新的年度业绩评估体系的方向，在每年年初设定目标，根据这些目标衡量工作人员的成绩，在一年期间内提供定期反馈，并重点加强职业发展；人力资源部希望提高人力资源服务提供的现代化水平，制定一个年度业绩检查自动化解决方案、开发一个人力资源数据库、引进职位管理基础系统、改进包括外包新员工教育背景查证和雇佣前推荐材料调查等措施。这些目标在过去几年的改革中已经基本实现，仍在不断深化之中。

2017 财年，IMF 开始制定其中期人力资源战略，并继续重视工作人员的培训和领导力培养。同时，IMF 更加强调其雇佣人员的多样性与包容性。目前，IMF 的工作人员来自 189 个成员方中的 143 个，在 2016 年专业人员的所有外部聘用中，来自代表性不足地区——撒哈拉以南非洲、东亚以及中东和北非——的人员聘用占比为 29%。IMF 人力资源部致力于打造一支能力强，具有多样性与包容性的员工团队，为 IMF 全球业务的展开提供便利与帮助。员工的多样性也体现了 IMF 的国际性。

（二）秘书部

秘书部目前由林建海担任秘书长，他自 2012 年担任这一职务，同时也是 IMF 首位中国籍秘书长。秘书部主要负责协助 IMF 的各管理机构进行工作，并提供各种与秘书工作相关的服务。特别是秘书部要协助管理层的工作，协调执行董事会和其他官方机构的工作计划，其中包括安排执行董事会会议日程等方面的工作。此外，作为秘书部，它要负责安排 IMF 的年会，负责与世界银行的相关部门进行联系与合作。秘书部的存在保证了 IMF 领导层与下属机构的顺利沟通。

（三）信息技术部

信息技术部目前由 Susan Swart 担任部长。她之前也是美国信息部的领导之一。信息技术部成立于 2015 年，之前被包括在技术与综合服务部内。为了更好地提供信息服务与支持，将该部门独立出来，主要负责提供管理信息的服务；促进沟通，包括跨语言沟通，并帮助 IMF 建立有效的工作环境。信息技术部作为一个较新的部门，其功能却相当重要。为了进一步加强信息技术建设，IMF 执董会在制作预算时拨给信息技术类资本项目相当可观，体现了 IMF 对信息技术的重视程度。

2017 财年，设施和信息技术方面的资本预算支出大体按照计划进行，发展步伐与上一年相当，其中包含了前几年的拨款。信息技术方面的投资总额共计 2790 万美元，主要用于防止网络安全威胁、改善数据管理以及更换已达到使用年限的基础设施、保障数据管理项目和信息技术安全等主要方面。前几个财年每年信息技术方面的投资总额也超过了 2000 万美元。这符合现代信息技术得到越来越多应用的趋势,也体现了 IMF 紧跟技术潮流,加速自身发展的理念。

(四) 机构服务与设施部

机构服务与设施部由 Chris Hemus 担任部长。他之前常年任职于 IMF 财务部,负责 IMF 财务计划的制定。为了更好地为基金业务合作伙伴提供服务,机构服务与设施部充分利用其专业知识,丰富的实践经验和创新意识,不断适应、应对不断变化的业务需求,并将与合作伙伴的活动无缝融入 IMF 的工作计划中。这些活动的范围较广,从日常交易到包括基础设施,接待,口译和语言翻译,世界银行-IMF 联合图书馆,多媒体,采购,安保和运输等领域的大规模业务。

机构服务与设施部的前身是技术与综合服务部。2015 财年之前,技术与综合服务部负责管理和提供对 IMF 业务至关重要的各项服务,包括:信息服务(信息技术、电信、文件管理和图书馆服务),设施和一般行政服务(设施管理、大楼建设项目、旅行管理、制图和采购服务),语言服务(口译、笔译和非英文出版物),等等。IMF 认为把这些服务集中在一个部门,可以使 IMF 非常方便地制定对内对外的服务计划,这种结构在当时起到了积极的作用,多种服务归属一部,有利于彼此间的协调统一。

此外,建立这样一个统一的技术与综合服务部,可以通过减少某些职能的重叠,提高 IMF 的工作效率。同时,也能更加有效地分配预算资源,节约机构开支,更好地满足 IMF 工作的需要。由于各项服务内容十分琐碎,单独成立部门会增大组织结构的负担,使运作效率下降,在初期将诸多服务职能集于一身具有诸多优势。而且当时全球经济发展相对较为集中,所提供的服务内容与涉及范围较为单一,一个部门的能力足够覆盖大部分需求。技术与综合服务部在机构服务与设施的部门中是最为核心的部门。

但到了 2015 财年,随着信息技术的日益重要,以及 IMF 各个项目的深入展开,IMF 发现一个部门已经无法满足巨大的工作负荷。因此 IMF 又将该部门拆分为两个部门,由信息技术部专门负责信息技术方面的工作,而机构服务与设施部沿袭了前综合服务部关于行政、语言等方面的服务功能。这符合 IMF 服务职能不断丰富的趋势,极大地提升了辅助服务部门的运行效率。总体来看,未来的机构服务与设施部很可能进一步分拆,以更精细的分工应对持续增长的商业沟通需求。

四、IMF 的办公室

IMF 有三个十分重要的办公室，即独立评估办公室、预算与计划办公室和内部审计与监察办公室。另外，办公室有三个小组，即风险管理组、知识管理组与投资办公室的工作人员退休计划小组。IMF 的办公室独立于职能部门、地区部门与辅助服务部门，它们直接对执董会、总裁、副总裁负责。因此，IMF 的办公室更多地对 IMF 内部进行监督、审查与建议。这些办公室在 IMF 的运作过程中也起到了不可或缺的作用，保证职能部门、地区部门和辅助服务部门的正常运作。

三个办公室的主要职责如下：独立评估办公室负责对货币 IMF 的政策和活动进行独立客观地评估。它完全独立于 IMF 的管理层，并由执行董事会独立运作。预算与计划办公室负责准备、监督和控制基金的行政和资本预算，以符合成本效益的方式，根据其不断变化的任务和优先事项，规划和制定引导机构的战略。内部审计与监察办公室负责对基金的治理，风险管理和内部控制程序提供独立和客观地评估；担任改善基金业务程序的顾问和催化剂，并协助外部审计流程。后两个办公室由总裁副总裁直接运作。

三个小组的主要职责如下：风险管理组负责进行对 IMF 预算计划等进行风险控制与风险评估，并给出修改意见，该小组通常与内部审计与监察办公室合作进行风险控制相关工作。知识管理组负责就国民账户、统计指标等知识给出建议，投资办公室的工作人员退休计划小组是从投资办公室独立出来，专门负责员工的退休福利等。IMF 专门设立了退休计划账户，充分保障员工的退休福利。这三个小组直接对总裁与副总裁负责，更多地起到建议与指导的作用，对于职能部门有一定的对应关系。

（一）独立评估办公室

独立评估办公室由 Charles Collins 担任主管，他 2016 年接替 Schwartz 担任这一要职。独立评估办公室对货币 IMF 的政策和活动进行独立客观地评估。其使命是加强 IMF 内部的学习文化，加强 IMF 的外部信誉，并支持体制管理和监督。独立评估办公室成立于 2001 年，负责评估 IMF 的政策与活动，旨在提高 IMF 的透明度和问责，加强其学习文化，并支持执董会的机构治理与监督职责。独立评估办公室完全独立于 IMF 管理层，其工作与执董会保持适当距离，但会向执董会报告工作结果。

执董会对独立评估办公室提交的报告与建议进行审查。2016 年 7 月，执董会审查了独立评估办公室提交的一份关于 IMF 与希腊、爱尔兰和葡萄牙危机的报告。执董会对该报告表示欢迎，并感谢总裁随附的声明。他们认同该报告的结论为处理货币联盟成员方的危机提供了宝贵的见解和经验教训。执董们强调，独立评估办公室的工作在加强 IMF 内部的学习文化、提高 IMF 的对外可信度以及支持执行董事会的监督责任方面继续发挥着尤为关键的作用。

2017 年 3 月，独立评估办公室发布了对 2006 年 IMF 多边监督评估的一项更新。它发现，在达成 2006 年评估的各项目标方面取得了重大进展——因为全球金融危机成为诸多改革的催化剂。其中包括 2012 年《综合监督决定》旨在弥补危机前对发达经济体脆弱性和溢出效应等方面所作分析的缺口的新活动，以及通过早期预警演练对宏观金融风险开展的更有条理的讨论。与此同时，要在数量更多的重叠产品之间保持一致性，其任务难度变得更大。这一改革体现了 IMF 对多边经济关系的愈发重视。

除去对 IMF 多边监督与经济危机的评估，独立评估办公室也正逐步扩大评估的范围。在 2017 财年期间，独立评估办公室继续开展了关于 IMF 与社会保障的评估，并发起了两项新的评估。其中，对 IMF 与社会保障的专项评估分析了在人们越来越多地担心防止或减缓弱势群体福利减少问题的情况下，IMF 如何应对社会保障问题日益引发关注一事。回顾 2008～2017 年，独立评估办公室侧重于 IMF 在制度层面对社会保障领域发挥的作用和采取的做法，以及 IMF 在国家层面开展的业务工作。

独立评估办公室发布的草案、讨论文件经执行董事会讨论、批准后可以予以发布。例如，2017 年 2 月，执行董事会批准了关于评估 "IMF 与希腊、爱尔兰和葡萄牙危机" 的管理层实施计划。这项计划强调，IMF 正在通过种种努力加强其工作的分析基础，以最大程度地减少 IMF 技术分析中的政治干预空间以及撰写关于货币联盟成员方规划设计和与区域性融资安排开展合作的执董会文件。它还注意到关于独立评估办公室与 IMF 工作人员之间信息共享协议的准备情况。

(二) 内部审计与监察办公室

内部审计与监察办公室目前由 Clare Brady 担任主管。内部审计与监察办公室负责对基金的治理,风险管理和内部控制程序提供独立和客观地评估;根据总经理的要求进行内部调查;并协助外部审计流程。其任务包含两部分:第一,评估 IMF 治理、风险管理和内部控制的有效性;第二,作为完善基金业务流程的顾问和催化剂,提出关于最佳做法的建议和制定具有成本效益的控制解决方案。为确保独立性,内部审计与监察办公室向管理层报告,并维持与外部审计委员会之间的职能报告关系。

内部审计与监察办公室 2017 财年的工作包括:第十四次份额总检查下的增资支付、IMF 实施身份识别和入口管理的做法(以管理个人对信息资产的获取)、IMF 为管理与第三方供应商有关的风险所采取的控制措施,以及对 IMF 经济数据注册表原型的独立评估。它将其活动情况以业务报告的形式,每年两次向执行董事会通报。该报告包含审计建议的落实情况和审计结果方面的信息。上一次办公室就这些事项向执董会进行非正式通报是在 2017 年 1 月。

内部审计与监察办公室作为 IMF 审计制度的一部分,其地位也十分重要。IMF 的审计机制主要由内部审计职能、外部审计公司和一个独立的外部审计委员会(EAC)三部分组成。根据 IMF《附则》,由外部审计委员会对年度审计工作进行总体监督。外部审计委员会的三位成员由执董会选定并由总裁任命。成员任期三年,交替更换,并独立于 IMF。外部审计委员会的成员必须是来自不同成员方的国民,且需具备对年度审计进行监督所需的资格条件和专业技能。

一般情况下,外部审计委员会的成员具有在公共部门、学术界或国际公共会计师事务所有丰富的工作经验。从外部审计委员会中选举一位成员担任主席,自行确定工作程序,并且在监督年度审计方面独立于 IMF 管理层。它通常在每年 1 月或 2 月于华盛顿特区监督年度审计规划。在审计结束后,委员会将于 6 月在华盛顿特区举行会议,并在 7 月向执董会作简要通报。IMF 的工作人员和外部审计人员会定期与外部审计委员会成员进行磋商,就 IMF 的财务情况、运行状况等给出建议与方案。

外部审计公司由外部审计委员会与执行董事会协商后挑选,并由总裁最终任命，负责 IMF 的年度外部审计，并对 IMF 的财务报表、包括根据《IMF 协定》第五条中第二款（b）所管理的账户及工作人员退休计划发表意见。在结束年度审计时，它向执董会简要汇报审计结果，并通过执行董事会转交外部审计公司的审计报告供理事会审议。外部审计公司的聘用期通常为五年，最多可再续期五年。目前外部审计公司为普华永道会计师事务所。

外部审计委员会负责对年度审计工作进行总体监督。内部审计与监察办公室则与外部审计公司协同进行审计报告的制作。除内部审计职能外，内部审计与监察办公室还充任风险管理组的秘书处。根据这一职能的要求，内部审计与监察办公室负责协调、组织撰写报送执董会的年度风险管理报告，并为与风险管理工作有关的执董会简报提供支持。与独立评估办公室类似，内部审计与监察办公室独立于职能部门，直接对总裁与副总裁负责。三者的协同合作保证了 IMF 财务的正常运转，财务部会根据审计报告调整财务计划。

（三）预算与计划办公室

预算与计划办公室目前由 Daniel Citrin 担任主管。该办公室负责准备，监督和控制基金的行政和资本预算，以符合成本效益的方式，根据其不断变化的任务和优先事项，规划和制定引导机构的战略。就预算和行政政策向管理层提供咨询意见，并在制定系统以更好地跟踪基金活动的预算执行情况，产出和成本计算方面发挥主导作用。预算与计划办公室与财务部协同合作，对 IMF 每年的运营计划进行商讨与制定，保证 IMF 的财务情况良好。预算与计划办公室独立于各个部门，直接对总裁负责。

表 3-1 由预算与计划办公室制作，其中包括过去 2~3 个财务年度的预算与实际结果，以及未来 2~3 个财年的预算情况。预算与计划办公室通过对过去预算的完成情况调整预期，以得到未来年度更为合理的预算。同时，预算也会随着 IMF 核心理念的改变进行调整，为 IMF 的项目服务。这些预算计划需要得到执董会批准，2016 年 4 月，执行董事会批准了 2017 财年的行政预算拨款净额共计 10.72 亿美元，以及 2018 财年和 2019 财年的指示性预算。从中可以看出，IMF 的预算在未来几年中保持稳定，支出结构变化较小。

表 3-1　　2016~2019 财年按主要支出类别列示的预算　（单位：百万 SDR）

	2016 财年		2017 财年		2018 财年	2018 财年
	预算	执行结果	预算	执行结果	预算	预算
行政支出						
人员	908	896	934	922	969	
差旅	130	120	123	115	126	
大楼和其他	199	199	205	218	209	
应急储备	10		11		11	
总支出总额	1247	1215	1273	1255	1315	1376
收款	-196	-176	-200	-189	-211	-235
净预算总额	1052	1038	1072	1066	1104	1141
结转	42		43			
包括结转的净预算总额	1094	1038	1116	1066	1104	1141
资本						
设备与信息技术	42	131	61	122	66	74
净预算总额：按实际值计算	1071		1072		1072	1077

IMF 2017 财年的工作计划继续支持强化若干重点地区的工作。所提供的额外资金旨在用于加强对新实施 IMF 规划的国家和即将实施 IMF 规划的国家开展工作；进一步加强监督，更好地将金融部门评估规划下的金融分析和额外评估整合起来；以及深化诸如国际税收和长期挑战等一系列专题方面的工作，并日益注重能力建设。而源于各种渠道的节约，包括关闭结束规划的国家的部分驻地办事处、贯穿各个领域的精简措施，以及其他效率措施，使预算大致持平，保证健康良好的财务状况。

（四）风险管理组

风险管理组的前身是风险管理咨询委员会。它是 IMF 实施有效风险管理的重要机构。风险管理一直是 IMF 关注的重要主题。由于涉及多个国家的经济稳定、金融支持、宏观增长，IMF 作为贷款者必须注意十分控制自身风险。风险管理组独立于 IMF 各职能部门，直接由总裁、副总裁独立运作，与内部审计与监察办公室、预算与计划办公室等单位协同进行风险控制的相关措施。风险管理组由第一副总裁担任主席，是 IMF 风险管理防线的主要组成部分，处于黑奴地位。

由于《IMF协定》所赋予的职责，IMF面临一系列的风险。2016年，执行董事会批准风险承担声明，说明IMF在其整个活动中愿意承担的风险度，以及IMF有能力在较长时间内成功地管理风险。风险管理组将定期对声明进行审查，以考虑执行董事会和管理层在现行政策和程序方面做出的任何改变。IMF为了防范风险，进行组织结构的调整，采取了三道强有力的防线，进行积极的风险管理，避免出现资金运转、借贷款项上的问题发生。三道防线有效协助IMF防范了风险。

第一道防线是从事日常业务的部门以及建立和维护内部控制系统以识别和管理日常活动所固有的风险的部门。在一些具体领域，跨部门委员会提供额外的风险监督。第二道防线是风险管理部门，负责制定和维护风险管理框架、评估总体风险，并就IMF整体风险状况向管理层和执行董事会汇报，同时突出强调需要努力缓解风险的领域。第三道防线是内部审计与监察办公室，它为治理、风险管理和内部控制的有效性提供了保证。管理层和执行董事会承担风险管理和风险缓解的最终责任。

风险管理组主要在第二道防线起作用。风险管理组的风险评估为IMF的战略和预算规划周期提供了信息。风险管理组还负责评估各项风险缓解工作并确定其优先次序，还负责确保整个机构的风险职能得到整合。简要来说，风险管理组在风险管理防线建设中处于上传下达的核心地位，既与职能部门相联系，直接接触IMF的项目落实，又负责与内部审计与监察办公室沟通，确保审计工作的顺利进行。对于庞大的IMF来说，风险管理组不可或缺。它由IMF内部最为有经验的风险管理专家组成。

IMF监测和积极管理以下四大相互关联领域中的风险——战略、核心、声誉和跨职能。战略方向遵循总裁的全球政策议程，并取材于对不断涌现的影响国际货币体系问题的持续分析。管理战略风险要求在中期预算的支持下建立一个清晰的战略框架以及应对不断变化的外部环境。核心职能的风险涉及让监督、贷款和能力建设活动符合IMF的战略方向和基本目标，同时确保其融资模式得到保障。声誉风险是指利益相关方可能对IMF持有负面看法，由此对其信誉和政策影响力造成损害。

而跨职能资产中的风险系指IMF在人力资本、技术、实物资产和其他配套要素方面的能力，使IMF可以实施战略方向并保证在履行其核心职能时不会发生任何中断。跨职能风险还包含收入和投资风险。IMF向成员方提供融资时一般会进行保障评估，以保证成员方的中央银行能够恰当地管理从 IMF 获得的资金并就 IMF 支持的规划提供可靠的规划货币数据。保障评估是 IMF 对中央银行治理与控制框架所进行的诊断性审查。它与 IMF 的其他保障措施互补，以控制上述四个领域的风险。

风险管理组由风险管理咨询委员会发展而来。此前，风险管理咨询委员会主要负责就风险管理给出建议，但实际上并不具体参与到风险管理工作中去。随着全球化的深入开展，潜在的金融风险、宏观风险越来越大，风险管理咨询委员会已经不能满足 IMF 建立稳固防线的需求。风险管理组的改革体现了 IMF 对有效性的追求，它更多地参与到风险管理的具体工作中去，与执董会、职能部门、内部审计与监察办公室沟通协作，共同就风险管理的各项措施制订计划。

（五） 知识管理组

知识管理组是一个相当新的办公室，近几年才开始运作。与风险管理组一样，它也直接对总裁、副总裁负责，与职能部门独立。由于知识管理领域的方法、工具产生了巨大变化，原有的能力建设学院、技术援助部门需要更好地引导。知识管理组由此诞生。它在知识管理方面给予 IMF 以建议与指导，方便能力建设学院更好地开展知识援助。法律部、财政事务部、货币与资本市场部也受到知识管理组的建议与指导。随着知识管理领域的持续发展，这一办公室将扮演越来越重要的角色。

（六） 投资办公室——工作人员退休计划

投资办公室目前由 Derek Bills 担任主管。这一办公室主要负责维持工作人员的养老金，并进行一定的投资。IMF 退休雇员福利计划中的投资收益由单独账户记录，受到外部审计委员会的监督与问询。这一办公室与职能部门独立，直接对总裁、副总裁负责。根据 IMF 年报来看，近几年该办公室的运营状况较好。2017 财年的净收入包括了福利计划投资收益高于假定以及 IMF 的退休雇员福利计划中由于固定福利义务使用的精算假设发生变化而立刻得到确认而出现的 10 亿特别提款权的收益。

五、组织结构的改革历程

（一）IMF 改革目的与方向

IMF 的组织结构改革最主要的目的是便于 IMF 实现自身的职责。IMF 的主要职责是为成员方提供建议，使其采纳有助于实现宏观经济稳定的政策，进而加快经济增长并缓解贫困。为成员方提供临时融资，帮助其应对国际收支问题，包括当发现因其对外支付超过外汇收入而出现的外汇短缺的状况。同时，应各成员方的请求，向其提供技术援助和培训，以协助建立实施稳健的经济政策所需要的专长与制度。追溯 IMF 的组织结构改革历程，可以发现这些职责是 IMF 始终追求的目标。

IMF 目前改革的主要方向是使 IMF 职能部门更便于开展多边监督与多边协调，并在更大的范围中进行政策检查与分析工作。IMF 重要的政策检查与分析工作主要包括：开始将可用财政空间评估作为 IMF 年度经济健康检查的一项主要工作；在完善分析工具、加大对经济健康检查中结构性问题的监测方面启动了相关工作；继续在经济健康检查中强调国内税收收入调动和国际税务问题；评估了 IMF 在帮助小型国家提高对自然灾害及气候变化抵御能力中的作用。

IMF 更希望让由它引领建立的多边框架为所有人服务。多边关系逐渐取代双边关系，成为国际关系中的主流内容（梅新育，2007）。为了实现这一目标，IMF 就让贸易成为增长引擎的问题发布了报告，并确保至 2022 年重新确定新借款安排决议和双边贷款协议的额外承诺。此外，IMF 还审视了全球金融安全网的充足性，考虑对 IMF 工具箱进行改革。这些工作都与 IMF 对自身组织结构的改革息息相关，具体体现在地区部门的扩张与完善，职能部门的合并与分拆，以及辅助服务部门的调整等主要方面。

（二）IMF 改革的主要内容与历程

IMF 的组织结构改革包括其地区部门、职能部门与辅助服务部门的改革。与 IMF 的执董会与份额改革不同，IMF 的组织结构改革更注重内部治理能力与效率，在贯彻IMF总体改革原则与目的的同时，更追求内部管理的有效性与效率性。在保证机构执行任务的能力不受到损害的前提下，追求行政效率，保证人员的精简与轮转。IMF几个重要部分的改革基本遵循了同一性原则，使IMF内部结构越来越完善，在多边经济关系中起到越来越重要的作用，同一性原则保证了IMF的合理性与有效性。

IMF的地区部门改革主要体现在范围的扩大，能力的提升，重心的转移等三个方面。IMF的地区部门与IMF在当地的技术援助中心相互协作，共同开展政策监督与建议工作。IMF不断增设地区技术援助中心，同时扩大了包括非洲部、西半球部在内的管辖范围。另外，IMF增加了在地区部门的雇员数量，努力提升地区部门的能力。最后，IMF地区部门的工作重心逐渐由欧洲部转移到发展中国家与地区更多的非洲部与西半球部，体现了IMF对平衡化发展的重视。

IMF的职能部门改革主要体现在部门的合并与扩充，范围的扩张。职能部门中四个主要的技术援助部门，即财政事务部，货币与资本市场部，统计部与法律部，都在不断扩大自身的覆盖范围，同时增加与地区部、地区援助中心，包括各个办公室之间的联动，以实现更有质量的技术援助。研究部作为研究的核心部门，也在实现其研究能力的增强。财务部也着重提升自身进行财务预算与计划的能力。战略、政策与检查部先前是分开的几个部门，后来为了实现核心监控，合并至一个部门。

IMF的职能部门改革中还体现了IMF的发展理念。IMF越来越注意对外交流与媒体宣介，基于这一点，IMF将信息交流部归入了职能部门中。表面来看，IMF将原先的对外交流部归入职能部门范畴，并将驻联合国办事处归由战略、政策与检查部管理，是精简了交流部门，但实质上，将信息交流部划为职能部门体现了IMF真正将交流作为其主要的职能，而非一种辅助服务的部分。这一变化体现了IMF对于信息交流与媒体宣介的重视程度，也是组织未来的发展方向。

IMF十分重视对于能力建设学院的改革。能力建设学院作为IMF进行根本性技术援助的核心机构，其改革体现了对有效性、时效性的追求。能力建设学院初期只有新加坡培训学院与联合维也纳学院两个分部，逐渐增设了中东与中亚金融中心与非洲学院，并增设了地区培训和能力建设中心，扩大了能力建设学院的覆盖范围。同时，能力建设学院结合了新的在线技术，通过在线授课与线下授课的方式，提升了课程效果，越来越多的政府工作人员通过能力建设学院提升了自身的工作能力与经济素养。

IMF 的能力建设工作支持了 IMF 的全球政策议程。IMF 继续拓展能力建设工作，有近一半的技术援助用于低收入发展中国家，半数以上的培训项目用于新兴市场和中等收入市场经济体，并继续通过在线学习和在线服务拓展 IMF 培训的覆盖面。同时，IMF 继续为脆弱国家开展能力发展框架方面的工作，推动其体制建设、完善成果监测和评估框架以及与其他合作伙伴加强协作。IMF 持续与经济合作与发展组织、联合国和世界银行合作，继续支持国际税务问题的有关工作。

IMF 的辅助服务部门则更为关注其有效性与行政上的效率。IMF 在初期对项目中所需服务的了解较为模糊，设置了较多部门，中期发现这样导致了职能重叠的问题，降低了行政效率，因此将部门合并成技术与综合服务部，实现了高效率的一体化服务机制。由于越来越多的成员加入 IMF，IMF 也更需要协调不同地区之间的发展，单一辅助服务部门难以为继，有效性降低。因此 IMF 重新调整了其辅助服务部门，将信息技术部独立出来，另设机构服务与设施部。

这一调整满足了 IMF 对于信息技术的需求，适合 IMF 持续发展的方向。信息技术无疑是新时代最为重要的技术，任何一个想要取得更好发展的组织或者机构都必须充分利用信息技术进行发展。IMF 单独成立信息技术部，并聘请该领域专家担任部长，带领信息技术部为 IMF 提供基本技术支持，无疑展现了 IMF 紧跟时代的发展理念。另外，将机构服务与设施部抽离出技术与综合服务部，减少了其承担的任务量，使得其服务能力大幅提高，适应各成员方日益旺盛的援助需求。

IMF 重要办公室与小组的改革则体现了 IMF 对内部管理机制的完善与升级。其中，独立评估办公室不断加强自身监管职能，增加对基金项目的独立评估数量，同时与执董会密切联系，保证其监管质量。预算与计划办公室则加强了其与财务部的联系，共同制定更为合理、稳定的财务预算计划，保证 IMF 的发展资金充裕。内部审计与监察办公室在 IMF 的审计事务中扮演了核心地位，与外部审计公司、外部审计委员会一起保证 IMF 的财务状况健康运转，同时从法律层面保证 IMF 会计的合规性。

IMF 重要小组的改革体现了 IMF 对风险管理与员工福利的重视。知识管理组的设立体现了 IMF 对于知识管理的重视，这是新兴的知识经济时代重要的增长点。IMF 设置这一小组，是为了更好地对 IMF 地知识进行储备与传播。

IMF 的风险管理组由风险管理委员会进化而来，更多参与到风险管理三道防线的建设中去。三道防线保证了 IMF 这个庞大机构的稳定发展。而投资办公室的工作人员退休计划小组的独立体现了 IMF 对员工的福利水平十分重视，但也展现了 IMF 对人力资本的要求逐渐提高。

综合而言，IMF 在其组织结构的各个层面，各个部分都采取了改革措施，为更好地实现 IMF 的发展方向而不断改进。其中，职能部门作为主要执行机构，追求高效化、全面化；辅助服务部门作为内部支持机构，更加强调时效性与功能性；独立评估办公室等重要办公室，则进一步规范其作为内部监督机构的行为与机制，力保内部监督有效进行（黄海波，2006）。IMF 结构改革历久绵长，仍在不断进行中。其历程体现了 IMF 作为国际组织的特点与对其在职能上的要求，也表达了在新的时期，IMF 为适应多极化趋势所做出的改变。

（三）IMF 结构改革与 IMF 其他改革的关联

IMF 的组织结构改革与 IMF 的份额改革有密切的联系。IMF 自成立以来，多次在份额与执董会席位上进行改革，其目的是为了促进发达国家与发展中国家在 IMF 中的地位平等，保证 IMF 决策的合理性，具体体现在发达国家所占席位的逐步下降，欧美国家从一开始的绝对统治地位，到如今在份额与投票权中的比例都显著下降，新兴经济体逐渐享有更多的话语权。这与 IMF 一直在追求的均衡化发展不谋而合，也适应了经济发展全球化的大趋势。份额与决策权的改革对于 IMF 的运行具有重要意义。

而 IMF 的组织结构改革显然也与份额、投票权改革的主线相契合。地区部门上，在发展中国家较多的地区配置更多人力资源；职能部门上，扩大能力建设、技术援助范围，更加注重对发展中国家与落后地区的培训与能力援助；服务部门上，注意补充与能力建设相适应的服务部门，都体现了 IMF 对这些新兴经济体与欠发达地区的关注与重视。此外，IMF 更多地加强了与这些经济体的交流与联系，设置了更多基础课程，派出了更多有能力的工作人员。这无疑与 IMF 的主线改革是十分适应的。

追溯 IMF 的组织结构改革历程，我们不难发现，IMF 在加强其有效性、合法性与时效性等方面都做出了极其有效的变化。如今 IMF 能够应对全球化经济环境下的潜在危机，能够兼顾发达国家与发展中国家的经济发展，开展有效的双边、多边经济体系监督，在国家之间扮演重要角色，与其组织结构的合理高效有着必不可分的联系（祝小兵，2009）。当然，IMF 的组织结构仍有调整的空间，随着全球经济的进一步发展，IMF 仍将不断在其职能部门、地区部门与服务部门之间进行权衡与调整。

六、结　语

IMF 的组织结构主要包括四个部分：（1）五个地区部门；（2）九个职能部门；（3）四个辅助部门；（4）六个重要办公室。这些机构组成了大而有序的结构，共同保证 IMF 在全球各个项目的顺利进行。地区部门主要管理相应地区经济相关事务；职能部门主要在技术援助、基础设施建设等方面提供支持；辅助部门为 IMF 及其合作伙伴提供必需的服务。办公室直接接受执董会或总裁指导，为各下属部门提供指导建议。能力建设学院是 IMF 着重建设的职能部门。

五个地区部门就所主管地区与国家的经济政策和发展，向执董会和管理层提供咨询。地区部与其他有关的职能部门一起，向成员方提供政策建议和技术援助，并与主管地区的区域性组织和多边机构保持联系，开展 IMF 大部分的监督工作。地区部的工作人员还需负责制定 IMF 的融资安排，支持成员方所制定的经济改革规划，并检查成员方执行 IMF 安排的项目与活动。当 IMF 有重要的经济改革项目，六个地区部门会通力合作，共同为项目服务。地区部门自成立以来，管辖范围逐渐扩大，工作能力日益增强。

职能部门负责具体开展 IMF 各项活动，并及时反馈，提供咨询。其中，财政事务部、货币与资本市场部、统计部与法律部负责主要的技术援助；能力建设学院负责培训 IMF 及各地政府工作人员，使他们具备执行项目所必需的能力；财务部负责 IMF 自身的预算、资金流向等；战略、政策与检查部负责总体监督、制定发展战略；信息交流部负责对外交流与宣传；研究部负责开展各项经济研究并出版主要刊物。各部门协调统一，保证 IMF 各个项目的顺利进行。

辅助服务部门为 IMF 顺利开展各种项目提供支持与帮助。人力资源部主要对 IMF 员工负责，开展员工培训，提供员工所需信息，同时监督员工工作；秘书部负责对管理层的活动进行汇报，同时提供秘书建议，负责准备管理层所需材料；信息技术部负责解决技术问题，提供信息处理服务，包括多语言交流。而机构服务与设施部负责将 IMF 的项目与商业伙伴的各项活动融合在一起，确保项目的顺利进行，该部门会随着商业要求的变化及时调整服务内容，保证 IMF 与合作伙伴交流畅通。

六个主要办公室中，独立评估办公室负责对货币 IMF 的政策和活动进行独立客观地评估。它完全独立于 IMF 的管理层，并由执行董事会独立运作。预算与计划办公室负责准备、监督和控制基金的行政和资本预算，以符合成本效益的方式，根据其不断变化的任务和优先事项，规划和制定引导机构的战略。内部审计与监察办公室负责对基金的治理，风险管理和内部控制程序提供独立和客观地评估；担任改善基金业务程序的顾问和催化剂，并协助外部审计流程。后两个办公室由总裁副总裁直接运作。

IMF 的组织结构改革与 IMF 的份额、投票权改革相适应。IMF 在其份额与投票权改革中，注意地区间的平衡发展，给予发展中国家与新兴地区更多的话语权，降低发达国家的统治力。而组织结构改革中，IMF 将工作重心更多地向中东、非洲、西半球地区转移，并建立了相应职能部门，扩大了能力建设与援助范围。在辅助服务部门上，着重加强了信息交流与信息技术的建设。在办公室与重要小组上，加强了自身管理体系的合理程度。IMF 的组织结构变化使得 IMF 能更好地应对全球化的经济环境。

总体来说，IMF 的组织结构变动不大。地区部作为各地区的主要机构，设置较为稳定，很少有变动。职能部门上，初期为了保证工作的精细进行，所分部门较多，分工明确。中期考虑到部分部门的职能重叠，造成资源浪费，增大支出，因此对一些部门进行合并，缩减部门与工作人员数量。近年来，考虑到新的发展，如知识管理的发展、信息技术的日益重要，IMF 又把一些部门拆分出来，比如信息技术部、知识管理组等。IMF 组织结构的改革体现了实用的原则，有利于组织的长远发展。

第二篇

国际货币基金组织的资金来源与运作及其改革

第四章

国际货币基金组织的资金来源与运作及其改革

为了更好地适应和体现国际经济发展的格局,国际货币基金组织(IMF)对其资金不断地进行改革。通过份额改革、特别提款权和普通提款权的改革以及资产风险管理的改革,IMF能够更加充分地利用其资金,扩充了资金来源,改善了资金结构,降低了资金风险。在IMF成立的70多年里,IMF的资金配置更加合理,IMF的援助职能和贷款职能得以更好地发挥,提升了IMF在国际上的地位和作用。研究IMF资金的改革将有利于了解IMF发挥的职能的变化,也有利于研究全球经济环境的变化。

IMF的资金来源有五个途径:成员方认缴的份额、特别提款权、借款、捐款和经营收入。IMF最主要的资金来源是成员方认缴的份额。缴纳的份额由成员方的经济情况和地位决定,份额决定了成员方获得IMF贷款的最高限额;也决定了能分到特别提款权的多少和投票权的分配。特别提款权(SDR)作为一种额外的资金来源,根据会员认缴的份额进行分配。此外,IMF通过与成员方签订总借款安排和新借款安排借入资金,目前最广泛使用的增资方式就是借款安排。2009年,IMF还首次通过发行债券来筹集资金。

本章主要探讨IMF的资金来源、运作及其改革。第一部分剖析了IMF的资金来源的构成及改革,资金来源包括成员方认缴的份额、特别提款权、借款(总借款安排、借款新安排、发行债券)和经营收入;第二部分介绍了特别提款权(SDR)的设立、分配、交易和改革原因;第三部分解释了普通提款权,提出了普通提款权和特别提款权的三点主要区别,并分析了普通提款权改革的原因;第四部分阐述了IMF面临的风险和资产风险管理机制,提出了IMF如何应对风险的对策。

一、国际货币基金组织的资金来源

IMF 通过成员方认缴的份额、特别提款权、借款、捐款和经营收入五个途径来筹措资金。成员方认缴的份额由成员方的经济情况和地位决定，一般由份额公式得出。特别提款权（SDR）作为一种额外的资金来源，根据会员认缴的份额进行分配，可以用于平衡国际收支或作为外汇储备。借款包括总借款安排、借款新安排和发行债券。其中，IMF 于 2009 年首次发行债券获得资金。IMF 不断进行份额改革，以加大新兴经济体和发展中国家的话语权。此外，IMF 不断扩大资金规模，以应对成员方的紧急资金需求。

（一）成员方缴纳的份额

各成员方在加入 IMF 时都需要认缴一定的份额。该份额是根据各成员方在世界经济中的相对规模确定的。一般从以下几个指标对其经济实力进行衡量：首先就是 GDP，即国内生产总值；其次是成员方在国际交易中的介入程度，包括产品和服务的进出口额、外汇储备等，这些都是需要考虑的因素；最后，还要与其他成员方的相应指标进行比较，参考其他与目标成员方有相近特点的成员方的份额。通过以上几个指标最后确定一个国家的份额，这个份额决定了成员方在 IMF 的出资上限。

在实际中，IMF 通常利用份额公式对成员方应缴纳的份额进行计算。为了体现份额分配的公平性，份额公式经过了多次修改。目前，份额的分配是由 GDP（权重 50%）、经济开放度（权重 30%）、经常账户收入的波动性（权重 15%）和官方储备（权重 5%）的线性公式决定的。公式里的 GDP 是通过基于市场汇率计算的 GDP（权重 60%）和基于购买力平价计算的 GDP（权重 40%）的混合变量计算的。公式里还有一个"压缩因子"，可以用来缩小成员方计算份额的离散程度。

IMF 对认缴份额的方式做出了规定。成员方认缴的份额 25% 必须以特别提款权或主要通用货币（如美元、欧元、日元、英镑）的形式缴纳，其余的 75% 以成员方的本国货币来缴纳。这些资金构成了 IMF 的主要资金来源，资金的多少反映了成员方的经济地位，成员方在 IMF 中享有的各种权利也与份额直接挂钩。认缴份额如同企业中拥有的股份一样，决定了该国可从 IMF 得到的贷款规模，特别提款权的分配额以及投票的权利。因此，认缴的份额越大，成员方在 IMF 中的话语权越大。

IMF 的份额会进行多次调整。IMF 一般会每隔五年调整一次，调整的依据是各国资金的紧张程度和经济情况的变化。按照调整的对象，份额调整可分为普遍调整和特别调整。普遍增资是针对所有成员方，根据成员方现有的份额进行增资，所以增资后各国的份额结构保持不变，只是资金数量的扩大。特别增资只是针对个别的成员方的增资，特别增资不仅扩大了量，还改变了份额的结构，从而一定程度地改变了各个国家在 IMF 中的地位。份额以 IMF 的记账单位特别提款权计值。

份额的不断调整体现了国际经济发展的格局变化。如图 4-1 所示，截至 2017 年 4 月 30 日，IMF 份额最大的成员方是美国，份额为 830 亿特别提款权（约合 1140 亿美元），最小的成员方是图瓦卢，份额为 250 万特别提款权（约合 340 万美元）。在 2006 年，份额最大的 10 个国家中发达国家占绝大多数，发展中国家份额很少，体现了发达国家在 IMF 中的绝对话语权和发展中国家话语权的缺失。而在 2017 年，中国从份额第六变为第三，且前十出现了更多发展中国家（印度和巴西），IMF 的份额改革体现了新兴经济体日益强大的经济地位。

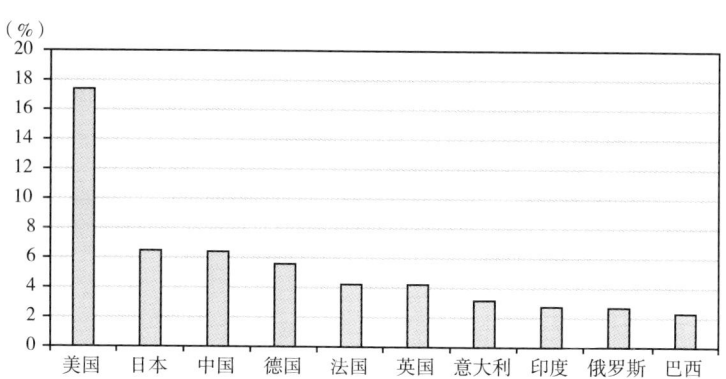

图 4-1 2017 年 IMF 份额前十国家及其份额的百分比

资料来源：IMF 官网。

IMF 越来越重视发展中国家的利益诉求，新兴市场在 IMF 中的话语权大幅提升。这一变化主要是因为 G20 达成的协议，协议内容是：（1）2012 年之前，将 6% 以上的份额转移给包括新兴国家和发展中国家在内的代表性不足的国家；（2）拥有 8 个席位的欧盟国家将在 IMF 执行董事会让出两个席位给发展中国家；（3）发展中国家在 IMF 中的投票权将显著增加。中国也借此良机提出增加在 IMF 中份额的要求，并于 2010 年 11 月 15 日通过了该份额改革方案。份额改革完成后，中国的份额从第六位上升到第三位。

中国在 IMF 中发言权的上升是国际社会对中国改革开放取得巨大成就的承认。中国等发展中国家话语权的增加可以使世界经济的发展更能符合包括中国在内的广大发展中国家的利益。把广大发展中国家的利益正确地、适当地反应给国际社会，使他们在形成新国际货币体制和国际经济体制的时候，注意照顾发展中国家的利益。截至 2017 年 4 月 30 日，189 个成员方中有 179 个已经完成了份额缴款，占总增加份额的 99% 以上。至此，IMF 的总份额已经达到 4750 亿特别提款权（约合 6520 亿美元）。

（二）特别提款权

特别提款权（Special Drawing Right，SDR），又称"纸黄金"，是 IMF 于 1969 年发行的一种账面资产，可用于偿还 IMF 债务、弥补会员政府之间国际收支逆差。特别提款权根据成员方认缴的份额来分配，其价值由美元、欧元、人民币、日元和英镑组成的一篮子货币决定。IMF 各成员方发生国际收支逆差时，可用 SDR 向其他成员方换取外汇，以偿付国际收支逆差或偿还 IMF 的贷款，还可以用作国际储备，就像黄金和可自由兑换货币一样。特别提款权将在本章第二部分详细说明。

（三）借款

借款是 IMF 辅助性的资金来源，用于补充份额资金的不足，使得 IMF 有更充足的资金来发挥其职能。IMF 主要有两套常备的借款安排，借款总安排和借款新安排，前者设立于 1962 年，后者在 1998 年生效。两套借款安排都为 IMF 带来了大量的资金，有效地缓解了 IMF 资金不足的问题。此外，在 2009 年，IMF 初次发行了债券来筹集资金。"金砖四国"成员，即巴西、俄罗斯、印度和中国，都对 IMF 债券进行了大量认购。IMF 债券的发行提供了一种安全的投资工具，增加 IMF 获取必要资金并对成员方提供帮助的能力。

1. 借款总安排

借款总安排（General Arrangement to Borrow）又叫借款总协定，设立于 1962 年。借款总安排的宗旨是帮助 IMF 在缺乏资金或可能缺乏资金的情况下，从普通基金定额以外获得贷款，已满足各成员方的资金需求或防止金融危机的暴发。借款总安排的资金来自于 10 个发达国（美国、英国、联邦德国、法国、日本、比利时、意大利、荷兰、加拿大、瑞典）。根据各自的经济、财政实力以及 IMF 对其货币的需求来确定份额。借款总安排签署初期，基金总规模 60 亿美元，其中美国份额最大，占总额的 33.33%；其次是英国和联邦德国，各占 16.66%。

借款总安排在最初签署之后经历了一系列变化，不断有新的国家加入。1983 年，IMF 对借款总安排进行了扩充，可用资金增加到了 170 亿 SDR，约合 177.98 亿美元。美国的份额仍居首位，但是比重下降为 25%；联邦德国的份额为 14%，日本的份额上升了 12%。瑞士通过瑞士国民银行加入借款总安排，成为第 11 个参加国，份额为 6%。此外，在借款总安排下，IMF 还和沙特阿拉伯设立了一项 15 亿 SDR 的特别借款安排。借款总安排曾规定有效期为 4 年。但是之后多次延期，事实上现已成为一种永久性安排。

2. 新借款安排

新借款安排（New Arrangement to Borrow）是 IMF 和 38 个成员方和组织签署的一系列借款安排。新借款安排的提议是在 1995 年的哈利法克斯 G7 峰会上通过的。新借款安排的提出主要为了应对 1994 年墨西哥金融危机，旨在维护国际货币体系稳定并提供额外资金。墨西哥在金融危机爆发后，陷入流动性十分紧张的困境，需要更多资金来保持金融体系的稳定。该新借款安排提议十国集团和其他经济实力强的国家通过新的借款安排来增加可用资金，以提高总借款安排下的 IMF 的贷款能力。该新借款安排在 1998 年 11 月正式生效。

新借款安排进行了多次调整，规模随时间不断扩大。在借款安排签署初期，可用资金 3675 亿 SDR，美国份额最高，占 19.5%；并列第二的是德国和日本，各占 10.4%。2011 年 3 月 11 日，IMF 调整了新借款安排，新借款安排的可用资金扩充到了 3675 亿 SDR。波兰于同年 11 月 15 日也加入了新借款安排，新借款安排的可用资金约合 3700 亿 SDR，可用资金大约是签署初期的 10 倍。截至 2014 年 4 月底，新借款安排资金 3700 亿 SDR，其中，中国占比 8.4% 左右，约合 312 亿 SDR。

当金融危机或其他突发事件暴发时，各国对资金需求增加，IMF 往往会签署新的借款安排或延长新借款安排的有效期。当经济风险上升时，IMF 要做好额外资金的准备,而签署双边借款安排是 IMF 增资的主要途径。新借款安排是在墨西哥金融危机的背景下初次签署。在 2009 年 4 月由 G20 国家提出,于 2011 年完成的新借款安排的调整是为了应对 2008 年国际金融危机。在 2011 年 10 月 IMF 延长了本应 10 月到期的新借款安排,原因是欧债危机已进入危险阶段。新借款安排增加了 IMF 的可用资金和贷款能力,有利于应对全球经济波动。

3. 发行债券

2009 年 IMF 首次发行债券,成为除借款安排之外 IMF 一条新的筹资途径。IMF 发行债券的背景如专栏 4.1 所示。IMF 进行发行债券的改革的原因主要有两点:第一点原因是扩大资金的来源。IMF 的可用资金以前主要来自各成员方认缴的份额和部分成员方提供的贷款。前者关涉 IMF 内部权力结构而难以改变;后者主要在发达国家成员方和 IMF 之间进行,范围相对有限。发行债券为 IMF 增加了一条筹集资金的通道,缓解了 IMF 资金不足的问题。IMF 更加充足的资金提高了 IMF 在成员方出现需要时迅速向它们提供援助的能力。

专栏 4.1 IMF 发行债券的背景

在 2009 年 4 月伦敦二十国峰会上,与会各国同意把对 IMF 的融资承诺增加 5000 亿元,从而使 IMF 可支配资金总额达到 7500 亿美元。5000 亿美元增资主要通过扩充 NAB(新借款安排)实现。其中美国和欧洲分别承诺 1000 亿美元和 1780 亿美元。

但是,中国、俄罗斯、印度和巴西"金砖四国"并不愿意以 NAB 方式向 IMF 提供资金。因为这些发展中和新兴市场国家认为 IMF 的份额并没有体现它们日益强大的经济地位,违背了自身的利益。但是,增加发展中国家份额又触犯到了发达国家的既得利益,IMF 份额分配改革需要经过长期的讨价还价。

基于上述背景,IMF 于 2009 年的 7 月 1 日通过了债券发行框架。中国早在 9 月初便决定认购 IMF 债券,成为第一个与 IMF 签订债券购买协议的成员方。IMF 债券主要特征如下:第一,IMF 发行债券是一种临时性安排,不会改变现有的格局,但又为发展中和新兴市场国家提供了增资的渠道;第二,IMF 的融资条件与原有的新旧两个借款安排没有本质的区别。

资料来源:潘成夫. 国际货币体系改革、IMF 债券与人民币国际化 [J]. 金融与经济,2009 (10):4-6。

第二点原因是提供安全的投资工具。2009 年，许多国家受到国际金融危机的影响。美元指数持续低位震荡，美元贬值风险给许多国家外汇储备实现保值带来严重影响。IMF 发行债券帮助解决发展中国家和新兴市场经济体国际收支困难，推进外汇储备多元化配置以及全球经济的回稳。IMF 债券以特别提款权而非主权国家货币计价，降低了主权投资风险。因此，IMF 提供了一种安全的投资工具，有助于提高 IMF 帮助成员方，尤其是发展中国家和新兴市场国家应对全球金融危机的能力，并有利于促进世界经济的早日复苏。

IMF 于 2009 年首次发行债券，IMF 发行的债券为 5 年期，以特别提款权计价，债券利息分季度发放，发行金额约 1500 亿美元。债券对 IMF 成员方政府或成员方央行发售，并可在 IMF 成员方和购买者间交易。发展中国家大量购买了 IMF 2009 年发行的债券。"金砖四国"成员，即巴西、俄罗斯、印度和中国都进行了债券购买，提升了各自在国际金融市场上的话语权。巴西、印度和俄罗斯分别购买 100 亿美元的债券。中国于 2009 年 9 月 2 日认购了最高为 500 亿美元（320 亿 SDR）的债券。

（四）捐款

捐款也是 IMF 的一个资金来源。IMF 的对外职能除了贷款、监督，还有援助。捐赠在增加了 IMF 可用资金的同时，将更好地支持 IMF 的援助职能，为需要的国家提供服务。1999 年，中国向 IMF 捐助 1313 万特别提款权，继续支持穷国减债计划。此外，中国在 2005 年 5 月 20 日向 IMF "冲突后和自然灾害紧急援助贴息账户"捐款 200 万美元，对遭受印度洋海啸等自然灾害的低收入国家提供低息贷款，并动员成员方捐款以提供贴息。除中国以外，法国、英国、加拿大、俄罗斯、印度等也进行了捐款。

（五）经营收入

IMF 的经营收入在资金来源中占比较小。2017 财务年度 IMF 的净收入为 19 亿特别提款权，约合 27 亿美元。为了增加收入，IMF 在 2006 年设立了投资账户，对储备进行投资。2008 年，执行董事会批准新的收入模式，成立了一个以出售黄金得到的利润为资金来源的专项基金。《IMF 协定》第五次修正案（2011 年 2 月生效）授权扩大 IMF 的投资权限，以提高投资的预期收益，增大收入规模。2013年1月,执行董事会通过"投资账户条例和规则",同时行使第五次修正案授权扩大的IMF的投资权限。

由于投资收益比较低,IMF的收入主要还是来自于对成员方信贷使用余额征收的费用。IMF会根据贷款的额度和时间征收各种不同的费用。IMF融资的基本收费率为特别提款权利率加上固定利差(以基点表示)。利差的设定期限为两年,在第一年结束前会进行检查。IMF还对使用信贷档和中期安排下的大额贷款收取附加费。对高于成员方份额187.5%的信贷使用征收200个基点附加费,对高于同一门槛值的使用时间超过36个月的信贷档和超过51个月的中期贷款安排下的尚未偿还贷款征收基于时间的100个基点的附加费。

除了上述的按期收费和附加费之外,IMF还会征收服务费、承诺费和特别费。IMF对从普通资金账户拨出的每笔贷款征收0.5%的服务费。对在普通资金账户安排下每12个月期间内可以提用的数额,收取可退还的承诺费。收取承诺费的规则是,对于不超过份额115%的提取额以15个基点征收,对于超过份额115%但不超过575%的提取额以30个基点征收,对于超过份额575%的提取额则按照60个基点征收。在信贷已经使用后,按提款比例归还承诺费。对逾期本金和逾期不到6个月的收费,IMF会收取特别费用①。

(六) IMF资金来源的问题与改革

IMF的资金面临的主要问题就是资金的规模不足和结构不合理。IMF可以在发生危机时向市场注入流动性,起到一个"救市"的作用。一旦IMF出现了资金短缺,IMF便不能解决成员方流动性不足的问题,不利于国际经济的稳定。IMF不能自己印货币,所以只能通过上述的五种方法增加资金。资金短缺是IMF多年来面临的一个资金问题。IMF在2009年首次发行债券来筹集资金,就是解决资金短缺问题的一个尝试。此外,IMF资金的结构也存在问题,美国仍然占据着绝对主导地位,不能很好体现各国或地区的经济地位。

份额的分配需要不断改革以扩大IMF资金规模,优化资金结构。IMF资金规模近年来虽然不断扩大,但和全球的GDP、资本流动相比较,实际上是相对缩小的。IMF资金的主要来源是各国认缴的份额。自2005年,IMF进行了三个阶段的份额改革,时间分别是2006年、2008年和2010年至今。虽然

---

① 国际货币基金组织,2017年年报,P50。

这几次改革一方面起到了增加资金的作用，另一方面加大了发展中国家的份额，但是 IMF 资金规模仍然不够，仍需要进行进一步的份额改革来激励新兴市场和发展中国家为 IMF 提供更多资金。

第一阶段改革（2006 改革）特别增资主要针对中国、韩国、墨西哥和土耳其，并启动一项为期两年的改革计划。改革内容包括：（1）对四个成员方（中国、韩国、墨西哥和土耳其）进行一轮特别增资。总增资幅度为 1.8%，共增资 38.1 亿 SDR，总份额达到 2167.5 亿 SDR；（2）制定一个更加简单透明的新份额公式；（3）根据新份额公式对代表性不足的成员方进行第二轮特别增资，以反映这些成员方份额在世界经济中的相对地位；（4）基本票至少增加一倍，维持基本票占总投票权比重不变，确保低收入国家的发言权。

第二阶段改革（2008 改革）主要是落实第一阶段改革提出的要求。内容包括：（1）确定新份额公式。新份额公式更加简单透明，由 4 个变量构成，包括 GDP、开放度、波动度和储备，权重分别是 50%、30%、15% 和 5%，新公式一方面减少了最大成员方的份额，另一方面增加了其他所有国家的份额；（2）进行第二轮特别增资。为代表性不足的 54 个成员方共增资 208 亿 SDR，份额根据新公式计算，增幅从 12% 到 106%，总增幅为 4.9%，连同 2006 年的特别增资累计增加份额 11.5%；（3）将基本票增至 3 倍，增加了低收入国家发言权。

第三阶段改革（2010 年至今），主要将总份额增加一倍，并向新兴市场和发展中国家转移超过 6% 的份额，此外，欧洲发达国家让出 2 个执董会席位给新兴国家。内容包括：（1）总份额增加一倍。在第 14 次份额总检查的框架下，将成员方份额从 2384 亿 SDR 增加至 4768 亿 SDR；（2）代表性过高的成员方转移给代表性不足的成员方超过 6% 的份额，向有活力的新兴市场和发展中国家转移超过 6% 的份额。2010 年 G20 峰会通过改革方案，这是针对发展中国家的最大份额改革方案。

除了通过份额改革来解决资金不足的问题，IMF 获取资金的主要手段还包括特别提款权、借款安排、发行债券等。借款安排是 IMF 最主要的增资的方式，但是通过"借款总安排"和"新借款安排"需要政府批准，进程较慢，不能满足紧急的资金短缺问题。此外，IMF 从 2009 年才开始发行债券进行筹资，起步较晚，发行规模还很小，发行期限较短，不足以解决资金短缺的问题。因此，IMF 还需要进一步开展份额改革，增发特别提款权，推进借款安排和发行债券来增加可用资金，优化资金结构。

二、特别提款权

特别提款权（SDR）最早发行于1969年，是IMF根据会员方认缴的份额分配的。它作为IMF原有的普通提款权以外的一种补充，被命名为特别提款权。特别提款权的价值由SDR货币篮子储备货币（美元、欧元、人民币、日元和英镑）决定。特别提款权是一种账面资产，可以与黄金和可自由兑换货币一样作为国际储备的组成部分。SDR还可用于偿还IMF债务和弥补成员方政府之间的国际收支逆差。为了解决国际货币体系不稳定的问题和保持币值稳定，IMF对特别提款权进行了改革。

（一）设立与发行

1. 历史背景

1944年7月，西方主要国家的代表在联合国国际货币金融会议上确立了以美元为中心的货币体系，也就是布雷顿森林体系。美元以固定汇率兑换黄金，其他货币也与美元保持固定汇率。美元的地位等同黄金，是各国外汇储备中占比最大的国际储备货币。国际货币体系以一国货币为支柱是不可能保持长期稳定的状态的。20世纪60年代初，美元第一次危机暴发，说明以美元为中心的布雷顿森林货币体系具有重大的缺陷。外国投资者对美国失去信心，资本大量外逃，美国逐渐失去了抑制金价上涨并且保持美元对黄金汇率稳定的能力。

为了让布雷顿森林体系继续运转，IMF提出开创另一种国际储备资产用以补充美元的流动性不足。1969年，IMF创设了特别提款权（SDR）。SDR相当于一种账面资产，可用作国际储备，一定程度上缓解了美元作为外汇储备的不足。一般来说，各国会有大量外汇储备。一旦出现金融危机可以操控外汇来稳定本币汇率。在这种情况下，SDR用处不大。然而，在2009年国际金融危机的关键时刻，从SDR提出来的1826亿资金帮助全球市场恢复活力，一定程度上补充了各国外汇储备受到的巨大损失。

2. SDR货币篮子

SDR的价值的决定在过去的几十年不断发生着变化。IMF于1969年创设特别提款权，SDR 最初的价值是 1 单位 SDR 对 1 美元，相当于一单位兑 0.888671 克黄金。发行特别提款权旨在补充黄金及可自由兑换货币以保持外汇市场的稳定。当时布雷顿森林体系还在运行中，美元和黄金挂钩，而其他货币和美元挂钩。货币篮子中只有一种货币——美元。随后，布雷顿森林体系破裂。在 1974 年 7 月，IMF 宣布 SDR 与黄金脱钩。为了保持特别提款权的独立性，引入了一揽子定价机制，改用 16 种货币作为定值标准，SDR 货币篮子应运而生。

SDR 货币篮子初次建立时包括 16 种货币。这些货币包括美元、联邦德国马克、日元、英镑、法国法郎、加拿大元、意大利里拉、荷兰盾、比利时法郎、瑞典克朗、澳大利亚元、挪威克郎、丹麦克郎、西班牙比塞塔、南非兰特和奥地利先令。货币所占的比例根据商品和服务出口总额的相对大小设定。每天依照外汇行市变化，公布特别提款权的牌价。1976 年 7 月，IMF 去掉丹麦克郎和南非兰特，增加了沙特阿拉伯里亚尔和伊朗里亚尔。此外，IMF 还调整了各货币所占比重。

1980 年 9 月 18 日，为了简化定价方法，一揽子货币简化为 5 种西方国家货币。货币篮子包括美元、德国马克、日元、法国法郎和英镑，占比分别为 42%、19%、13%、13%、13%。1987 年货币权数调整为 42%、19%、15%、12%、12%。1999 年因为欧元诞生，SDR 货币篮子简化为美元、英镑、日元和欧元，占比分别为 41.9%、11.3%、9.4% 和 37.4%。该货币篮子的价值由以上四种货币的当期汇率确定。2016 年 10 月 1 日人民币加入 SDR 货币篮子，每种货币的初始权重为美元 41.73%，欧元 30.93%，人民币 10.92%，日元 8.33%，英镑 8.09%。

SDR 对美元的汇率也就是 SDR 的价值。SDR 汇率由伦敦市场每天中午 12 点时篮子货币的数量乘上篮子货币对美元的市场汇率计算得出。IMF 会在每周五计算和发布 SDR 利率，SDR 利率是通过计算 SDR 篮子货币的货币市场三个月期债务工具代表性利率的加权平均得出的。2016 年 10 月 1 日人民币入篮后，中国的三个月国债收益率代表人民币利率参与 SDR 利率计算。2015 年四季度起，财政部每周发行一期三个月贴现国债，每期 100 亿元人民币，从而满足了 SDR 货币篮子对人民币基准利率的要求。

每隔五年 SDR 货币篮子会复审一次，以确保篮子中的货币在国际交易中具有代表性，并且确保篮子中货币的占比反映了所含货币在国际贸易和金融体系中的重要性。2001 年、2006 年以及 2011 年的三次调整只是调整了货币篮子的权重,而没有涉及货币的币种的调整。2006年货币篮子中美元、欧元、日元和英镑的占比分别为44%、34%、11%和11%,在2011年年初货币篮子占比被调整为了41.9%、37.4%、9.4%和11.3%。四种货币的占比发生了变化,但币种没有发生改变。

SDR货币篮子币种选择具有两个原则:(1)货币的发行方必须是IMF成员方货币或是成员方组成的货币联盟。在5年的考察期内,该经济体应是全球领先的商品和服务贸易出口地。(2)该货币要可自由使用。在2010年IMF评估人民币时,人民币就符合第一条标准。在过去5年,中国的货物和服务出口额占全球份额为10%左右。2013年中国的货物进出口总额达到4.16万亿美元,而美国仅3.91万亿美元落后中国,中国成为世界第一货物贸易大国。第二条标准没有清晰的界定,可以从广义或者狭义来理解。

从广义的角度理解,"可自由使用"涉及国际金融领域。IMF在SDR评估报告中有如下四个相关指标:(1)该货币在国际外汇储备中的份额;(2)以该货币计值的国际银行借贷;(3)以该货币计值的国际债券;(4)即期外汇交易量。虽然人民币的这些指标依然较低,但增速较快。其中,离岸存贷款等国际金融市场活动中的人民币计价比率从2011年的0.32%上升至2014年的1.2%。但人民币不是严格意义上的可自由使用货币,因为境内居民还不能自由使用人民币去对外投资,境外居民也不能自由使用人民币投资中国大陆市场。

从狭义的角度理解,"可自由使用"指IMF成员方可使用该货币直接满足国际收支调节的需要。中国2008~2017年不断推进资本项目开放,人民币国际化,达到了可自由使用货币的狭义标准,加上人民币在2010年审查就符合了第一条标准。在2016年10月1日,人民币正式加入IMF特别提款货币篮子,成为货币篮子里的第三大货币。人民币入篮反映了中国在货币、外汇和金融体系改革取得了重要进展,对中国在放开和改善其金融市场基础设施方面所取得成就表示认可,也反映了全球经济形势的变化[①]。

3. 发行

从1970年开始IMF不断增发SDR。1970年1月1日,IMF首次发行了30亿SDR,其后的1971年和1972年每年继续分配30亿SDR。1978年10月30

---

① 肖立晟. 人民币加入SDR货币篮子的影响及我国的未来行动策略[J]. 经济纵横,2016(2):35-40.

日,美元剧烈贬值,许多国家不愿增持美元作为外汇储备。为了满足各国外汇储备的需求,IMF 增发 SDR。随后的四年共发行 120 亿 SDR。2008 年暴发国际金融危机,为了缓解全球金融体系的流动性紧张和体现新兴市场国家的经济地位,IMF 在 2009 年创造了 1826 亿 SDR 分配给各成员方。这是 IMF 第三轮发行 SDR,也是规模最大的一轮。全球各国持有的 SDR 总额达到 2041 亿。

(二) 分配

IMF 通常利用份额公式来计算各国的份额作为分配 SDR 的依据。现在的份额公式是由 GDP(权重为 50%)、开放度(权重为 30%)、经济波动性(权重为 15%)和国际储备(权重为 5%)的加权平均计算得出。此外,公式还包括一个用来缩小成员方计算份额的离散程度"压缩因子"。公式中的 GDP 是通过基于市场汇率计算,其中 GDP 数据是 60% 按市场汇率折算,40% 按购买力平价折算。份额每五年审查调整一次,SDR 也每五年分配一次。分配的 SDR 多少应公平地反映出成员方的相对经济地位。

特别提款权的分配分为普遍分配和特别的一次性分配两种类型。SDR 的普遍分配的基础必须是补充现有储备资产的长期全球需要。SDR 普遍分配总共只发生了三次。第一次分配在 1970~1972 年拨付,总额为 93 亿 SDR;第二次分配在 1979~1981 年拨付,总额为 121.182 亿 SDR;第三次分配发生在 2009 年 8 月 28 日,总额为 1612 亿 SDR。其中中国获得了 92.96 亿美元,美国获得 427 亿美元,日本获得 153 亿美元,德国获得 149 亿美元,英国和法国各获得 123 亿美元。

特别的一次性分配是 IMF 针对个别国家的提别提款权分配。特别的一次性分配会改变原有的份额结构,进而改变各国在国际上的话语权。而特别提款权的普遍分配是建立在原有份额的基础上进行分配的,不改变原有的份额结构。1997 年 9 月,由于 IMF 中超过 20% 的会员从未获得过特别提款权分配,IMF 理事会倡议进行特别提款权的特别一次性分配来改善这一问题。倡议需要得到 IMF 60% 以上的会员国投票和 85% 以上的票数才能通过。因此,IMF 进行了对《IMF 协定》的第四次修订,修订于 2009 年 8 月 10 日生效。

根据这次修订,IMF 进行了总额为 215 亿 SDR 的特别提款权的特别一次性分配。这一分配不是按份额比例发放的,主要目的是增加 1981 年后加入 IMF 的 42 个国家持有的特别提款权,让从未获得过 SDR 分配的成员方获得分配,但其他成员也将分别获得额外特别提款权。其中,中国获得约合 11.71 亿美元的 SDR 的特别的一次性分配。2009 年进行的特别提款权普遍分配叠加特别的一次性分配使特别提款权累计分配总额达到了 2041 亿 SDR,是 IMF 规模最大的一次增资。

(三) 交 易

特别提款权是由 IMF 创设的一种储备资产和记账单位。IMF 成员方经常需要购买特别提款权来偿还对 IMF 的债务、偿付国际收支逆差。此外,成员方也希望买卖特别提款权来调整储备构成,增加本国金融系统稳定性。但 SDR 不能直接用于贸易和非贸易支付,使用时必须先换成其他货币。SDR 不能被私人和企业持有,只有成员方之间、成员方和官方机构之间才能直接用 SDR 进行交易。IMF 可以作为连接成员方和指定持有方的中介渠道,保证特别提款权能够成功地兑换成可自由使用的货币。

特别提款权的交易可以通过"自愿安排"和"指定交易"两种方式来完成。一是自愿安排。20 多年来,特别提款权一直通过自愿安排交易。在自愿安排下,一个指定持有方和若干成员方在各自安排规定的限额下对特别提款权进行自愿购买或出售。自从 1987 年 9 月以来,自愿交易增加了特别提款权的流动性。在 2009 年特别提款权分配后,自愿安排的数目增多、规模扩大,保证了自愿特别提款权市场具有充分的流动性。现在的自愿交易安排的数目为 32 个,包括 19 个在 2009 年特别提款权分配后的新安排。

特别提款权的第二种交易方式,即通过 IMF 的直接指定进行交易。如果自愿交易安排数量不够,IMF 就可以进行指定交易。IMF 可以指定一次交易,交易双方为对外状况强健国和薄弱国。IMF 指定对外状况强健的成员方用可自由使用的货币,向对外状况薄弱的成员方购买特别提款权,帮助薄弱的成员方稳定金融状况。特别提款权提供给成员方一种额外的外汇交易保障,这也是各个国际组织通用的一种储备方式。总的来说,特别提款权通过"自愿交易"和"指定交易"两种交易方式来满足成员方对特别提款权的需要。

(四) SDR 改革原因

储备货币发行国很难既保持本币价值的稳定，又为国际提供流动性。为避免外汇货种贬值带来的全球性金融风险，创造一种与主权国家脱钩且币值长期稳定的国际储备货币是国际货币体系改革的目标。1969 年，IMF 创设了特别提款权以缓解主权货币作为储备货币的内在风险，但 SDR 至今都没有充分发挥作用。由于 SDR 是超主权的，被接受度没有美元高。美元占了国际储备的 70% 左右，而 SDR 更多是作为核算单位而非支付交易手段。此外，如果 SDR 取代美元，将引起美元大幅贬值，反过来又影响 SDR 的币值稳定。

因此，SDR 需要就使用范围和币值稳定进行一系列改革。IMF 需要拓宽 SDR 的使用范围，积极推动 SDR 在国际贸易、投资和企业记账、大宗商品定价中的运用。为了维持币值稳定，IMF 进行了货币篮子的改革。人民币入篮使得 SDR 币值更加稳定，弥补了美元公信力下降带来的币值波动。在人民币入篮前，SDR 货币篮子主要包含发达国家货币，相关性较强，不利于 SDR 币值的稳定。人民币是新兴市场国家的货币，相关经济周期与发达国家区别较大。因此，人民币入篮有助于稳定 SDR 的币值，保证全球金融体系稳定运行。

三、普通提款权

普通提款权又称成员方在 IMF 的储备头寸，是各成员方在 IMF 成立时缴纳的会费，由 IMF 加以管理。储备头寸是指一成员方在 IMF 的储备部分提款权余额和向 IMF 提供的可兑换货币贷款余额。普通提款权是一国在 IMF 的自动提款权，其数额的大小由成员方的出资决定，主要取决于该会员在 IMF 认缴的份额。会员可使用的最高限额为份额的 125%，最低为 0。不同于特别提款权，普通提款权的使用相当于信贷。普通提款权发放目的是解决成员方经常项目逆差，到期需要归还，归还期限 3~5 年。

IMF 的一个基本职能是贷款功能。普通提款权是会员方按其缴纳的份额可向 IMF 提取一定数额款项的权利，这就是 IMF 向会员方提供最基本的普通贷款。IMF 贷款采取为由成员方用本国货币向 IMF 申请换购外汇的方式，遵循"购买——赎回"的贷款机制。贷款对象是成员方的中央银行、财政部、外汇平准基金等政府机构。它们对贷款的使用限于国际贸易和非贸易的经常性账户支付。贷款额度通常是份额的乘数,一个国家的最高贷款额度取决于该国在 IMF 中份额的多少。

一国需要向 IMF 贷款的时候,需要用本币去购买,即拿了一部分外汇就要用本国货币去填充,偿还的时候需要把外汇还回去,把本币拿回来,这个过程可以形象地称为"购买——赎回",体现了贷款的周转性。普通资金账户融资安排下的拨付称为"购买",普通账户融资安排下的偿还称为"赎回"。这种"购买——赎回"的贷款机制反映了成员方份额中本币与外汇比例的相对变动。当成员方的外汇储备不足时,可以通过贷款获得外汇,从而解决短期的国际收支问题。

图 4-2 表示的是成员方在不同贷款情况下的份额组成。其中黑色部分表示本国货币、白色部分表示外币,可以用做外汇储备。成员方缴纳的份额中,25% 是特别提款权或硬通货,75% 是本国货币。图中(a)是初始状态,即25% 外汇、75% 本币,意味着该国没有向 IMF 贷款;图中(b)表示该国用本国货币购买了 25% 的份额,动用的是储备部分,即该国原来缴纳的那 25% 外汇;图中(c)表示该国用本国货币购买了所占份额 25% 的本币,但并未动用自己所缴纳的那部分(即储备部分),而跳过这部分动用了信贷部分,这也

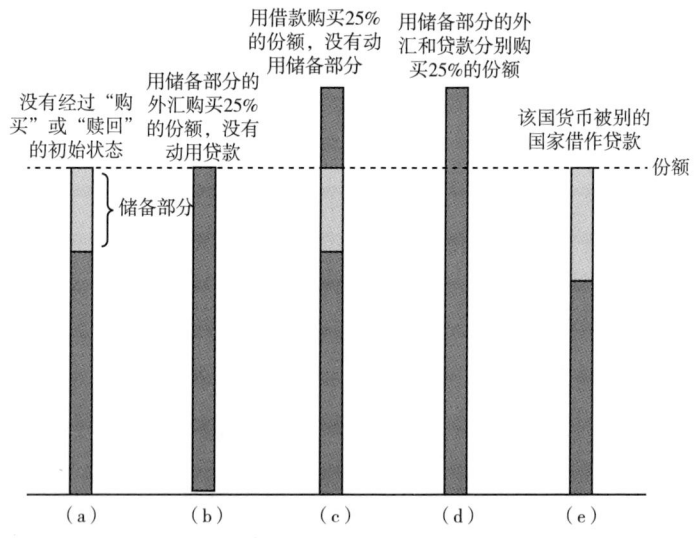

图 4-2 一国的 IMF 份额中本币和外汇的相对比例变化

资料来源:IMF, Financial Organization and Operations of the IMF [M]. International Monetary Fund, 1993: 35.

是贷款的一种形式；图中（d）表示用本国货币购买了占份额50%的贷款，其中包括25%的储备部分和25%的信贷部分；图中（e）表示本币在份额中所占的比例低于75%，这意味着别的国家通过向IMF贷款把该国货币借走了。

此外，IMF贷款分成几个档次。成员方可借用的贷款额被划分为储备部分贷款、第一档信贷部分贷款、高档信贷部分贷款等不同部分，并采取宽严不同的贷款条件。提用数额分五档，每档25%。每升高一档，条件更为严格。第一档最为宽松，一般只要提出申请，便可提用。其余四档为信用提款权。IMF向其他成员方提供本国货币的贷款时，形成了本国对IMF的债权，可以无条件提取并用于支付国际收支逆差。IMF在该国借款的净额也是该成员方的债权。同样，该国也可以无条件提取用于国际收支逆差的支付。

普通提款权和特别提款权主要存在三点区别：（1）普通提款权是根据出资得来的，对出资的管理和提取就叫作普通提款权，而特别提款权是有各国同一认定的一个纪律创造出来的无抵押的资产；（2）特别提款权对于各成员方来讲是流量资产，而普通提款权对于成员方来说是存量资产；（3）普通提款权广义上是一种信贷形式，而特别提款权是一种资产的形式。所以说使用特别提款权等于使用资产，是一种支出，是资产的减少。使用普通提款权等于在使用信贷，可看作借入，是负债的增加。

IMF对普通提款权的改革也就是份额改革。份额改革主要有两个方面的原因：一个方面，在IMF成立的这几十年间，世界经济格局发生了剧烈的变化，特别是21世纪以来新兴经济体的迅速发展，新兴市场国家在全球经济中发挥越来越重要的作用。但它们在IMF中的份额和投票权比重却相对较低，也缺乏相应的调整。因此，为了使得份额更好地反映参与国的经济情况，也同时提高发展中国家和新兴经济体的热情，IMF不断进行份额改革，增加发展中国家和新兴市场国家的份额和话语权。另一方面，份额与治理结构的缺陷也愈加明显。一是加权票不断稀释基本票，低收入国家投票权没有得到保障。二是份额公式复杂且缺乏透明度。不仅没有体现新兴市场和发展中国家增长的经济实力，反而过度夸大了发达国家的经济地位，引发了成员方的不满与批评。三是美国对重大事项决策具有一票否决权。《IMF协定》规定，最重大事项需经85%以上的特别多数票决定，而第一大成员方美国超过15%的投票权。这就相当于美国在重大事项决策时具有一票否决权，整个设计缺乏公平性和有效性。

四、资产风险管理

(一) 风险

IMF 每时每刻都面临着大量的风险,为了保持国际金融体系的稳定,就需要 IMF 对各种风险做出回应。自从布雷顿森林体系崩溃以来,IMF 在稳定国际货币和金融体系的过程中就不断面临着新的问题,暴露出新的风险。为了避免金融危机的暴发,IMF 首先需要能够识别风险,然后对风险形成一套有效的预警机制,制定好一系列对策,并做好资产的风险管理,以实现国际货币体系的稳定。IMF 面临着诸多风险,下文选取了其中的国际资本流动带来的风险和信贷风险进行重点介绍。

1. 国际资本流动带来的风险

IMF 的宗旨规定 IMF 要减轻成员方对经常账户的限制,致力于促进国际贸易自由化。然而,IMF 却允许成员方对其资本账户进行一定的限制。一方面,国际资本流动是有利的。国际资本的流动增强了一国的金融部门的实力,能够更加有效地配置全球资金资源,以缓解经济失衡。另一方面,随着经济的全球化以及资本账户的不断开放,暴露出来的风险也越来越大。国际资本流动会使得经济传染效应更加严重,一国将对国际环境更加敏感,可能会遭受汇率危机等,这就对一国金融体制的完善提出了很高的要求。

对于新兴经济体和发展中国家来说,金融市场发展尚不成熟,体制还不完善,面对金融危机是十分脆弱的。1997 年东亚暴发金融危机契合了这一点。在这次危机的预警方面,IMF 缺乏对危机的预见性和防范意识。东亚金融危机首先在泰国暴发。在金融危机之前,泰国的外汇储备由 1986 年的 1189 亿美元减少到 1996 年的 377 亿美元,并且创造了近 10% 的年平均增长率的持续了 30 年之久的经济奇迹。IMF 未能注意到泰国资产中可能存在的泡沫。同年 9 月,IMF 更错误地判断东亚金融危机已接近尾声。

IMF 对各国经济状况并没有全面客观的了解,总是鼓励各国经济开放和金融自由化,并支持成员方参与国际竞争,从而实现经济健康增长。首先,IMF 提供的改革方案出发点都是自由市场经济理论。2008 年美国次贷危机暴发再次反映了 IMF 的缺陷。美国次贷危机和东亚金融危机相似,IMF 不仅没有能够对危机及时预警，而且低估了这次次贷危机的严重程度；其次，在国际金融危机暴发后，IMF 在对许多受灾国的援助工作中发挥的作用很有限，其援助效果不尽如人意。虽然出现了多次资本账户自由化的提议，但这项提议仍未通过。

金融自由化会带来以下两个方面的风险：一方面，牙买加协议代替了布雷顿森林体系，承认了浮动汇率制的合法性，自此汇率制度呈现多样化的局面。现如今，大多数国家对汇率实施有管理的浮动，国际货币体系放弃了对成员方的汇率提供干预的责任和义务。因此，经常出现竞争性贬值或竞争性升值的情况，国际汇率处于经常性的变动之中。当一国的大量外汇以本国货币结算，本币剧烈贬值将引发货币危机，甚至造成一系列连锁反应，导致了国际金融体系的动荡，甚至引发全球性的金融危机。

另一方面，IMF 的目标使得其功能具有局限性。为了从根源上防止危机的不断升级，IMF 应该在一国出现危机苗头时就采取措施，但是 IMF 的运作方式达不到这个要求。布雷顿森林体系瓦解之后，IMF 停止了对成员方汇率进行干预的责任和义务。IMF 的目标主要是帮助建立成员方之间经常项目交易的多边支付体系，并减小阻碍世界贸易发展的汇兑限制。IMF 的目标意味着其功能具有局限性，不能从源头上制止外汇危机，而是在危机发展到影响自由汇兑和债务清偿时才进行干预。但是，这已经为时过晚。

2. 信贷风险

IMF 提供贷款就一定会存在偿还的道德风险。截至 2017 年 4 月末，对 IMF 的资金拖欠达到 12.047 亿特别提款权。索马里和苏丹仍对 IMF 有长期拖欠。拖欠额分别占拖欠总额的 20% 和 80%。这两个国家目前还没有动用普通资金账户资源的权力。目前几乎所有拖欠都是对普通资金账户的拖欠，对信托基金的拖欠不足 8%。拖欠总额的三分之一为逾期本金，其余三分之二为逾期收费和利息。此外，特别提款权账户的所有长期欠款情况在 2009 年 8 月和 9 月进行的特别提款权分配后得到解决。

援助资金也暴露出了较大的风险。需要援助的国家经济状况往往相对薄弱，贷款偿还能力较弱，IMF 可能会面临贷款无法收回的风险。一方面，援助资金没有商业利润，IMF 不能通过援助资金获得收益。另一方面，由于贷款严苛的条件，陷于危机的国家可能会因为避免条款选择不向 IMF 贷款，从而 IMF 没有起到援助的作用。IMF 除了贷款偿还方面的风险，还存在资金不足的风险。虽然近些年 IMF 不断增资，但面对资金的需求来说仍然不足。一旦爆发金融危机,将会有大量国家需要资金,IMF可能不能有效地化解危机。

(二) 对策

针对上述的风险,IMF需要采取相应的对策,对风险的预警、防范等对于有效化解金融危机非常重要。从资金层面上,IMF要继续扩大资金的规模,扩展资金的来源,以便能够满足大量的紧急资金需求,避免陷入流动性紧缺;IMF还需要优化资金的结构,使份额能够更好地体现出各国在全球经济中的规模和地位。从制度层面上,IMF需要建立完善的风险预警机制,鼓励透明化,完善法律制度,加强监管,严格防范金融风险。同时,IMF还要加强与其他组织(G20和FSB)的合作并做好风险的评估工作。

1. 透明化

由于金融的自由化,不同经济体之间联系紧密,信息的透明化变得尤为重要。更高的透明度将帮助经济体更好更平稳地运行,有利于全球金融体系的健康发展。具体来说,汇率形成机制、经济政策、中央银行的可决条件、用储备的情况、远期债务、商业银行的外汇债务、金融部门状况、银行部门的贷款标准和来源可靠的经济和金融发展数据等对于国际货币集体和经济体的平稳运行都至关重要。IMF已经制定了相应的政策,以确保提供关于IMF在全球经济中的作用以及关于IMF成员方经济状况的准确信息。

遵守国际标准是预防金融危机的一个要素,IMF和世界银行认可三大类的国际标准:(1)政策透明度;(2)金融部门监管;(3)机构和市场基础设施。IMF制定了《财政透明度良好行为准则》来评估财政透明度,制定了《货币与金融政策透明度良好行为准则》来评估货币与金融政策透明度。成员方更加开放透明将使公众获得更加准确全面的信息,有利于投资者了解真实情况,做出正确的决策,保证了货币和金融市场的平稳运行。IMF会在自愿基础上及时披露文件和资料来鼓励信息的透明化。

关于数据发布,IMF制定了两个数据公布标准,数据公布通用系统和数据公布特殊标准。前者针对那些未进入市场但希望改进国家统计体系质量的国家,后者则适用于统计基础更为完善的国家和经济体。2012年IMF强化了数据公布特殊标准,建立了数据公布特殊标准增强版,并在2015年强化了数据公布通用系统(GDDS)。用于综合评估国家数据质量的框架于2012年更新以反映其他的评估经验、统计方法的更新。此外,在2008年世界金融危机之后，货币统计数据覆盖范围扩展至其他金融公司。

2. 建立完善风险预警机制，加强监督与防范

为了尽早识别风险以避免事态进一步发展，建立并完善一套风险预警机制十分必要。东亚金融危机和国际金融危机都出现了IMF没有及时发出预警信号的问题。2009年IMF采取了四个措施来提高风险预警能力：（1）对具有系统重要性金融体系成员方来说，要对其金融部门评估规划进行监督；（2）在试点基础上进行专题报告撰写，分析具有最重要的经济体的政策的溢出效应；（3）提供跨国/跨主题报告总结政策经验给其他面临同样问题的成员方；（4）撰写《世界经济展望》和《全球金融稳定报告》合编本，提供更加全面准确的信息。

对于未来，IMF应调整监督重点，加强对发达经济体的监督。过去，IMF过于重视对于发展中国家的监督，忽视了对发达经济体的监督，以至于发达国家金融危机频发。未来，IMF应加强和改善对主要储备货币发行经济体宏观经济政策、金融部门和跨国资本流动的监督，防止资本自由化流动给新兴市场国家带来剧烈的冲击。同时，IMF应完善国际货币体系，保持主要储备货币汇率的相对稳定。此外，IMF还应将复杂的金融衍生产品纳入监管范围，如CDS、抵押债务工具等，以缩小监管真空地带。

针对汇率监督，IMF目前的汇率监管职能具有两个方面的缺陷：一方面是局限性，IMF倡导的浮动汇率及汇率监管权限在当今多种汇率制度存在的前提下无法发挥应有的作用；另一方面是有限性，在全球金融市场的发展中，成员方中各个国家和地区的金融市场情况和监管制度都有很大的不同，这都使得IMF在金融监管上存在着巨大的挑战。布雷顿森林体系崩溃之后，各成员方都选择各自的汇率制度。这加大了IMF的监管难度，对IMF提出了更高的要求。目前IMF改革后的成果有及时修改监督职能，扩大汇率监管权限。

3. 增资以提高贷款能力

为弥补资金不足，避免IMF不能满足成员方的资金需求，IMF通过多种渠道补充其资金来源。增资方式包括成员方缴纳、新借款协议、发行IMF债券。2009年4月，G20上决定在未来一段时间内给IMF增资5000亿美元左右。其中日本、欧盟等发达国家成员方也都承诺对IMF提高借款额度。2009年7月，IMF决定向成员方发行债券，总额约1500亿美元。许多发展中国家如中国、俄罗斯、巴西、印度对此债券进行了认购。这是IMF初次发行债券来筹资。为了满足成员方对资金的需求,IMF 在未来的日子里仍需视情况进行增资。

贷款具有充分的资金保障。随着全球经济的波动,IMF 需要避免贷款能力的急剧下滑,其普通资金账户下的资金保障由三道防线组成:第一道防线是份额,即成员方认缴的份额资金,份额资金总额约 4770 亿特别提款权(约合 6680 亿美元);第二道防线是新借款安排(NAB),即 IMF 和 38 个成员方之间的一组信贷安排。新借款安排能提供约 1820 亿特别提款权(约合 2540 亿美元)的补充资金,是份额资金的主要后备支持;第三道防线是双边借款,即和成员方签订双边借款协议。目前生效的约为 2800 亿特别提款权(约合 3930 亿美元)。

第一道防线是每个成员方的义务。在加入 IMF 时,每个成员方都会被分配一个份额,份额的认缴一般是四分之一是可自由兑换的货币(如美元、欧元、日元或英镑)或特别提款权,另外四分之三是成员方本国货币。份额的大小是由成员方在世界经济中的相对规模大小决定的,并决定了成员方对 IMF 的最大出资规模。IMF 的份额检查至少每五年进行一次,2010 年 IMF 完成了第 14 次份额总检查,成员方一致认为应将份额资金增加一倍至 4770 亿特别提款权,第 14 次份额总检查下的份额增加于 2016 年 1 月生效。

随着全球经济不确定性的加剧,第二、第三道防线正在发挥越来越关键的作用。2011 年,新借款安排从 380 亿特别提款权扩大至 3700 亿特别提款权,有 14 个新出资国加入。2016 年 11 月,IMF 执董会批准新借款安排从 2017 年 11 月延长至 2022 年。此外,许多成员方于 2012 年通过了双边借款协议。双边借款协议的初始期限为两年,可延期两次,每次一年,该协议于 2014 年被延长一年,2015 年又被延长一年。2016 年 8 月,IMF 执董会批准了新的双边借款框架,初始期限为 2019 年 12 月 31 日,经债权人同意可延长一年①。

4. 加强与其他国际组织合作

在金融危机教训的基础上,IMF 加强了与 G20 和金融稳定理事会(FSB)的合作,从而更有效地发挥出自己的作用,稳定全球经济。2009 年 9 月,为了对各个成员方的经济政策进行协调,进而促进全球经济的可持续性增长,IMF 参与了 G20 的相互评估过程,并给 G20 提供了政策建议。IMF 对成员方

---

① IMF, Where the IMFGets Its Money.

的政策进行审查，以保证成员方政策与G20的框架目标一致。此外，IMF与FSB合作举办了早期预警演习（EWE），每半年举办一次，目的是提高其对于全球性风险事件的评估及应对能力。

各国际组织之间需要更好地沟通协调，并界定好彼此之间的职能。一方面，由于IMF与世界银行（WB）、世界贸易组织（WTO）之间缺乏有效的协调机制，它们不能有效应对危机，只能采取一些临时性措施。因此，IMF需要加强与其他国际组织之间的沟通协调，才能在应对危机时形成有效的应对机制，从而共同促进全球经济与金融的稳定发展。另一方面，除了应对危机以外，IMF能帮助G20更好地发挥作用。G20为帮助解决目前经济复苏缓慢、失业、汇率等问题提供了一个重要平台。如果没有IMF的参与，G20会失去解决问题的效力。

（三）资产风险管理

1. 货币

货币由三个部分组成，分别是可用货币、信贷余额以及其他货币。货币总量几乎一直在IMF总资产中占有80%以上的份额。货币数量基本保持了上涨的趋势，在2017年货币占资产的比重接近90%，足见IMF对货币的看重。货币在资产中的高占比也在一定程度上体现了IMF对于风险规避的重视，因为货币极高的流动性有利于IMF在短时间内提供大量的贷款，以应付突发的危机，有利于其对资金的迅速调配，最终有利于其顺利地行使职能。IMF对货币的极大配额通过流动性管理降低了资产的风险。

除了流动性管理，IMF同样应该重视信用管理，这对信贷余额的管理提出了要求。一方面，IMF必须要有充足的资金，能够在危机到来时向成员方提供大量资金；另一方面，IMF也要保证自己能够收回这一部分贷款，不至于让其成为坏账。IMF要实现信贷余额的灵活性和可控性，援助落后国家和陷入危机的国家，稳定全球经济。同时，IMF也需要保证自身的资金安全，能够收回贷款。IMF应避免出现借款方对贷款的长期拖欠，而造成IMF资产损失的情况。因此，贷款的信用风险不容忽视。

2. 投资

货币虽然具有很高的流动性，但货币的利息很低甚至是零。因此，IMF将部分资金用于投资，数额在2008~2017年稳步增长（见第五章图5-4）。

IMF 投资账户下设立了两个子账户,分别是固定收入子账户(Fixed-Income Subaccount)和捐赠账户(Endowment Account)。对于固定收入子账户来说,里面购买的投资资产必须是在 A 评级(标准普尔长期评级系统)及以上的,安全性很高。对于捐赠账户,政府债券最低评级不得低于 BBB+,公司债券评级不得低于 BBB-,做到了在兼顾安全的基础上追求更高的收益。

具体来看,IMF 的投资分为三类:短期投资、长期投资以及资源投资:(1)短期投资包括由成员方的政府、中央银行以及官方机构、国际金融机构所发行的固定收益证券以及国际清算银行发行的债券,还包括地方政府发行的证券、企业债券、抵押支持债券、现金票据等。(2)长期投资包括由成员方的政府、中央银行以及官方机构、国际金融机构所发行的固定收益证券和国际清算银行发行的债券。(3)资源投资有可能被用于投资成熟市场的股票、主权债券、通胀挂钩债券以及公司债券,还包括新兴市场的债券和股票以及房地产投资信托。

不同类型的投资风险不同,体现了 IMF 以安全性为首,同时追求营利性的投资策略。短期投资的风险较小,但是长期投资要注意证券的利率风险,当预计未来利率会上升的情况下,可以通过缩短证券的久期来降低长期投资的风险并增加投资收益。而资源投资和短期投资、长期投资相比,由于投资配置中加入了股票,风险更大,需要更加谨慎,但资源投资给 IMF 的投资中加入了灵活和高盈利的因素。正是短期投资、长期投资和资源投资三者一起运用才导致了 IMF 投资的低风险和一定的收益。

总而言之,IMF 的货币和投资很好地体现了其对资产的风险管理。对于货币来说,货币在资产中的高占比体现了 IMF 的流动性管理。货币给 IMF 提供了极大的流动性,方便 IMF 能够快速地对成员方的资金需求做出响应,帮助成员方应对经济波动和金融危机。IMF 对信贷余额的信用风险管理降低了坏账的风险,保证了资金的安全。对于投资来说,IMF 在保证安全性的前提下,追求更大的收益。这一目标通过将投资分成短期投资、长期投资和资源投资三种不同风险和收益特点的投资方式来实现。

五、结　语

IMF 通过成员方缴纳的份额、特别提款权(SDR)、借款、捐款和经营收入来获得资金。成员方缴纳的份额是 IMF 最主要的资金来源，25% 必须以特别提款权或主要通用货币缴纳，其余的 75% 以成员方本国货币缴纳。份额是根据是各成员方在世界经济中相对规模的大小来分配的。份额的大小决定了该国可从 IMF 得到的贷款规模，特别提款权的分配额以及投票的权利。IMF 一般每五年调整一次份额，调整分为普遍调整和特别调整。IMF 从 2006 年来共进行了三次份额改革，发展中国家和新兴市场国家的份额有了明显的提升。

特别提款权亦称"纸黄金"，是 IMF 于 1969 年发行的可用于偿还 IMF 债务、弥补会员国政府之间国际收支逆差的一种账面资产。特别提款权的分配标准是成员方认缴的份额。在发生国际收支逆差时，成员方可用 SDR 换取外汇去偿还 IMF 的贷款或解决国际收支逆差。此外，特别提款权还可充当国际储备。SDR 货币篮子是由美元、欧元、人民币、日元和英镑五种货币组成的。由于主要储备货币发行国无法兼顾币值的稳定性和流动性，IMF 需要对 SDR 进行改革，维持 SDR 价值的稳定，扩大 SDR 的使用范围。

普通提款权又叫在 IMF 的储备头寸，是 IMF 在成立时各成员方缴纳的会费，是国家外汇储备的一部分。普通提款权数额的大小由成员方的出资决定，成员方可使用的最高限额为份额的 125%，最低为 0。普通提款权和特别提款权主要存在三点区别：（1）普通提款权根据出资得来，特别提款权是由各国认定的一个纪律创造出来的无抵押的资产；（2）特别提款权是增量型资产、流量资产，然而普通提款权是存量资产；（3）普通提款权是信贷，到期需要归还，而特别提款权是资产。

借款包括总借款安排、新借款安排和发行债券。借款安排是 IMF 进行增资采用的最广泛的形式。借款总安排设立于 1962 年，资金来自十个发达国。新借款安排是 IMF 和 38 个成员方和组织签署的一系列借款安排，于 1998 年 11 月生效。此外，IMF 于 2009 年初次进行了债券的发行来筹措资金。发行的债券主要由"金砖四国"认购。IMF 发行债券的原因主要有两点：一方面，发行债券有助于 IMF 扩大资金规模，从而更加快速地响应成员方的需求；另一方面，发行债券提供了一种更加安全的投资工具。

随着金融自由化、资本市场不断开放，金融市场的风险也在不断累积，IMF 也暴露出了很多缺陷，无法有效地化解金融危机。为了维持国际金融的平稳运行，对风险的预警、防范和有效化解金融风险和危机变得非常重要。从资金层面上，IMF 要继续扩大资金规模，避免陷入流动性紧缺；并优化资金的结构，使份额更能体现出各国在全球经济中的规模和地位。从制度层面上，IMF需要建立完善的风险预警机制，鼓励透明化，完善法律制度，加强监管，严格防范金融风险。同时，IMF需要加强与G20和FSB的合作，协调好各自的职能。

最后，IMF的资产的配置体现了IMF对于风险管理的重视。IMF的货币占资产比重80%左右，货币的高度流动性降低了风险，使得IMF在短时间内能够提供大量的贷款以应对突发的危机。IMF还需要对信贷余额进行风险管控，提高贷款的质量。此外，出于对盈利的考虑，IMF还将部分资金用于投资，投资的第一前提仍然是安全性。IMF的投资可分成三类：短期投资，长期投资和资源投资。IMF会对购买的债券评级做出硬性规定，同时在资源投资中加入了股票投资等灵活资产，体现了IMF对于安全性和营利性的权衡。

第五章

IMF 的资产、负债和利润与资本支出及其改革

国际货币基金组织（IMF）与普通公司（Corporations）追求的目标有差异，但也有相似的地方。IMF 是有着非营利性质的国际组织，旨在促进国际货币的合作与经济状况的稳定，推动世界经济的发展，不以追求利润最大化为目标。尽管如此，稳定的资产负债情况对 IMF 也是很必要的。IMF 需要为财政状况陷入危机的国家提供援助，为欠发达的国家提供贷款以供其发展，提供对于金融危机的解决方案，因此其资产负债的规模和稳定性、合理的利润分配是十分重要的。IMF 稳定且强健的资产负债表有助于其维护世界金融体系的稳定。

研究 IMF 的资产负债情况首先需要明确三点统计上的事项：（1）财务报告期始于每年的 5 月 1 日终于次年的 4 月 30 日。年度数据都是以当年的 4 月 30 日为截止日期的；（2）资产负债表是按照不同的部门编排的，本书所有数据均是几个部门的加总情况；（3）大部分账户都是用特别提款权（Special Drawing Rights）作为计价单位，少部分账户是用美元（U.S. Dollars）计价的。对于美元数值，本文采用对应年份 4 月 30 日的美元兑 SDR 的汇率转换成以 SDR 为单位的数值后，再一并计算。

本章主要探讨 IMF 的资产、负债和利润与资本支出及其改革。本章以 2008~2017 年 IMF 发布的官方年度报告和财务报表为基础，对 IMF 的资产负债表进行了详细的分项分析。第一部分分析了 IMF 的资产构成，资产特点，以及 IMF 的改革过程如何影响其资产的规模和结构变化；第二部分探讨了 IMF 的负债、权益的构成与特点，以及 IMF 就负债和权益进行的改革；第三部分剖析了 IMF 的利润与资本支出的构成与特点，以及 IMF 利润与资本支出

如何受到 IMF 改革的影响。

一、IMF 的资产及其改革

作为国际最重要的经济合作组织之一，IMF 需要强大的资产作为后盾，以支持其发挥职能。日益复杂的全球化进程、愈加频繁的经济挑战都对 IMF 职能的施行能力提出了更高的要求。资产是指对过去的交易或事项形成的、由企业拥有或控制的、预期会给企业带来经济利益的权益。换句话说，资产其实是对财富的一种运用手段。我们有必要仔细地分析 IMF 的资产构成及变化，以了解 IMF 运用其财富的方式。通过统计及加总近十年的年度财务报表，我们发现 IMF 的资产主要由以下七个部分组成。

（一）货币

货币（Currencies），或者说是总货币（Total Currencies），是由拥有指定存放处（Designated Depository）的普通资金账户（General Resource Account，GRA）所持有。它们是以货币余额或无息期票的形式由 IMF 按需索取的。IMF 的资产中的货币有两种划分方式：一是按照归属权划分，其是由各个成员方的货币构成；二是按照性质划分，货币由三个部分组成，分别是可用货币（Usable Currencies）、信贷余额（Credit Outstanding）以及其他货币（Other Currencies）。本章对 IMF 货币的第二种划分方式进行分析。

首先，如图 5-1 所示，IMF 货币量的总量和比例特征包括：（1）在总量上，货币量几乎一直在增加，这与 IMF 的作用分不开。只有拥有强大的货币基础作为后盾，才能让 IMF 实现其职能。2016 年的较大的增加，是由于其成员方进一步增加了份额的缴纳；（2）在占比上，货币总量几乎一直在全部资产中占有 80% 以上的份额，足见其对货币的看重。货币应该说是最具有流动性的资产。这样的占比有利于在短时间内提供大量的贷款以应付突如其来的危机，有利于其对资金的迅速调配，最终有利于其顺利地行使职能。

其次，对货币的可用货币和信贷余额我们进行分析。一是可用货币，可用货币指的是在对外贸易中具有较高地位的国家的货币，比如美元、英镑等货币。这些货币能够在各个国家的普通资金账户之间转移。可用货币需要满

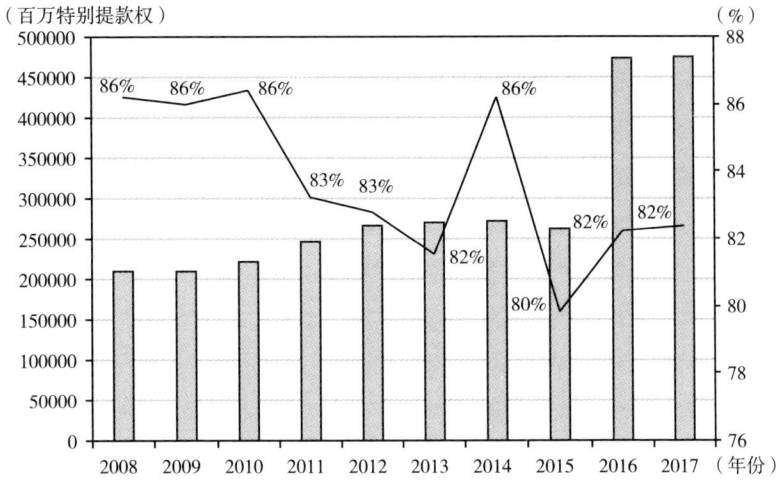

图 5-1 2008～2017 年 IMF 货币量及占总资产百分比

资料来源：IMF，2008～2017 年年报。

足两个条件：（1）可用货币需要被广泛地用于国际支付；（2）可用货币还可以在主要的外汇市场中被交易。如图 5-2 所示，IMF 的可用货币量在逐年增多。更多的可用货币有利于在面对突发危机时，IMF 提供更强的经济后盾，有助于 IMF 面对问题与解决问题。

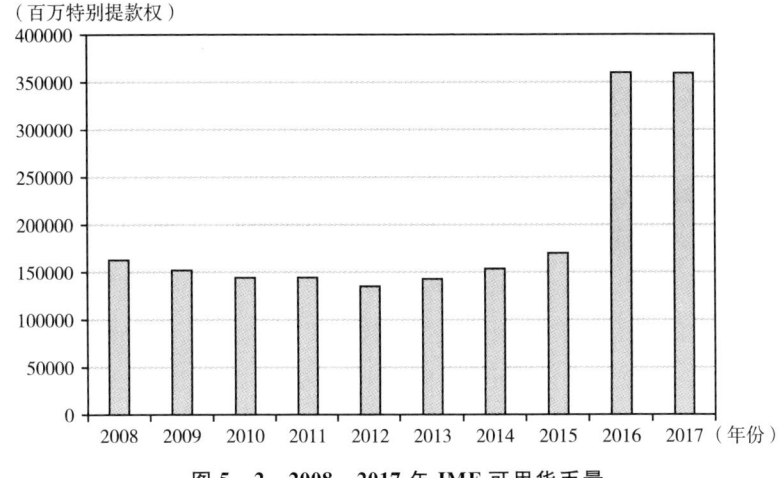

图 5-2 2008～2017 年 IMF 可用货币量

资料来源：IMF，2008～2017 年年报。

二是信贷余额。信贷余额是 IMF 通过各类下属机构给各个成员的贷款。基金组织的贷款旨在帮助成员方解决国际收支问题、经济运行稳定问题及恢复可持续的经济增长。与开发银行（Development Bank）不同，IMF 不为特定的项目提供贷款，而是向可能面临外汇短缺的国家提供资金，以使它们有时间调整经济政策和恢复经济增长，而不必采取破坏本国或其他成员方经济的行动。IMF 有两类贷款，一是按非优惠利率提供的贷款，二是以优惠条件（低息或无息）向较贫穷的国家提供的贷款。

2009 年，为了促进世界各国经济的复苏，IMF 对贷款框架实施了改革。IMF 采取了比原来更加宽松的贷款条件以及新的贷款机制，以促进世界各经济体金融危机后的复苏。IMF 改革的主要措施包括：（1）国际货币与金融委员会支持将 IMF 的贷款能力增加两倍，达到 7500 亿美元；（2）针对低收入国家，将优惠贷款能力增加一倍；（3）引入新的灵活信贷额度，对部分有着强劲政策及有持续实施记录的国家提供大规模不附加额外条件的预先融资；（4）2010 年，IMF 建立了新的信托（Trust）基金。

IMF 信贷余额的总量和波动特征如图 5-3 所示。贷款余额总量上，2009~2012 年，IMF 的信贷余额迅速增长。2013 年之后，世界经济从 2008 年金融危机中复苏，IMF 的目标从抗击全球金融危机逐渐走向维持世界经济的稳定。因此，2013 年后总体信贷余额开始回落。贷款余额波动性上，整体的波动性较大。一方面，这体现了世界经济的复杂性，贷款需求变动剧烈；另一方面，这对 IMF 提出了贷款的灵活性和可控性的更高要求。IMF 必须能在危机到来时提供大量资金且保证能收回这部分贷款，不至于让其坏账。

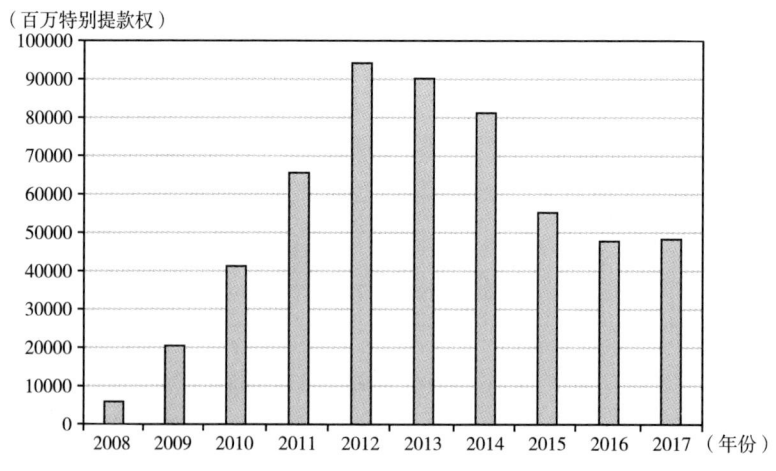

图 5-3 2008~2017 年 IMF 信贷余额

资料来源：IMF，2008~2017 年年报。

最后我们考察 IMF 的信贷余额的流向。表 5-1 显示了 2008~2017 年信贷余额在世界各地的分配比例。2009 年开始，由于欧债危机的产生，欧洲各国的借款比例逐年增加。IMF 为很多欧洲国家提供资金支持，扩建防火墙以抑制危机蔓延。2014 年后，欧洲情况逐渐稳定，中东中亚的借款比例上升迅速，原因包括：（1）在 2011~2012 年，IMF 加强了与阿拉伯转轨国家的对话，为今后可能的融资支持搭建了基础；（2）2014 年下半年石油价格暴跌给中亚很多产油国带来经济损失；（3）这些区域动乱不断，经济发展停滞。

表 5-1　　　　　　　2008~2017 年 IMF 信贷余额分配比例

	非洲	亚太地区	欧洲	中东和中亚	西半球
2008	13.00%	4.50%	3.30%	6.70%	72.50%
2009	3.20%	14.10%	55.90%	1.50%	25.30%
2010	2.10%	11.80%	70.90%	2.40%	12.80%
2011	1.50%	10.10%	79.90%	2.00%	6.50%
2012	0.90%	1.70%	88.10%	7.80%	1.50%
2013	0.90%	1.80%	89.20%	6.60%	1.50%
2014	0.80%	1.50%	90.00%	6.30%	1.40%
2015	0.50%	1.40%	87.10%	9.70%	1.30%
2016	0.20%	0.70%	82.00%	16.00%	1.10%
2017	0.20%	0.60%	74.80%	22.50%	1.90%

资料来源：IMF，2008~2017 年年报。

（二）投资

投资（Investment）是指由于通货膨胀和货币的低收益，IMF 把部分资产进行投资以获得更高的收益回报。IMF 投资账户包括两个子账户，固定收益子账户（Fixed-Income Subaccount）和捐赠账户（Endowment Account）。为了最小化风险，对于固定收益子账户，账户里面购买的投资资产必须是在 A 评级（标准普尔长期评级系统）及以上的。对于捐赠账户，最低评级不得低于 BBB-。IMF 的投资分为三类：短期投资、长期投资以及资源投资。如图 5-4 所示，IMF 投资总量从 2010 年 12080 百万 SDR 增长到 2017 年的 27142 百万 SDR。

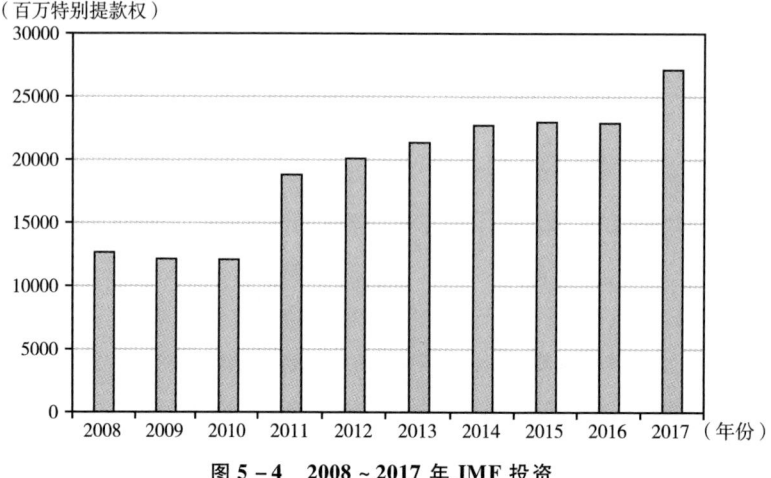

图 5-4　2008~2017 年 IMF 投资

资料来源：IMF，2008~2017 年年报。

（三）持有的 SDR 份额

持有的 SDR 份额（SDR Holdings）并不是直接分配给 IMF 的一种资产，而是 IMF 通过普通资金账户来获得并持有成员方所缴纳的特别提款权份额。SDR 不能直接当作货币使用，不能兑换黄金，也不能用于贸易或非贸易的支付。但是，特别提款权可以用于弥补逆差、向 IMF 归还贷款、支付利息费用和作为储备资产等。如图 5-5 所示，IMF 的资产中特别提款权的持有份额在

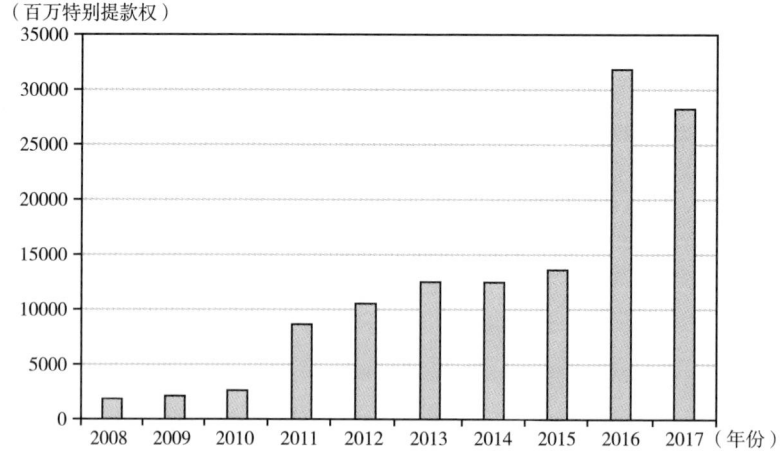

图 5-5　2008~2017 年 IMF 所持有的 SDR 份额

资料来源：IMF，2008~2017 年年报。

逐年增加，从 2008 年的 1852 百万 SDR 增长到 2017 年的 28256 百万 SDR。这有利于 IMF 更方便的去和其成员方之间进行转账等各类金融活动。

（四）黄金资产

黄金资产（Gold Holdings）是指 IMF 持有的黄金类资产。如图 5-6 所示，IMF 的黄金持有量在 2008 年出现下降，2010 年后 IMF 的黄金持有较为稳定。其中，2008~2010 年黄金持有量逐渐减少的原因是，IMF 在 2008 年的时候批准了一项协议，协议允许基金组织在不影响市场的情况下通过卖出自己持有的黄金从而建立基金以供 IMF 进行投资。如专栏 5.1 所示，黄金资产本身在总资产中占比也不大，在 2008~2017 财年中，黄金在资产中的占比不超过 2.40%。

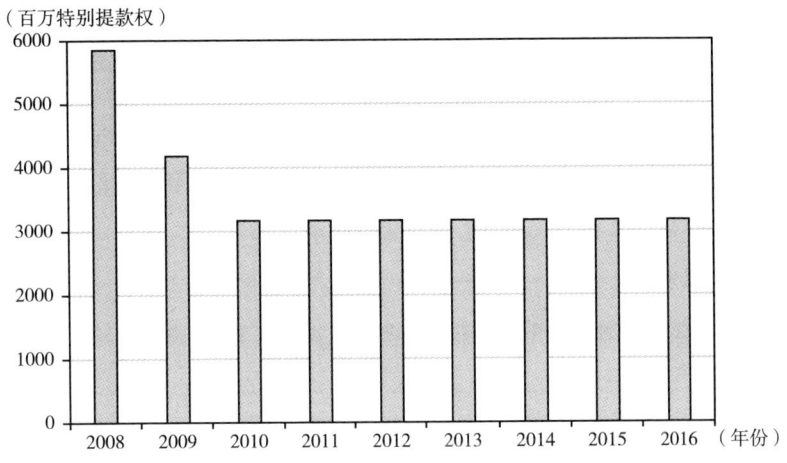

图 5-6　2008~2017 年 IMF 所持有的黄金

资料来源：IMF，2008~2017 年年报。

专栏 5.1　IMF 黄金出售

IMF 建立了一个专项基金，其资金来源为出售 IMF 所持黄金所得利润。2009 年 7 月，执董会同意出售黄金的收入除了为该基金提供资金外，还有一部分用于增加 IMF 向低收入国家提供优惠贷款的资源。

2009年9月，执董会批准IMF出售403.3公吨黄金，共获得了95.4亿特别提款权的收益。其中，26.9亿特别提款权是黄金账面价值，68.5亿特别提款权为利润。黄金出售产生了"意外"利润。执董会决定从68.5亿特别提款权利润中划拨44亿特别提款权作为特别储备。

剩余24.5亿特别提款权存放在IMF的普通储备账户。执董会于2012年2月批准从24.5亿特别提款权中向成员方分配7亿特别提款权。执董会于2012年9月批准根据成员（地区）国的份额比重按比例分配剩余的17.5亿特别提款权黄金出售"意外"利润。

资料来源：IMF，《国际货币基金组织2014年年报》，P59-60。

（五）产权、工厂与设备和无形资产

IMF的财务报表中间的产权、工厂与设备和无形资产（Property, Plant and Equipment and Intangible Assets）这一项根据会计准则中间的直线折旧法（Straight Line Method）计入IMF的资产负债表。具体而言，该项目中间的建筑的折旧年限是30年，其他的产权、工厂及其他设备根据相应情况是3年至20年不等。软件按3年至5年进行摊销（Amortization）（由于2008~2009年数据缺失，此处仅提供2010财年及其之后的数据项）。如图5-7所示，从2013年303百万SDR增长到2007年473百万SDR，增长了56%。

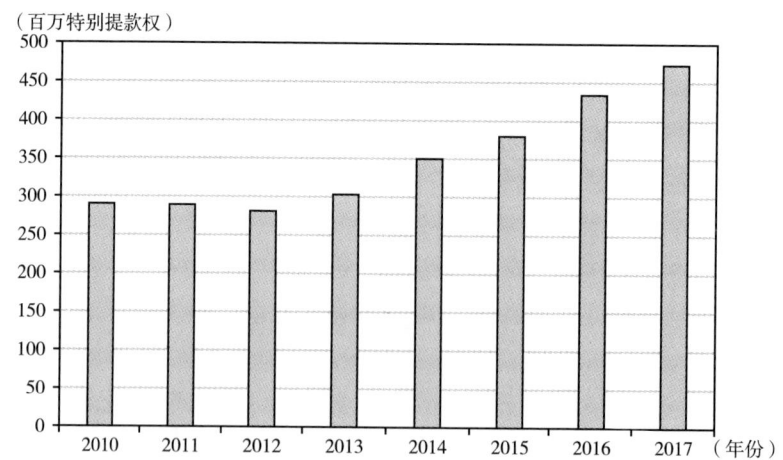

图5-7 2010~2017年IMF所持有的产权、工厂与设备、无形资产

资料来源：IMF，2008~2017年年报。

（六）超额分配

超额分配（Allocations in Excess of Holdings）指某成员方所持有的特别提款权少于分配给该成员方的。如图5-8所示，超额分配占IMF总资产的比例虽然不高（未超过7%），但基本上逐渐增长，从2008年7594百万SDR增长到2017年的34278百万SDR，增长了351%。这体现了IMF对特别提款权管理的灵活性——如果不需要这么多特别提款权，成员方就可以少持有一些，把多出的提款权暂时分配给更需要的成员方。如果超额分配的灵活性可以持续下去，能够更有利于IMF对资产的灵活调配，进而有助于其行使职能。

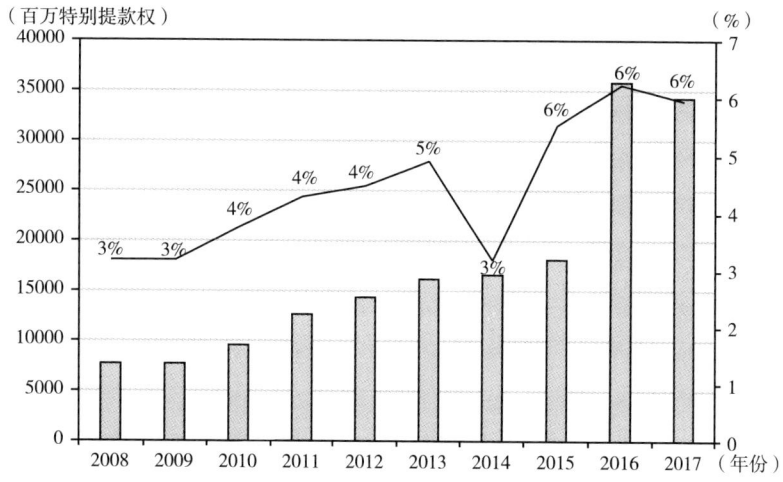

图5-8　2008~2017年IMF超额分配及其占总资产的百分比

资料来源：IMF，2008~2017年年报。

（七）应收账款

应收账款（Loans Receivable）是指企业在正常的经营过程中因销售商品、产品、提供劳务等业务，应向购买单位收取的款项，包括应由购买单位或接受劳务单位负担的税金、代购买方垫付的各项杂费。IMF虽然不能算是一家企业，但是应收账款的概念可以类比。如图5-9所示，整体上看，IMF的应收账款在总资产中的占比很小，2008~2017年都没有到2%。2016~2017年IMF的应收账款进一步下降，2016年的应收账款甚至零。这说明了IMF收回所需款项的能力较强，体现了 IMF 较强的资金周转能力。

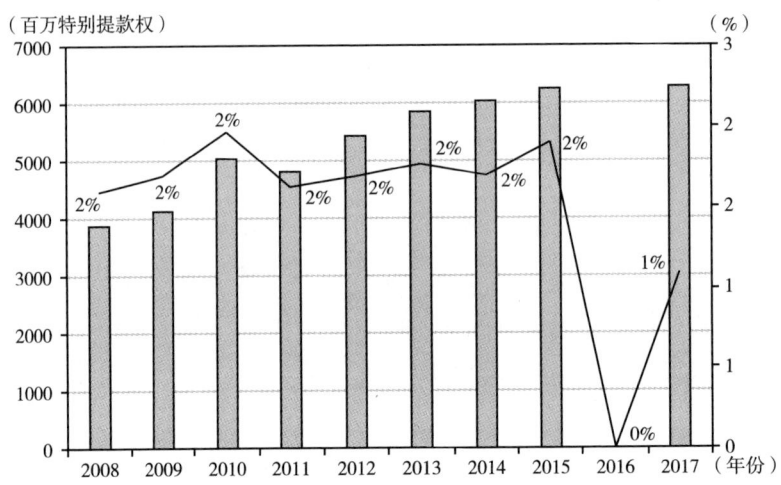

图 5-9 2008~2017 年 IMF 应收账款及占其总资产百分比

资料来源：IMF，2008~2017 年年报。

（八）资产改革分析小结

IMF 的改革与资产状况存在密不可分的联系，其改革目标会对资产的规模和构成造成影响。IMF 的改革主要体现在两个方面：第一，IMF 致力于推动世界经济发展，特别是 2008 年国际金融危机后要帮助恢复全球经济；第二，2008 年国际金融危机给全世界敲响警钟。国际金融危机的速度之快，前兆之少给予了 IMF 一个深刻的教训。危机来临之前，要防患于未然，IMF 的改革中有很多措施便是针对这一个目的。加强危机防范，能够在金融危机来临时对陷入危机的国家提供援助，稳定全球经济。

IMF 加强危机防范，朝着灵活应对突发危机的方向进行改革。在突发事件发生时，只有庞大的资产储备才能满足 IMF 的改革目标，因此，IMF 增大了总资产。IMF 的总资产的规模如图 5-10 所示。IMF 总资产的绝对数量很大且增长迅速，从 2008 年的 2400 亿 SDR 增长到 2017 年的 5700 亿 SDR。其中，IMF 总资产在 2008~2015 年增长较缓慢，2015~2016 年高速增长，总资产几乎翻倍。增加资产有利于 IMF 对资本进行快速调配以及按需按量调配，提高了其工作效率和应对突发情况的能力。

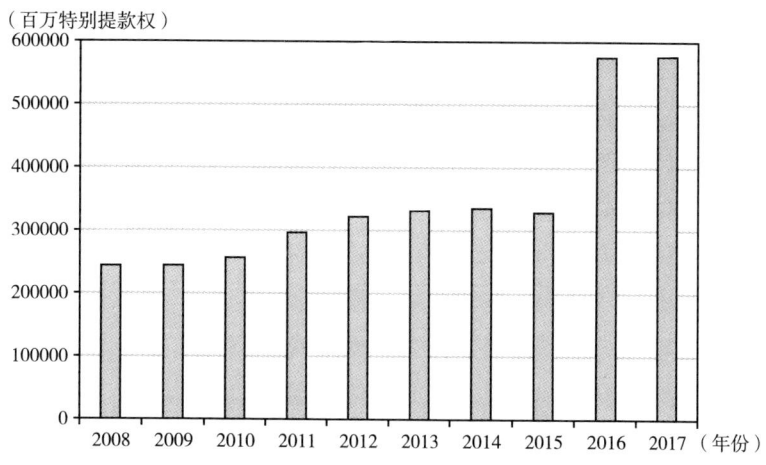

图 5-10 2008~2017 年 IMF 总资产

资料来源：IMF，2008~2017 年年报。

IMF 加强危机防范的改革也对资产的构成造成了影响。IMF 的改革包括保持货币在资产中的绝对占优从而提高资产安全性并确保货币资金充足。表 5-2 显示了 IMF 总资产构成的变化情况。IMF 资产的主要特点体现在两个方面：第一，货币加上 SDR 一直占 IMF 总资产约 80% 以上；第二，IMF 重视其资产的安全性。IMF 的投资占比一直在 7% 以下，说明 IMF 控制风险意识强，不轻易用大比例的资产去投资。此外，IMF 的应收账款占比一直在 2% 以下，在 2016年甚至达到 0，这说明 IMF 资金回收能力强。

表 5-2　　　　　2008~2017 年 IMF 总资产结构变动情况　　　　　单位：%

年份	货币			投资	SDR	黄金	固定与无形资产	超额分配	应收账款	其他
	可用货币	信贷余额	其他							
2008	67.02	2.42	16.78	5.20	0.76	2.40	0.00	3.16	1.59	0.67
2009	62.35	8.38	15.26	4.98	0.88	2.40	0.00	3.15	1.69	0.91
2010	56.25	16.09	14.08	4.71	1.03	1.63	0.11	3.73	1.97	0.41
2011	48.69	22.12	12.43	6.35	2.92	1.07	0.10	4.26	1.62	0.45
2012	41.97	29.27	11.55	6.25	3.27	0.98	0.09	4.46	1.69	0.48
2013	43.07	27.21	11.25	6.44	3.77	0.96	0.09	4.89	1.76	0.55
2014	67.02	2.42	16.78	6.78	0.76	0.96	0.10	3.16	1.69	0.33

续表

年份	货币			投资	SDR	黄金	固定与无形资产	超额分配	应收账款	其他
	可用货币	信贷余额	其他							
2015	51.67	16.80	11.36	6.99	4.14	0.96	0.12	5.52	1.90	0.54
2016	62.54	8.30	11.39	3.98	5.53	0.55	0.08	6.22	0.00	1.41
2017	62.32	8.37	11.69	4.71	4.90	0.55	0.08	5.94	1.09	0.35

资料来源：IMF，2008~2017年年报。

二、IMF 的负债、权益等及其改革

根据会计恒等式资产＝负债＋权益，既可以研究 IMF 的资产变化，又可以研究 IMF 的负债与所有者权益的变化。本章第一节通过研究 IMF 资产（Asset）的组成部分与结构变动，可以探索得知 IMF 在吸收了资金之后对这些资金的使用与运营情况。而本章第二节将会通过负债（Debt）和权益（Resources）等结构的变化（即资产＝负债＋权益这一等式的右边）来分析 IMF 的资金来源的变革。IMF 的负债和权益等主要由份额、借款、超额持有、特别或有账户、普通资金账户所持有、普通资金账户保留金组成。

（一）份额

份额（Quotas）是当成员方加入 IMF 时所缴纳的款项。由于份额是各个成员方认缴的，而不是自身持有的，因此份额属于 IMF 的负债。份额大小决定了成员方的投票权、特别提款权分配以及对 IMF 所属资源的使用权。成员方通过缴纳份额为 IMF 提供资本。（如图 5-11）所示，IMF 的份额占总负债的比例非常高。由于新份额的增加需要成员方同意，因此份额的变化是跳跃的。份额增加一方面使 IMF 与世界各大经济体联系更紧密，各大经济体增加认缴额，说明 IMF 越来越受到承认；另一方面使 IMF 资产增多，有利于更好地行使职能。

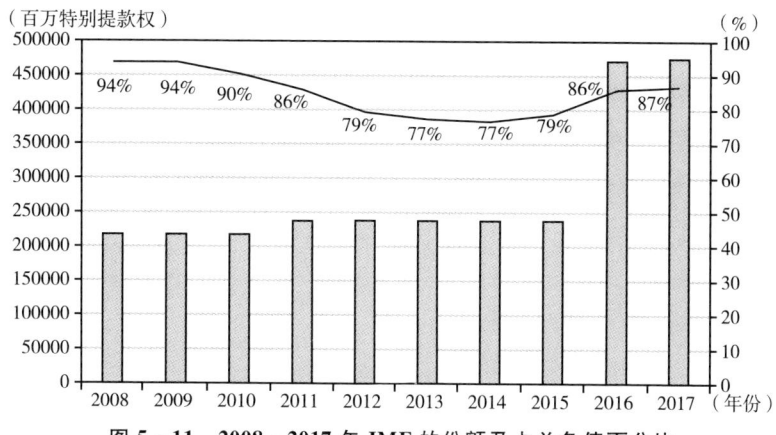

图 5-11 2008~2017 年 IMF 的份额及占总负债百分比

资料来源：IMF，2008~2017 年年报。

（二）借款

IMF 依据借款总安排（General Arrangements to Borrow，GAB）、新借款安排（New Arrangements to Borrow，NAB）和其他协议临时向成员方借款以支持其施行职能。如图 5-12 所示，IMF 借款从 2009 年的 49 亿 SDR 增加到 2014 年的 538 亿 SDR，增长超过 10 倍。这可能与其在国际金融危机之后需要更多资金以促进全世界的经济复苏有关。从 2014 年开始，IMF 的借款开始减少，2017 年为 360 亿 SDR。整体上，借款占总负债的比率较小。较高的可用货币量使得 IMF 向外界寻求额外贷款的可能性低、需求数量小。

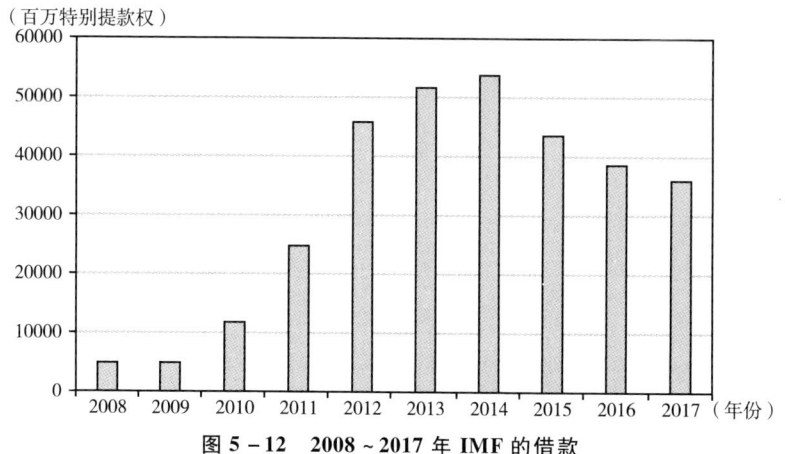

图 5-12 2008~2017 年 IMF 的借款

资料来源：IMF，2008~2017 年年报。

(三) 超额持有和特别或有账户

超额持有（Holdings in Excess of Allocations）指某成员方所持有的特别提款权多于分配给该成员方的。这个指标和前述的超额分配类似，不再赘述。如图5-13所示，IMF在资产与负债配置上十分灵活。特别或有账户（Special Contingent Account，SCA）是IMF为了应对可能的赤字情况的特殊账户，体现了IMF重视风险控制的特点。IMF 2008~2017年的财务报表显示，每一年特别或有账户的余额都相同（均为11.88亿特别提款权），这一数字占总负债的比例不到1%。这说明IMF 2008~2017年没有发生过严重到需要动用此账户的赤字情况。

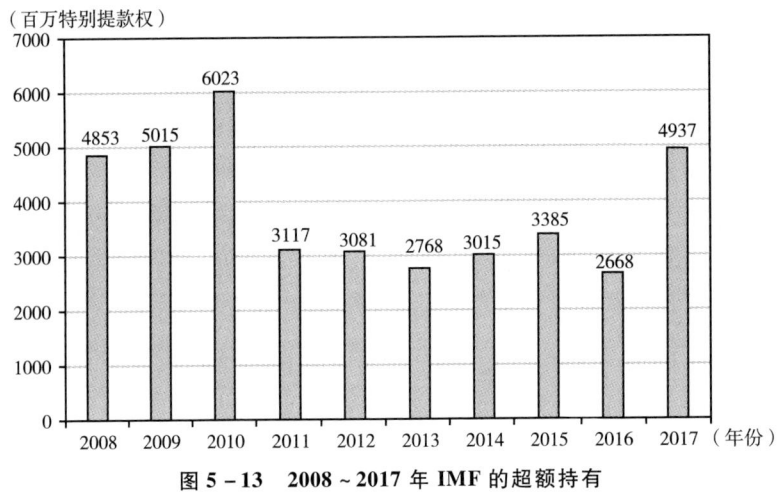

图5-13 2008~2017年IMF的超额持有

资料来源：IMF，2008~2017年年报。

(四) 普通资金账户所持有和普通资金账户保留金

普通资金账户所持有（Holdings by the General Resources Account）和第一部分资产中的"（三）持有的SDR份额"情形相同，不再赘述。普通资金账户的保留金（Reserves of the General Resources Account）是IMF单独保留下来的一部分资金，包括一般保留金（General Reserve）和特殊保留金（Special Reserve）。一般保留金被用于应对资本流失和运营中的赤字问题。如图5-14所示，IMF的普通资金账户保留金占总负债和权益的比例不超过6%。但绝对数额从 2008 年的 57.51 亿 SDR 增长到 2017 年 199.28 亿 SDR。

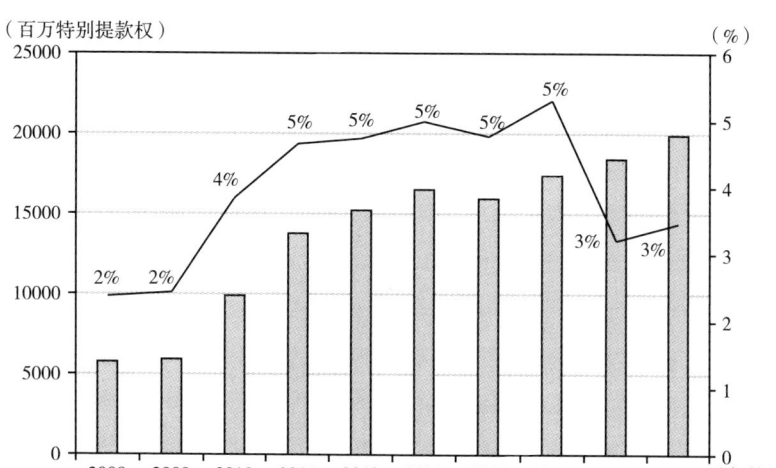

图 5-14　2008~2017 年 IMF 的普通资金账户保留金及其占总负债和权益的百分比

资料来源：IMF，2008~2017 年年报。

（五）权益

权益（Resources）的来源主要有两个：信托账户和特殊的管理账户。它们均是 IMF 单独设立的，不可以用于其他账户的债务清偿和损失的补贴。特殊的管理账户是指 IMF 应特殊要求设立的单独账户，比如日本和中国人民银行都有这样的单独账户。这类账户的设立体现了 IMF 专款专用的原则。如图 5-15 所

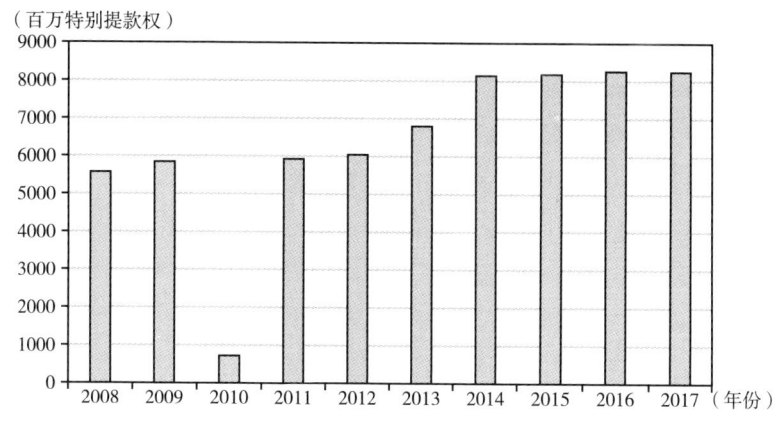

图 5-15　2008~2017 年 IMF 的权益

资料来源：IMF，2008~2017 年年报。

示,IMF 的权益从 2008 年的 55.71 亿 SDR 增加到 2017 年的 82.54 亿 SDR。这一方面有利于对重大项目财务状况的单独监督;另一方面也有助于增强其在各成员方之间的公信力,加强 IMF 与各成员方的凝聚力。

(六) 负债和权益改革分析小结

如表 5-3 所示,IMF 负债、权益结构的改革变化特点主要体现在以下三点:第一,IMF 对份额进行了改革。IMF 资金的主要组成部分便是成员方认缴的份额,份额为 IMF 充足的资金提供了保障。为了增加资金规模以提高应对危机和援助的能力,IMF 的负债中份额占据绝对主导(一直在 70%~90% 波动)的地位。此外,IMF 多次进行了份额分配的改革,使得份额分配更加公平。IMF 增加了发展中和新兴市场国家份额,使具有活力的经济体的份额比重能够提高到与其在世界经济中相对地位相一致的水平。

表 5-3　　　2008~2017 年 IMF 总负债、权益等结构变动情况　　　单位:%

年份	份额	借款	超额持有	SCA	GRA 持有	GRA 保留	权益	其他
2008	89.33	2.01	1.99	0.49	0.76	2.36	2.29	0.76
2009	89.18	2.01	2.06	0.49	0.88	2.42	2.40	0.57
2010	84.50	4.58	2.34	0.46	1.02	3.84	0.28	2.97
2011	80.10	8.35	1.05	0.40	2.92	4.64	2.00	0.54
2012	74.00	14.23	0.96	0.37	3.27	4.73	1.88	0.57
2013	71.85	15.59	0.84	0.36	3.77	4.98	2.05	0.56
2014	71.05	16.05	0.90	0.35	3.72	4.76	2.43	0.74
2015	72.47	13.25	1.03	0.36	4.14	5.29	2.49	0.96
2016	81.91	6.71	0.46	0.21	5.53	3.20	1.44	0.55
2017	82.42	6.24	0.86	0.21	4.90	3.46	1.43	0.49

资料来源:IMF,2008~2017 年年报。

第二,IMF 对借款进行了改革。借款是 IMF 重要的资金来源,能够帮助 IMF 应对突发危机。IMF 主要通过借款总安排、新借款安排和双边借款的不断签订和修改增加其借款能力。为了增强资金的充裕性,IMF 还增加了其借款的途径,在 2009 年首次发行债券来筹集资金。因此,IMF 的借款存在高度的波动性。2008年IMF借款最低，只占IMF总负债和权益的2.01%；2014年IMF借款占比最高，达到16.05%。而在2017年IMF借款又回到了一个适中的水平6.24%，整体上呈一个倒"U"形。

第三，IMF为了更加灵活地调配资金，保留了普通资金账户保留金和特别或有账户。虽然普通资金账户保留金和特别或有账户占IMF总负债和权益的比例不多。普通资金账户保留金占IMF总负债和权益的比例一直在3%~4%波动，特别或有账户的比例则一直小于0.5%，二者相加占比不超过6%。但是这两类账户的存在十分有利于IMF应对日常运营中的突发情况，能够帮助IMF更加灵活地调配资金。因此，IMF保留普通资金账户保留金和特别或有账户是十分必要的。

三、IMF的利润与资本支出及其改革

IMF不以营利为目的，不需要顾虑股东的利益问题。在考虑利润分配情况时，IMF应该考察其行政与资本的支出。IMF的日常收入主要来源于两个方面：（1）贷款收入。类似于各类银行，IMF的贷款利率要高于存款利率。贷款利率与存款利率的差值为IMF带来利润，再加上借贷时收取的服务费、手续费等杂费构成了IMF的贷款收入；（2）投资收入。由于IMF贷款收入对各个成员方的贷款需求有着强烈的依赖性，所以IMF不能依靠单一的贷款收入。为了增加收入，IMF在2006年设立了投资账户，对储备金进行投资。

2008年4月，IMF的执行董事会达成了重大协议，决定彻底改革IMF的收入模式（以下简称"新收入模式"）。新收入模式的改革包括放宽投资权限和扩大投资范围两个方面。该协议决定建立一个黄金基金。其资金来源是出售基金组织持有的一部分黄金，然后再将该基金的资金用于投资。2013年1月，执行董事会通过"投资账户条例和规则"，同时行使第五次修正案授权扩大的投资权限。IMF的利润与资本支出主要包含人员、出差、养老金与其他长期雇员福利费用、设备与信息技术五项。

（一）人员

2008年初，IMF制定了重组工作人员（Personnel）的框架。IMF对人员

的重组工作有两个主要方面：一是裁减职位，二是改革工作人员结构（裁减管理层和行政支持级别的职务）。但是，突然发生的国际金融危机使刚裁减了职工的 IMF 面对极大的挑战。IMF 又大量从外部征聘人才，尤其是经济学家和金融部门专家。后来，IMF 又顺应信息技术发展的趋势，大量雇用技术支持人员。如图 5-16 所示，IMF 的人员支出有明显上升趋势，从 2009 年的 3.41 亿 SDR 增加到 2017 年 5.36 亿 SDR，增加了 57.2%。这与 IMF 近年来引进高质量人才和改善薪资有关。

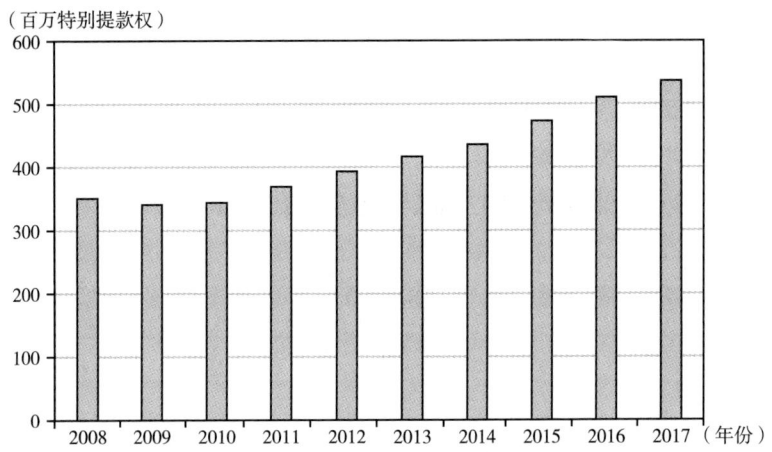

图 5-16 2008~2017 年 IMF 的利润与资本支出——人员

资料来源：IMF，2008~2017 年年报。

（二）出差

出差（Travel）有着增加的趋势。IMF 经常需要派遣人员去世界各地调研和监督，比如 IMF 会帮助各国编制经济数据，这就需要工作人员去进行实地调研；IMF 还会召开各类国际会议与宣传活动，这些都需要差旅费用；此外，IMF 总部设在美国华盛顿，但在其他国家设有分部，总部与分部以及分部之间需要人员的交流走动，这也是差旅费用的来源之一。如图 5-17 所示，差旅费用从 2009 年以来也有一个随时间上升的平缓上升趋势，从 2009 年的 0.52 亿 SDR 上升到 2017 年 0.86 亿 SDR，平均每年平缓上升 0.04 亿 SDR。

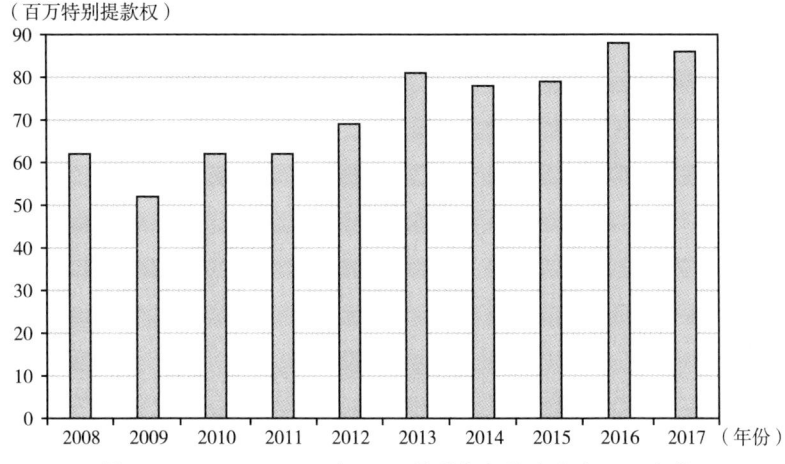

图 5-17 2008~2017 年 IMF 的利润与资本支出——出差

资料来源：IMF，2008~2017 年年报。

（三）养老金与其他长期雇员福利费用

养老金与其他长期雇员福利费用（Pension and Other Long-Term Employee Benefits）也有增加的趋势。这主要有两个原因，一是 IMF 的退休人员和长期招聘人员增多，二是随着通货膨胀和经济发展，养老金和福利金标准也在不断提高。如图 5-18 所示，2008~2012 年，IMF 的养老金与其他长期雇员福利费用波动较大。2013 年此项费用有一个大幅的提升。总体来说，IMF 的养

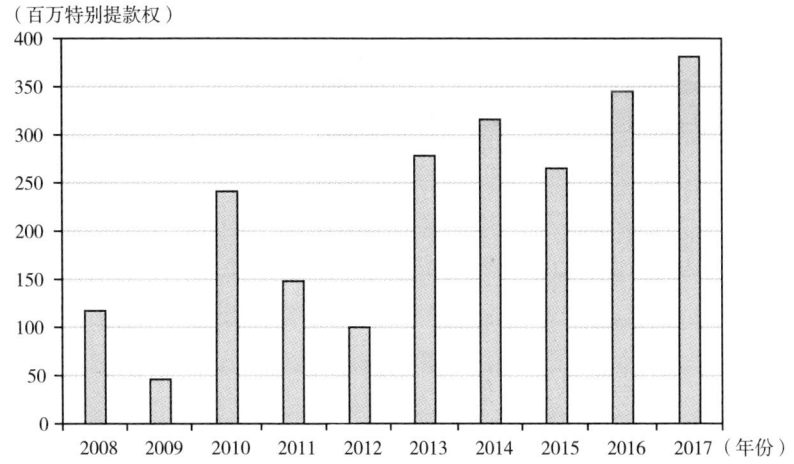

图 5-18 2008~2017 年 IMF 的利润与资本支出——养老金与其他长期雇员福利费用

资料来源：IMF，2008~2017 年年报。

老金与其他长期雇员福利费用长期来看是一个上升的趋势,从 2009 年的 0.46 亿 SDR 上升到 2017 年的 3.81 亿 SDR。

(四) 设备与信息技术

设备与信息技术(Facilities and Information Technology)大大提高了人们的工作效率。2008 年,IMF 更加重视网络技术以使出版物更加切中肯綮,还进一步完善了对外沟通机制。2010 年推出 eReview 系统,改进了内部文件检查程序并促进了各地区部门和检查部门之间的协作,提高了内部的工作效率、安全性和准确度。此项支出还包括建筑支出(比如 IMF 总部大楼的翻新)。如图 5-19 所示,IMF 的设备与信息技术支出在 2008~2012 年,基本保持平稳,从 2013 年开始大幅上升,在 2014 年达到峰值 2.19 亿 SDR,之后又开始逐年下降。

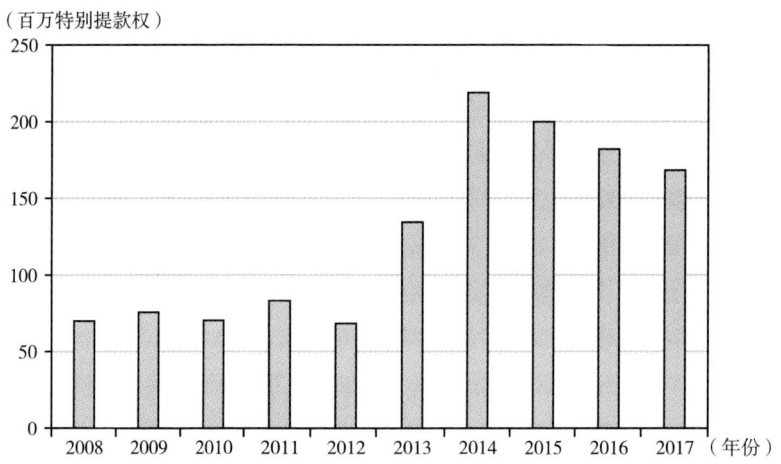

图 5-19 2008~2017 年 IMF 的利润与资本支出——设备与信息技术

资料来源:IMF,2008~2017 年年报。

(五) 利润与资本支出小结

在 2008 年国际金融危机之后,IMF 在提升经济的稳健性方面进行改革,更加频繁的召开会议、出差,建立更强大的办公团队,导致了更多的行政与资本开支。此外,IMF 朝着加强监管与沟通的方向进行改革,也导致了利润

第五章　IMF 的资产、负债和利润与资本支出及其改革

与资本支出的上升。为了确保贷出资金被借贷方正确使用，需要派遣人员实地调研；为了信息的传递，需要开发相应的软件系统；各类级别的会议也需要进行灵活的安排。如图 5-20 所示，IMF 整体利润与资本支出 2008~2017 年有上升趋势。从 2009 年的 6.07 亿 SDR 上升到 2017 年 11.69 亿 SDR，上升了 92.6%。

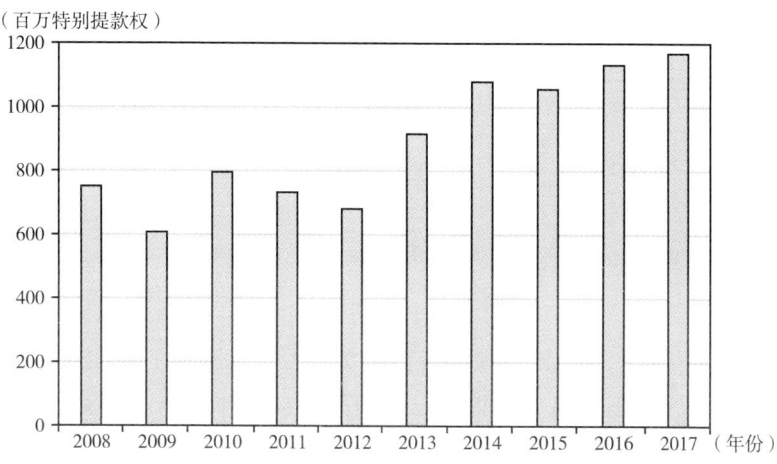

图 5-20　2008~2017 年 IMF 的行政和资本支出

资料来源：IMF，2008~2017 年年报。

最后，IMF 在朝着提升行政效率的方向进行改革。改革体现在两方面。一方面是删减冗余的行政环节，IMF 曾明确提出，要在 2009~2011 年节约 1 亿美元左右的经费，同时也要进行人员精简；另一方面是调整人员结构的适应性，2008 年国际金融危机使 IMF 招聘了更多的人才，尤其是经济学和信息技术人才。如表 5-4 所示，IMF 设备与信息技术占比从 2008 年的 9.30% 发展成了 2017 年的 14.40%。这体现了 IMF 对于互联网与信息技术的重视，有利于其提高行政效率并加强自身监管能力。

表 5-4　2008~2017 年 IMF 行政支出与资本支出结构变动情况　（单位:%）

	人员	出差	养老金与长期雇员福利费用	设备和信息技术	其他
2008	46.75	8.26	15.58	9.30	20.11
2009	56.14	8.56	7.57	12.42	15.31
2010	43.26	7.80	30.31	8.83	9.81
2011	50.40	8.47	20.21	11.36	9.56

续表

	人员	出差	养老金与长期雇员福利费用	设备和信息技术	其他
2012	57.69	10.13	14.68	10.01	7.49
2013	45.55	8.85	30.37	14.68	0.55
2014	40.37	7.22	29.26	20.27	2.87
2015	44.75	7.47	25.07	18.92	3.78
2016	45.01	7.77	30.45	16.07	0.71
2017	45.84	7.35	32.58	14.40	-0.17

资料来源：IMF，2008~2017年年报。

四、结　语

一般而言，IMF通过改革使其资金来源朝着更加充足、稳定的方向发展，IMF更加充足的资金有利于其提高资金调配、运营和周转的能力，增强了其应对突发危机的能力。此外，一直以来，IMF在资产和负债管理上也具有很强的风险控制意识，通过不断改革保证了该组织财务的可持续性。最后，IMF也在寻求多样化的方式，采取针对性的改革来获取更加稳定的盈利，以支撑平日为实行其不同的职能所必需的资本支出。具体而言，IMF资产、负债和利润及资本支出的主要特点和相应改革如下：

第一，IMF的资产有四个主要特点：（1）绝对数额非常大。目前IMF拥有5700亿特别提款权；（2）最主要的资产是货币。货币加上特别提款权占了绝大部分比例的总资产，流动性非常充足；（3）可用货币和信贷余额波动性较大。这体现了IMF调配资产的强大能力；（4）投资和应收账款的水平一直保持在一个较低的水平。这说明了IMF十分重视其资产的安全性，风险控制意识强，资金回收能力强。IMF就加强危及防范能力进行了相应的改革，所以资产规模扩大且资产结构以货币为主。

第二，IMF的负债有三个主要特点：（1）最主要的负债是各方认缴的份额。IMF的份额在总负债中占绝对主导地位；（2）IMF普通资金账户保留金和特别或有账户的存在有利于IMF应对日常运营中的突发情况；（3）IMF的借款存在高度的波动性。借款是IMF十分重要的机动资金来源，能够应付突发情形。为了体现发展中和新兴市场国家经济地位上升，IMF对份额进行改革；为了增加资金，IMF扩大了借款来源；为灵活调配资金，IMF保留了普通资金账户保留金和特别或有账户。

第三，IMF的利润及资本支出有四个主要特点：（1）总支出不断增加。为了应对世界经济形势快速变迁的挑战，IMF不断增加支出以确保世界经济的稳健性；（2）最主要的支出是雇佣工作人员，且养老金与长期雇员福利费用也不断提高。这与近年来IMF不断引进高质量人才和改善薪资水平有关；（3）设备与信息技术占比例显著增加。这是为了提高内部的工作效率、安全性和准确度。（4）IMF通过改革提升行政效率。IMF删减了冗余的行政环节，调整了人员结构的适应性，从而提高了行政效率并加强了自身监管能力。

第三篇

国际货币基金组织在国际金融体系中的职能及其改革

第六章

国际货币基金组织的经济监督及其改革

　　监督职能是 IMF 的三大基本职能之一，通常也被认为是其最重要的核心职能，主要任务为监督全球、区域和国家的经济和财政政策，考察其是否符合各方的自身利益、是否符合国际社会的利益。IMF 通过监督与分析，为成员方指出面临的潜在风险和漏洞，并提供相应的政策调整建议来帮助成员方做好准备以规避风险，从而维护国际货币体系和全球金融体系的稳定。IMF 监督职能涉及范围广泛，既包括在全球范围内和国家单位内开展监督活动，还包括对针对某些地区的经济进行监控。

　　IMF 的监督职能也随着国际经济形势的变化而变化。自布雷顿森林体系建立以来，国际货币体系初步形成，因此 IMF 在 30 年间一直扮演着固定但可调整汇率制度的维护者和监督者角色。但随着布雷顿森林体系的瓦解，浮动汇率的中心地位得以确立。同时，IMF 也于 1976 年在《国际货币基金协定》的第二次修改中把对成员方汇率政策的监督正式写入文件，正式确立其监督职能。随着经济全球化，各国经济政策的外溢效应以及潜在的系统性风险让 IMF 的监督职能变得更加重要。IMF 的监督职能也在不断改进和完善。

　　本章主要从监督职责的几个不同角度出发探讨 IMF 的监督职能。第一部分介绍 IMF 的双边监督，即对每个成员方的监督职责；第二部分阐述 IMF 的多边监督，即对全球经济和金融市场的发展和国际货币制度的监督职责；第三部分概述 IMF 的地区监督，即对几个重要地区的监督活动；第四部分探析 IMF 的金融监督，金融监督是 IMF 监督工作重要的组成部分；第五部分描述了九十年代以来金融危机爆发后，IMF 为应对危机而对监督职责所做的一些调整以及制定的监督政策重点。

一、双边监督

双边监督是指对每个成员方的政策进行评估和提出建议。具体而言，IMF 主要通过监督成员方的宏观经济政策，对每个国家或地区的具体情况进行分析，并提供具有针对性的政策调整建议。双边监督的核心是第四条磋商。《国际货币基金协定》第四条规定要求 IMF 对 189 个成员方中每个国家的经济发展和政策进行检查。第四条磋商涉及被认为具有宏观重要性的一系列问题，包括财政、金融、外汇、货币和结构性问题，重点是风险和脆弱性以及政策回应。IMF 每年将派出数百名工作人员与成员方共同完成第四条磋商。

（一）双边监督概况

双边监督也称国别监督。成员方要按照《国际货币基金协定》第四条规定承诺奉行促进经济有序增长和物价稳定的经济和金融政策，避免通过操纵汇率取得不公平的竞争优势。此外，成员方还应向 IMF 提供准确及时的本国经济数据，以保证 IMF 能顺利监督自上次磋商以来成员方的各项经济发展情况，以及本国实行的汇率、货币、财政、金融部门政策。本国经济发展具有重大影响的成员方、接受 IMF 资金援助以及出现国际收支平衡问题的成员方每年必须与 IMF 磋商一次。2017 财年，IMF 开展了 135 次第四次磋商。

磋商的形式是 IMF 与成员方当局之间的双向政策对话，而不是 IMF 的单方评估。除位于华盛顿的 IMF 总部与成员方当局保持联系外，IMF 还会定期委派工作人员小组访问各成员方，与政府和中央银行官员以及其他利益相关方（如议员、商业代表、民间社会）举行会谈，以帮助对该国的经济政策和走向做出评估。磋商结束后工作人员会撰写磋商总结，并向执董会提交一份报告以供审议和讨论。IMF 执董会讨论后，第四次磋商报告、相关工作人员报告以及概述执董会讨论情况的"公共信息通报"将在官网上公布。

通过第四条的磋商，IMF 能够查明成员方所施行的经济政策的优势和弱点，并且探究其潜在的脆弱性与风险性。如有必要，IMF 还会向各成员方提供切实可行的宏观经济和金融部门的结构性改革建议。除了对单个成员方进行这些系统和定期的检查外，执董会还经常召开非正式会议，及时讨论评估成员方最新的经济形势。各国可以选择自愿参加金融部门评估规划，或者请求获得其他地区或国家的标准与准则遵守情况报告。这些评估结果为IMF开展其监督工作提供了重要的依据。

监督有利于对溢出效应做出更加全面一致的分析。溢出效应（Spillover Effect）是指一国的政策对其他国家的影响。一国经济政策的溢出效应更加突出了IMF经济监督的重要性。IMF的监督对象不仅包括经济落后的发展中国家、陷入金融危机的国家，还包括经济高度发达的西方国家。其中，对西方发达国家的监督尤为重要，因为这些国家经济政策的溢出效应相对更大。通过对所有成员方的经济政策以及全球资金流动情况进行监督，IMF对平衡各国国际收支状况、稳定国际货币体系、促进全球经济发展起到了积极作用。

（二）双边监督的作用

IMF对各成员方的双边监督主要以第四条磋商的形式实施，通过跟进各成员方经济发展，重点关注各成员方经济政策所产生的内部影响和外部影响中的脆弱因素，并基于风险考量更新对已有政策的判断，合理评估新推出的政策，并提出改革建议。IMF为各成员方宏观经济形势勾勒了全面清晰的蓝图，为减小系统性风险和促进成员方经济均衡发展提供了调整方向。双边监督的作用主要体现在提供政策建议和指导、促进国际货币体系和全球金融稳定、提供相互沟通平台三个方面。

第一，双边监督通过评价和监督成员方经济政策为成员方的经济发展提供了政策建议和指导。IMF通过对成员方进行第四条磋商，了解各国实施的经济政策，并派出工作人员对成员方进行详尽检查，其专业分析建立在对大量数据的实证研究上。双边监督提出的政策调整建议一方面避免各国通过汇率操纵获得不公平的竞争优势，为全球贸易的发展营造了一个公平竞争的氛围；另一方面通过运用世界各国的发展经验及时发现成员方经济政策中存在的潜在风险，为成员方经济发展提供指导。

第二，双边监督通过监督成员方的经济政策和资金的国际流动促进了国际货币体系和全球金融的稳定。一国的汇率、货币、财政和金融部门政策是该国开展一系列经济活动的依据，影响本国的生产、消费、投资等经济活动。同时，这些政策也会因为全球经济一体化，随着进出口贸易和资本流动等途径影响其他国家，产生溢出效应。IMF对所有成员方一视同仁，任何一个国家都不能采取有害于他国的政策来谋求自身的利益。因此，对每个成员方的监督也能促进建立全球金融安全网，稳定国际货币体系。

第三，双边监督为各成员方提供一个相互沟通的平台。IMF 的工作人员报告、执董会的讨论审议和通过监督框架改革的决定等文件都会以"公共信息通报"的形式在 IMF 官网上公布。各成员方能够通过这些信息对其他国家的经济政策有更全面的了解，同时也对全球经济发展有更深刻的理解，从而认清本国在全球经济环境中的定位，更好地做出决策。因此，双边监督间接拓展了成员方之间的信息沟通。IMF 可以通过双边监督促进国际的合作，进而扩大国际贸易和资本流动的规模。

（三）双边监督的问题

尽管双边监督在控风险和促发展上具有重要的积极作用，但同时，在经济全球化和金融一体化的背景下，IMF 的双边监督也有一定的局限性。由于发达国家在 IMF 投票权占大多数，双边监督具有忽视发展中国家和发达国家差异化国情的倾向。在监督框架的改革中，IMF 也一直未能解决监督范围不全面和理论框架不扎实的问题，使得评估结果具有一定的不确定性。此外，因为双边监督没有配备相应的严格制度体系，其约束力和有效性也不够充分。总体而言，双边监督的问题主要可以总结为以下三个方面：

第一，IMF 对于汇率政策的规定有失妥当。一方面，目前发展中国家主要实行钉住汇率制度或有管理的浮动汇率制度，这些国家通常在全球化中取得了贸易顺差并积累了大量外汇储备。这些指标在 IMF 的汇率监督框架下有汇率操纵的嫌疑，使得其有理由介入发展中国家的外汇市场，启动磋商进行干预。另一方面，对于本国货币在国际货币体系中占更重要地位的发达国家，IMF 却常常忽视发达国家对稳定全球汇率应尽的调控责任，例如美元的过量发行或紧缩往往为发展中国家稳定币值带来了困难。

第二，IMF 的双边监督在监督范围和理论框架上有一定的局限性。监督范围方面，特别是 20 世纪布雷顿森林体系崩溃后，IMF 主要侧重于汇率政策方面，对成员方的其他经济政策的监督，IMF 并没有明确规定的操作程序。在后来的改革中监督范围有所扩展。理论框架方面，IMF 的评判标准也缺乏一定的严谨性。以汇率政策为例，在判断汇率操纵时 IMF 引入了"汇率根本性失调"的概念，即汇率严重偏离均衡利率。但该均衡汇率的计算模型在测度上却具有很大的不确定性,也未得到学术界和成员方的普遍认可。

第三,IMF 的双边监督缺乏充分的效力。IMF 对于违反《国际货币基金协定》的成员方能采取的最严厉的惩罚措施仅仅是拒绝给其提供贷款,或者强迫其退出 IMF。这对于具有庞大外汇储备的发达国家,以及储备货币发行国而言能发挥的实际监督作用是很有限的。IMF 的双边监督并没有很多强制性的规定。因此,监督所产生的效用大部分取决于每个主权国家对 IMF 监督的接受程度。此外,IMF 目前也缺乏完善的内控机构进行内部监督。许多不合理措施没有得到内部的及时纠正,这也不利于 IMF 对各成员方监督的有效实施。

(四) 双边监督的改革

在布雷顿森林体系下,以美元为中心的"双挂钩"模式决定了以可调整的固定汇率制度为主的货币体系。IMF 对各国的汇率实行严格监督。成员方需要改变汇率平价时都必须经过 IMF 的批准。这使得成员方货币与美元的汇率维持在一个固定幅度内,保证了国际货币体系的稳定。20 世纪 70 年代,布雷顿森林体系自身固有的"特里芬两难"(即美元作为国际储备货币不断增长的需求同美元超发带来流动性过剩,引发美元危机之间的内在矛盾)使得美元危机频发。布雷顿森林体系最终于 1973 年崩溃,国际货币体系陷入一片混乱。

布雷顿森林体系崩溃后,IMF 的监督职能并没有消失,但侧重于对汇率政策的监督。1977 年 IMF 发布的《汇率政策监督决定》包括一般原则、成员方汇率政策指导原则、IMF 对汇率政策的监督原则和监督程序四个部分,从而评估成员方汇率政策。近年来,世界经济一体化的发展和频发的金融危机对全球货币和金融体系的稳定提出了更高的客观要求,IMF 的监督重点逐渐发生转移,监督方式也有所改善,双边监督更加注重金融部门问题,监督的透明程度也越来越高,几乎所有成员方都同意公布关于其第四条磋商的"公共信息公告"(IMF,2010)。

2007 年 6 月,IMF 执董会通过了《对成员方政策双边监督的决定》,取代了《1977 年汇率政策监督决定》,形成了更为全面的双边监督框架。《新决定》增加了 IMF 双边监督的指导原则和附录两个部分。监督范围涵盖汇率、货币、财政和金融部门政策等方面。此外,《新决定》将"外部稳定"引入双边监督作为重要的考核指标,确保国际收支情况不会引发破坏性的汇率调整,并对实现此目标所需的政策调整提出建议。这使政策目标从单纯考虑国内因素延伸至对其他国家的影响,体现了IMF对溢出效应的重视。

2012年9月,IMF执董会通过了一项金融监督战略,对进一步加强IMF监督工作的切实步骤提出建议。这项金融监督策略主要包括三个方面:(1)加强宏观金融风险评估和政策建议的分析基础,从而更好地识别信贷泡沫和资产负债表脆弱等宏观风险;(2)更新监管工具和产品,更加全面地应对风险,比如加强与区域性组织的紧密合作和更加频繁地使用金融部门评估规划(FSAPs)等;(3)积极与金融部门股份持有者合作,促进对系统性风险的提前诊断,提高金融监管的影响力。

2014年9月,IMF执董会通过了三年期监督检查(TSR),进一步强化了监督工作自全球金融危机以来取得的进展。三年期监督检查侧重于帮助各国应对全球金融危机带来的挑战,主张根据跨国经验,运用更加以客户为重心的方法,就财政、货币、汇率和结构性政策组合提供更有针对性的建议。IMF确定了2014~2019年的五项工作重点,即风险和溢出效应、宏观金融监督、结构性政策建议、连贯和专业的政策建议和以客户为重心的方法。未来的监督检查将评估IMF实施监督议程的现状,并确定落实现有重点的未来步骤(IMF,2014)。

二、多边监督

多边监督又称全球监督。《国际货币基金协定》第四条规定了IMF的多边监督职责,要求IMF对全球经济和金融市场的发展以及趋势进行监督,并及时发现经济运行中的脆弱性和潜在的风险。IMF的多边监督主要是通过每年出版两次的《世界经济展望》《全球金融稳定报告》和2010财年开始发布的《财政监测》三个工具来实现。这些报告涵盖了当前国际金融市场的发展、前景、政策以及公共政策发展等方面。此外,IMF还会组织一些非正式讨论及多边磋商来为解决一些世界重要问题提供支持。

(一)多边监督概况

1.《世界经济展望》

《世界经济展望》(*World Economic Outlook*)是IMF对成员方的各项政策

和经济发展、国际金融市场发展以及全球经济体系进行监督的有力工具之一。这份报告在全球层面上对世界经济的前景、发展以及政策挑战进行评估。IMF的工作人员与各方进行磋商获得成员方的信息。在此基础上,《世界经济展望》对各部门各地区乃至全世界经济的发展进行综合分析,涵盖就业、通货膨胀、资金流动、对外贸易、金融部门等方面。IMF通过《世界经济展望》进行的多边监督活动主要有以下三个方面:

第一,监督国际资本的流动。国际游资是指游离于本国经济主体,为追求高利润主要在他国金融市场或其他市场上进行投资的资本,对任何一个国家乃至整个世界的金融稳定都能产生重大的影响。一方面,资本的跨国流动能够通过资源在全球的重新配置增加世界的总财富;另一方面,资金大量涌入某些国家或地区也会给当地带来经济过热的压力。若一国或某地区的经济或金融部门存在漏洞,则很容易给投机者带来可乘之机,引发巨大的金融风险。因此,IMF对国际资本流动的监控十分必要。

第二,了解主要货币区的经济发展情况,并分析如何改善成员方的财政和货币政策。IMF透过对各个地区经济发展的监督来预测世界经济的发展前景,分析当前经济发展的障碍,指出成员方所面临的政策挑战。不同货币区的发展状况都在一定程度上影响着全球经济和金融的稳定。2011年6月,在《世界经济展望》中IMF指出欧元区外围国家的财政压力将继续存在并威胁到欧元区核心国家,使得欧元区经济下行风险增加。因此,IMF认为欧元区需要一个全面果断的政策来解决经济下滑的风险,包括平衡财政和结构改革等措施。

第三,IMF还会研究考察一些国际社会迫切关注的问题。这些问题往往与当前世界的经济发展形势密切相关,比如粮食问题、石油价格问题等。在《世界经济展望》中,IMF会为这些问题设立专栏,运用计量方法分析相关数据,深入研究这些问题产生的原因,并就可能产生的影响进行预测并提供应对建议。2009年10月的《世界经济展望》设立专栏讨论了粮食价格波动问题,分析1968~2008年收获年度的数据,并得出美国的通胀波动、美元汇率波动、全球经济波动和期货市场交易量波动是影响粮食价格波动的四个主要因素(IMF,2009)。

2.《全球金融稳定报告》

《全球金融稳定报告》(*Global Financial Stability Report*)主要通过对全球金融市场和前景进行评估,强调潜在的影响全球金融市场稳定的脆弱性和风险。国际金融危机后，发达国家与发展中国家复苏的速度差距明显使得全球金融稳定面临的风险依旧很大，且全球经济失衡日益严重。《全球金融稳定报告》通过对全球金融现状进行了深度剖析，并通过严密的计量统计方法对当前全球经济中的风险态势进行预测，分析这些风险产生的原因和可能带来的影响，指出各国面临的政策挑战。

《全球金融稳定报告》为各国政策制定者提供了建议和指引。该报告提出了鼓励各国在金融体系全球化的背景下对国内金融部门的监督和监管进行调整，支持各国在管理、分散和化解风险方面更多地采用国际公认标准以降低风险等建议。这不仅受到各国、各地区机构的政策制定者的欢迎，同时也有利于 IMF 对其的监管。《全球金融稳定报告》也对《世界经济展望》进行了很好的补充，针对《世界经济展望》中强调的有关经济失衡的金融问题进行了详细的剖析。《全球金融稳定报告》的作用主要包括以下三个方面：

第一，减轻主权风险。主权风险是指因国家主权行为而导致发生本国资产发生损失的风险。IMF 认为主权风险的根源在于主权与金融部门风险之间的不利相互作用。《全球金融稳定报告》可以提出改革建议以减轻主权风险。2011 年 1 月，《全球金融稳定报告》指出欧元区内的总体主权风险加剧，并溢出到更多国家。IMF 建议欧盟首先进一步开展银行压力测试，对机构进行注资和重组；其次，增加欧洲金融稳定机制的有效规模；最后，欧盟央行应继续向需要流动性的银行提供流动性，并保证其证券市场的有效运作，进而降低主权风险（IMF, 2011）。

第二，减轻系统性风险。系统性风险是指一家金融机构的问题将对其他机构产生联动影响风险。IMF 尤其关注金融部门存在的系统性风险，增强金融市场的流动性、恢复全球信贷水平和加强金融机构监管力度成为 IMF 工作的重点。2010 年 4 月，《全球金融稳定报告》中 IMF 讨论了对系统性风险监督的明确授权和对系统性风险额外资本的引入。IMF 认为需要制定限制金融机构取得系统重要性的具体方法，否则无论监督职能如何分配和授权，监管机构对待具有系统重要性机构的态度都是一样的，这将不利于多边监督的实施。

第三，减轻全球流动性风险。全球流动性风险是指资本跨国流动的不确定性带来的风险。IMF 指出资本流入的突然激增可能导致资本接受国的通货膨胀和资产价格泡沫，并给当地金融体系的吸收能力带来压力，还有可能导致私人部门负债快速增加。为减轻全球流动性风险，IMF 会通过《全球金融稳定报告》建议接收资本流入的政策制定者采取若干政策，包括增强汇率的灵活性，积累外汇储备，在通货膨胀压力不大的情况下适当降低利率，加强金融体系的审慎监管，在某些情况下还可能要实施资本管制（IMF，2011）。

3.《财政监测》

《财政监测》（*Fiscal Monitor*）是IMF于2010财年正式开始发布的报告，与《世界经济展望》和《全球金融稳定报告》一样都是IMF"世界经济和金融概览"的一部分，三者共同为IMF执行持续全球监督提供支持并互为补充。《财政监测》主要调查和分析公共财政的最新发展状况。公共财政是指政府利用财政收入为社会提供公共产品和公共服务以此满足社会公共需要的经济行为。报告将分析最新的经济危机对财政的影响和中期财政预期，并评估实现公共财政可持续性的政策（IMF，2010）。

《财政监测》设立的背景是2008年国际金融危机以来世界经济频频出现的财政问题。世界各国为尽快从国际金融危机中走出来，都采取了扩张性的财政货币政策。美国的救市计划和量化宽松政策成功稳定了美国国内金融市场，中国四万亿的经济刺激计划也使得中国在危机中率先复苏。但是，这也导致了国家财政赤字大幅增加。2010年希腊主权债务危机爆发，并迅速传染至欧洲各国，大规模的信用危机使得大量资金流出欧洲，欧元开始贬值。IMF逐渐意识到了对公共财政监督的重要，《财政监测》正是在这种形势下诞生的。

《财政监测》通常包括三方面的内容：（1）对主要国家的财政整顿情况进行了总结；（2）分析新兴市场和欧洲经济体等区域面临的财政相关问题，如经济过热、资本流入激增和主权风险等；（3）针对这些问题提出建立更大规模的财政缓冲、制定更强有力更具体的中期整顿计划等建议。2011年1月，《财政监测》中IMF呼吁在市场疑虑增加以及财政整顿放缓的情况下，各国政府需要对保证公共财政长期可持续发展做出明确的承诺，同时强有力而透明的财政和预算体制是支撑必要的中期调整和提高政策可信度的关键（IMF，2011）。

（二）多边监督的作用

IMF的多边监督主要通过定期发布《世界经济展望》《全球金融稳定报告》《财政监测》等相关报告实施，通过在宏观经济、金融部门稳定、财政政策等方面对全球各经济体及区域进行评估，及时发现全球经济中的风险与脆弱性，并提出针对性的结构性改革建议。IMF 的多边监督不仅是对以往全球经济的总结和对当下全球经济的评估，同时也为各成员方未来的决策提供了宏观层面的指导方向。多边监督的作用主要体现在提供宏观经济风向标、缓解全球经济风险和监督资本流动三个方面：

第一，多边监督可以为全球经济提供宏观经济风向标。《世界经济展望》评估了各成员方的就业、通货膨胀、资金流动、对外贸易、金融部门等各宏观经济指标。《全球金融稳定报告》评估了各成员方金融机构的管理和风控措施。《财政监测》评估了各成员方财政政策的设立和实施情况。多边监督可以从多个角度提供全球宏观经济的现状，并预测未来的经济走势，预警可能出现的风险，同时给出阶段性的政策调整方针。因此，多边监督可以作为全球宏观经济的风向标，为各成员方决策者提供政策参考。

第二，多边监督可以缓解全球经济风险。风险和不确定性的来源包括信息不对称和道德风险。信息不对称方面，如果主权国家之间隐瞒了实际的财政赤字和公共债务，则可能引发主权债务危机。如果金融部门之间信用状况不透明，则可能引发违约和流动性紧张。道德风险方面，如果金融机构存在刚性兑付和监管缺位的情况，则会抬高无风险收益率，诱发高风险的投资行为。多边监督公开透明的评估体系和报告有利于提高各国的风控意识和监管力度，可以减轻信息不对称和道德风险的问题，进而缓解全球经济风险。

第三，多边监督可以监控国际资本流动。作为全球资本账户和资本控制监督者，IMF 会了解和收集各国的相关数据，按地区或按分析标准来对资本净流动、私人资本流动、储备等指标进行统计和分析。其中，资本净流动包括直接投资净值、投资组合净值和其他官方和私人资本流动以及储备变化。私人资本流动由直接投资、投资组合和其他长期和短期投资流动构成。IMF 通过这些指标来分析资本的跨境流动，预警潜在的危机，并提出适当进行资本管制、调整利率、预算紧缩、调整税率和海外投资等资本调控建议。

（三）多边监督的问题

多边监督为各成员方经济运行和政策决定提供了重要的参照，但是由于监督制度和框架上的局限性，IMF 的多边监督仍有改进之处。由于监督评估方法在一些方面没有建立国际统一标准，监督结果在预警危机方面的效果会有所下降。IMF 与其他国际经济组织的合作也不够充分，可以加强沟通，明确权责，更有效率地应对经济潜在的问题。此外，因为《国际货币基金协定》规定上的疏漏，多边监督的约束力也难以获得法律上的保证，不利于监督行动的开展。总体而言，多边监督的问题主要可以总结为以下三个方面：

第一，预警功能不完善。金融危机一旦发生，会对各成员方的汇市、股市、债市产生巨大的影响，引发流动性紧张，进而抑制实体经济的发展。目前金融产品的多元化和金融市场的不确定性也都要求 IMF 建立统一健全的危机预防体系，在危机发生之前提出预警。但 IMF 目前对金融危机的预警体系还不完善。国际标准仅仅在一些领域存在，例如巴塞尔协议规定的银行的资本充足率标准和成员方的资信评估等方面，但是审计、会计、成员方外资投资机构等都没有统一的国际标准，不利于横向比较，也降低了评估结果的有效性。

第二，缺乏和其他国际经济组织的合作。从 IMF 救助历次金融危机的过程来看，IMF 和世界贸易组织（WTO）、世界银行（WB）、经济合作与发展组织（OECD）、国际清算银行（BIS）、巴塞尔委员会（BCBS）、二十国集团（G20）等其他国际经济组织的合作存在信息互通不畅、职责存在交叉或重叠、分工不明确等问题。例如，IMF 在监督中会涉及新兴市场经济体私有化和加强成员方公共部门管理能力等方面。它们都是 IMF 不擅长的领域，其实在这些领域 IMF 可以通过和其他国际经济组织的合作进行共同监督。

第三，成员方对多边监督缺乏义务承担。《国际货币基金协定》第四条中，对成员方的规定义务仅局限于"保障有序的外汇安排，并促进汇率体系的稳定"，并不包括多边监督要求监督的更大范围的国际货币体系，因而削弱了 IMF 多边监督的效力。当成员方采取危害国际货币体系的措施时，缺乏成员方确切义务规定的多边监督难以在法律保障下进行管控，也只能以商讨和劝说的形式对成员方提出建议，不能有效约束成员方的不当举措，进而难以保障国际货币体系的安全和全球金融的稳定。

（四）多边监督的改革

1. 早期预警演习

2008 年，G20 要求 IMF 和金融稳定委员会（FSB）就定期开展早期预警演习进行合作。早期预警演习能够评估全球经济面临的低概率但影响可能很大的风险,并确定缓解这些风险的政策,具有预防性作用。早期预警演习是 IMF 评估经济、金融、财政和外部风险工作的重要组成部分,每半年进行一次,并与《世界经济展望》《全球金融稳定报告》《财政监测》三份旗舰出版物相协调。早期预警演习的结论在 IMF 春季会议和年会期间提交给执董会和高级官员,之后的双边监督和多边监督活动将对早期预警演习的结论进行跟进。

2.《对外部门报告》

自 2012 年以来 IMF 每年发布《对外部门报告》,和第四条磋商相互补充,对成员方的对外部门提供多边一致的评估。这份报告涵盖世界上最大的 28 个经济体和欧元区,其 GDP 总和超过全球 GDP 的 85%,系统性地分析了成员方的汇率、经常账户、国家储备、资本流动和对外资产负债表等指标。《对外部门报告》是一项正在进行中的工作的一部分。这一工作旨在对全球过度失衡及其原因进行严格和公正的评估,并确保 IMF 能够应对成员方政策可能对全球外部稳定产生的影响(IMF,2017)。

2014 年,在《对外部门报告》中 IMF 采用了试点外部平衡评估方法 (Pilot External Balance Assessment,EBA),为工作人员评估经常账户和实际汇率提供了重要依据。EBA 方法的目标是为规范评估提供信息,同时考虑到政策的影响和潜在的政策扭曲。与试图预测经常账户和未来汇率的分析相反,EBA 方法旨在寻求符合国家基本面和相关政策的相应指标水平,消除周期性因素的影响,使 IMF 可以在财政政策、社会公共卫生支出、资本管制、外汇积累等方面评估国家政策带来的内部和外部影响。

3.《低收入发展中国家的宏观经济发展和前景》

从 2014 年开始,IMF 每年发布《低收入发展中国家的宏观经济发展和前景》报告,分析低收入发展中国家在公共债务、资本流入、物价水平等方面的经济表现,并提出相应的政策建议。2016 年,该报告主要分析了财政赤字高企、外汇储备减少以及经济和金融压力上升等政策挑战以及基础设施建设的问题。该报告对低收入发展中国家提出了四点建议:(1)促进国内收入再分配,控制非优先支出,从而增加公共储蓄;(2)加强公共投资管理;(3)发展地方资本市场;(4)充分利用优惠融资来源(IMF,2017)。

4. 财政空间评估分析框架

2016 年 6 月,IMF 发布财政空间评估分析框架。该框架旨在支持未来的

IMF 监督和政策建议，适用于各种可能情况，如一国运用财政政策抵消当前全球经济政策挑战的空间、填补公共基础设施缺口、校准财政调整的空间或建立缓冲等。财政空间是指政府提高支出或降低税收的同时不危及市场准入和债务可持续性的能力。该框架汇集了包括债务可持续性分析在内的各种财政可持续性工具，采用了基于财政压力测试、情景分析和一般均衡模型的方法。借助新框架，IMF 能够对各国的财政空间进行一致评估，增加了其财政分析能力（IMF，2017）。

5. 多边磋商

全球经济失衡是指一国有大量的贸易赤字，其他国家拥有与之对应的贸易盈余的现象。目前主要表现为美国拥有巨额贸易赤字，中国、日本、产油国等新兴经济体持有大量的贸易盈余。一方面，美国日益增长的贸易赤字削弱了美国产品在世界市场上的竞争力，增发美元来减少美国政府外债无异于向世界各国征收"铸币税"，也会增加各国之间的摩擦。另一方面，对贸易盈余的国家来说，长期的经常项目盈余和巨额外汇储备也会提高国内物价水平，造成输入型通货膨胀和本币升值压力。因此，避免全球经济失衡带来无序调整十分必要。

为了应对全球经济失衡问题，2006 年 4 月 IMF 建议将多边磋商作为一个新的监督工具，国际货币与金融委员会（IMFC）核准了这项建议。多边磋商为关注各项关键经济问题的国家进行讨论提供了一个平台。首先，多边磋商能够促进各国对关键经济问题的原因和影响进行深入讨论；其次，各国能够就该议题互相交换意见和看法，从而增进各国彼此之间的了解和沟通，这种了解往往是多方面的，而不仅仅局限于问题本身；最后，多边磋商还能集结各国的经验和研究成果，探讨解决这一关键经济问题的有效政策措施。

2006 年，中国、美国、日本、欧元区、沙特阿拉伯就全球经济失衡问题以及如何最好地维持全球强劲增长的同时减少全球失衡现象进行了首次多边磋商（IMF，2017）。全球失衡的有序调整既需要各国采取相应的改革措施，也要依靠各国之间的协调以及共同的努力。这五方在多边磋商后总结了近几年的本国政策动态，并提供了未来的政策制定方向。首次多边磋商的成功经验已经证实了多边磋商能帮助成员方通过讨论与合作的方式来处理全球性问题，这一方法也将在今后继续加强和深化 IMF 的多边监督工作。

三、地区监督

IMF 除了对成员方进行双边监督和多边监督之外，还负责对采取共同经济政策的地区监督。地区监督是对 IMF 的双边监督和多边监督的补充。由于这些地区的国家将货币政策和汇率政策交由地区性机构统一负责，IMF 对它们的地区监督十分必要。这些地区包括欧元区、东加勒比货币联盟（ECCU）、西非经济货币联盟（WAEMU）和中非经济货币共同体（CEMAC）。IMF 的地区监督活动致力于了解和分析各地区实行的政策，比较同一个地区内不同国家的政策差异，对地区内可能存在的风险转移进行分析。

（一）欧元区

欧元区的 GDP 超过任何一个国家，是世界上最大的区域性经济体。目前，欧元区共有 19 个成员，并另有 9 个其他国家和地区采用欧元作为当地流通的唯一货币。根据 1992 年签订的《马斯特里赫特条约》，1999 年欧洲经济共同体开始实行单一货币欧元，并由欧洲中央银行实行统一的货币政策。欧元区的建立不仅极大地促进了欧洲经济共同体的经济发展，也使欧元成为目前唯一能与美元抗衡的国际货币。同时，由于货币一体化以及国家货币政策制定主动权的丧失，欧元区在国际金融危机和欧债危机中受到的打击也格外猛烈。

通过对欧元区进行第四条磋商、多边磋商以及对欧元区政策的讨论，IMF 就欧元区存在的问题进行分析并提出了自己的意见。一方面，IMF 对于危机后欧元区经济由复苏转向上升表示欢迎；另一方面，IMF 认为欧元区仍需进行广泛的结构性改革，实现生产率和劳动力参与的结构性提升。2018 年 7 月 19 日，在欧元区第四条磋商报告中，IMF 指出欧元区经济增长伴随增加的内外部风险，尽管预期经济软着陆，但缺乏中期成长前景。IMF 建议欧洲央行不要过快的撤销超宽松刺激举措，并维持利率在当前水平。

（二）东加勒比货币联盟（ECCU）

东加勒比货币联盟（ECCU）由安提瓜岛和巴布达岛、多米尼加、格林纳达、圣基茨和尼维斯、圣露西亚、圣文森特和格林纳丁斯组成。该联盟的经济对外部冲击较为敏感和脆弱。该联盟各成员方均为石油进口国，因而能源价格上涨会对这些国家经济产生巨大影响。此外，该联盟各成员方的蔗糖、香蕉出口容易受到贸易优惠待遇降低的影响。在国际金融危机中，作为主要外汇来源的旅游业受到全球经济衰退的重创，也给整个东加勒比地区的经济带来了负面影响。

IMF对东加勒比货币联盟（ECCU）近几年的经济发展给予了肯定，并为该地区经济可持续发展提出了建议，支持该地区实行促进可持续发展和经济多元化改革等方面的政策。财政方面，IMF建议加强财政整顿，避免税收体制扭曲并控制支出。监管方面，该地区需进一步开展监管、行政和法律改革，消除对私人经济活动的障碍，并通过增强竞争力和加强经济多元化来提高经济承受的能力。同时还要通过进一步改革促进经济一体化。IMF还建议继续完善地区内银行体系乃至整个金融部门的监管框架，加强对风险的管控。

（三）西非经济与货币联盟（WAEMU）

西非经济与货币联盟（WAEMU）建立于1962年5月12日，当时由非洲西部的塞内加尔、尼日尔、贝宁、科特迪瓦、布基纳法索、马里、毛里塔尼亚这七个成员方组成。该联盟旨在促进成员方之间物质、资金、人力的流通，并最终建立西非共同体。该联盟各成员方的经济发展将会受到了国家内部社会、政治问题、宏观经济的冲击以及经济结构障碍的影响，如基础设施缺口、欠发达的金融部门、不良的商业环境和不充分的地区融合等问题。

鉴于西非经济与货币联盟（WAEMU）的金融部门一体化仍然不够发达，IMF认为联盟要想实现千年目标，必须进行结构改革以改善地区的增长前景。IMF将通过经济监督支持其参加金融部门评估项目，主要体现在三个方面：（1）IMF鼓励货币当局促进地区金融一体化并转移商业银行的公共所有权；（2）IMF充分肯定和支持联盟发动的消除内部贸易壁垒的贸易改革措施；（3）IMF鼓励当局密切监测汇率变化并更好地协调财政和货币政策，以便支持固定汇率体制，并减轻实际汇率承受的压力（IMF，2009）。

（四）中非经济与货币共同体（CEMAC）

中非经济与货币共同体（CEMAC）由赤道几内亚、刚果、喀麦隆、乍得、加蓬和中非共和国6个成员方在1999年6月建立，目前有10个成员方。该共同体的多数成员方的人均收入较低，并且由于该地区的贸易和金融一体化程度很低，对石油出口的依赖性很强。这给促进经济多元化发展、改善经济结构带来了很大的难度，使这些国家在实现联合国千年发展目标上遇到了严峻挑战。该地区参加了IMF的金融部门评估项目。虽然金融部门的稳健性有所提高，但仍然是全球最不发达的金融部门之一。

针对中非经济与货币共同体（CEMAC）存在的这些问题，IMF通过地区监督的形式提出了若干建设性建议。一方面，IMF建议该地区机构当局充分利用有利的宏观经济环境和金融环境，大力发展非石油部门，并通过建立多元化经济改善解决长期的结构性问题来促进经济增长、减少贫困和促进就业；另一方面，IMF大力支持中非经济与货币共同体（CEMAC）进行一揽子改革计划，通过对地区性机构本身进行改革来强化该联盟的作用，并推动地区一体化进程，促进地区共同发展。

（五）其他地区性监督举措

IMF对各个区域性经济体开展的地区监督因地制宜地评估了该地区的经济风险，并从降低系统性风险、促进可持续发展的角度提出了改革建议。此外，IMF还采取了一系列措施来扩大和加强地区性监督工作，主要包括三个方面：（1）在各个地区设立专门处理地区性问题的IMF工作机构；（2）编制每年两期的《地区经济展望》（*Regional Economic Outlook*，*REO*），对世界五大主要地区的经济发展和政策进行分析和预测，并在各地区举办会议或者研讨会；（3）同地区开展论坛与对话，就地区各国共同关心的问题进行深入研究和探讨。

第一，IMF已经在一些地区部门设立了专门处理地区性问题的机构，并就跨领域问题成立了全部门工作组。例如，欧洲部成立了针对大型跨境资本流动问题、信贷快速增长问题、金融一体化对增长和监管的影响、新成员方利用欧盟基金问题、地中海国家竞争力问题以及东南欧国家脆弱性问题的工作组；西半球部设立了针对金融部门问题、货币政策与汇率政策问题、养老金问题以及石油和自然资源问题的工作组。位于东京的 IMF 亚太地区办公室也对有关地区性监督的研究和交流做出了贡献（IMF，2008）。

第二，IMF 每半年会针对非洲撒哈拉以南地区、亚太地区、中东和中亚地区以及西半球地区这 5 个地区编写《地区经济展望》，对这五大世界主要地区的经济发展和主要政策问题进行更详细的分析。《地区经济展望》从地区层面对 IMF《世界经济展望》《全球金融稳定报告》《财政监测》的分析从地区的角度进行了有益补充。《地区经济展望》发表之后 IMF 还将进行广泛的交流活动。IMF 会在各个地区会举行政府官员和学术研讨会、发布会和官员访谈。报告和相关新闻稿都会在 IMF 官网发表，以便交流和参考之用。

第三，IMF 还会组织和参加各类地区性论坛，同各国的央行行长、财政部长以及政府官员共同讨论地区性问题。2007 年 6 月，IMF 参加了第六届中美洲国家地区性会议，参会人员包括来自中美洲、巴拿马和多米尼加共和国的财政部长、中央银行行长和金融部门监管人员，以讨论两大主要地区性项目。IMF 通过参与或举办地区研讨会，各地区能更深刻地意识到地区经济中存在的问题和风险，也能让 IMF 对地区的经济状况有一个更加深入的认识，从而保证 IMF 监督的质量。

四、金融监督

金融监督原本是 IMF 监督职能中的一部分，但是由于近代金融危机的频发，其作用越发突显。目前对金融危机的预警方法和理论尚不成熟，有效加强金融监督可以降低国际金融体系的系统风险，成为防范金融危机的重要手段。IMF 金融监督的主要工具是金融部门评估规划（Financial Sector Assessment Program，FSAP），并结合第四条磋商、《全球金融稳定报告》和早期预警演习等监督工具，这些工具前文已经介绍，这里不再赘述。本节主要阐述金融监督概况、金融部门评估规划（FSAP）和金融监督的改革。

（一）金融监督概况

20 世纪 90 年代以来，金融危机对 IMF 成员的影响愈发严重。1994～1995

年墨西哥金融危机的爆发使 IMF 开始认识到金融部门危机对其他部门包括实体部门的联动影响，也使 IMF 开始重视金融监督。1997 年东亚金融危机爆发后，IMF 更是发现跨境流动的国际资本对全球金融安全影响力巨大。金融部门稳定是全球经济有序发展的必要条件，完善的金融体系也是有效利用外资的保证。因此，IMF 将金融监督纳入监督活动的核心领域，并加强对金融部门的评估规划。

IMF 采取了一系列的加强金融监督的措施。1998 年，IMF 将监督的优先领域设定为监督国内金融部门。1999 年 5 月，IMF 和世界银行联合发起金融部门评估规划（FSAP），评估各国金融体系的健康程度和发展状况。金融部门评估规划主要由稳定性评估和发展情况评估两个方面构成，对稳定全球金融体系、促进各国金融部门改革起到了很大的作用。此外，IMF 还积极同其他机构密切合作，并制定了一套包括核心指标和鼓励指标的金融稳健指标。2001 年 IMF 成立国际资本市场部和资本市场顾问小组，专门用于研究国际资本流动。

2008 年的国际金融危机进一步促使 IMF 反思如何提高金融监督的有效性。2012 年 IMF 将金融监督提升为更高的部门层级，正式作为一项发展战略。具体而言，IMF 将金融监督定义为 IMF 金融部门工作与监督活动的交集。虽然金融部门与经济的其他部门有显著的相互联系，但是金融监督并不涉及范围更宽的相关监督领域，如结构性政策、汇率监督和财政监督等，也不涉及 IMF 贷款、危机管理和技术援助等相关活动。IMF 在此过程中对监督范围、监督工具和监督方式等方面都进行了更加全面的改革和完善。

（二）金融部门评估规划

金融部门评估规划（Financial Sector Assessment Program，FSAP）是 IMF 在金融部门监督方面的主要工具，其不仅在国家单位内对一国金融体系进行风险评估，还在货币联盟下进行地区金融部门评估，尤其是那些对全球金融体系产生重大影响的地区。金融危机之后 IMF 和世界银行对金融部门评估规划进行了进一步的改进，提出了模块化评估（Modular Assessment）。不同的模块的工作目标和功能不同，并且相对独立。金融部门评估规划可以根据具体需求选择相应的模块进行更有针对性的评估，从而提高工作效率和金融监督的有效性。

1. 工作目标

金融部门评估规划主要由金融部门的稳定性评估和金融部门的发展情况评估两个部分组成。其中 IMF 负责稳定性评估，主要包括三个核心部分：（1）近期影响宏观金融稳定性的主要危机来源、可能性和潜在冲击；（2）国家金融稳定政策框架；（3）决策者具体管理和解决金融危机的能力。金融部门评估规划的工作目标包括四个方面：（1）识别一国金融体系的实力和脆弱性；（2）决定关键风险来源是如何得到管理的；（3）确定金融部门的发展和技术援助需要；（4）帮助确定政策回应的重点（IMF，2010）。

2. 评估程序

金融部门评估规划的核心是评估成员方金融部门中存在脆弱性和稳定性。评估团通过对成员方金融体系进行全面考察和分析，并针对成员方金融体系中存在的问题提供政策建议，最终总结出一份《金融部门评估规划备忘录》。金融部门的稳定性评估包括以下的评估程序：（1）FSAP 评估小组检查银行、证券、保险和其他金融部门的稳健性；（2）进行压力测试；（3）按照现在已经接受的国际标准对银行、保险和金融市场监管进行评级；（4）评估金融监督者、政策制定者和金融安全纽带应对系统压力的能力。

3. 评估工具

金融部门评估规划不评价单个金融机构的健康程度，也不能预测和阻止金融危机，只是辨别金融部门中可能引发金融危机的缺陷，进而衡量一国或某地区金融体系的风险状况，同时推动金融部门的改革和发展。目前金融部门评估规划已经成为许多成员方广泛接受的金融评估框架，在自愿的基础上对成员方金融体系的稳健性和脆弱性进行全面的评估，并为《金融体系稳定评估》奠定基础。IMF 进行金融部门评估规划的评估工具主要包括金融稳健指标、压力测试以及国际标准与准则评估三个方面。

（1）金融稳健指标。

金融稳健指标（Financial Soundness Indicators）是评估金融稳定的一个重要工具。2001 年 IMF 正式提出该金融统计指标并得到执董会的认可。2004 年 IMF 发起了自愿的协调编制活动并推出了《金融稳健指标编制指南》。金融稳健指标革新了原有的金融统计框架，其统计指标几乎涉及了金融和经济的各个方面，对金融风险进行了全方位、多层次、有重点的分析和评估。金融稳健指标分为核心指标和鼓励性指标两部分。核心指标主要包括银行业的相关指标，鼓励性指标主要包括其他金融市场信息，补充核心指标，使整个金融稳健指标体系更加具有可操作性。

核心指标借鉴了"骆驼评级体系"[CAMEL，即资本充足性（Capital Adequacy）、资产质量（Asset Quality）、管理水平（Management）、盈利状况（Earnings）和流动性（Liquidity）]的框架。具体包括其中的资本充足性、资产质量、流动性、收益与利润以及对市场风险的敏感性等五个方面的有关12个指标。鼓励性指标涵盖了银行等存款性机构、金融公司、非金融公司、房地产市场、证券市场等部门共包括27项具体指标。各国能够根据本国的实际国情以及信息获得的难易选择那些同本国金融部门问题最相关的指标进行分析和评估。

（2）压力测试。

压力测试（Stress Testing）是分析某一宏观经济变量的变动对金融体系带来的影响，换句话说是金融部门对宏观经济变动的抗压能力。压力测试能够深入地分析金融部门对风险的抵抗程度，及时发现金融体系中有可能因宏观经济变动而带来的风险和脆弱性。压力测试可运用于单个企业、某一行业或者是整个金融体系，通常测试包括信用风险、市场风险、操作风险、汇率风险、流动性风险等在内的风险因素。研究方法包括敏感性分析、情景分析、传染性分析、资产组合分析和加总的压力测试等。

压力测试一般包括以下六个步骤：第一，获取测试对象完整可靠的数据；第二，判断风险类型；第三，建立合适的压力情景，需要考虑不同的情况建立各种可能的压力场景；第四，选择合适的研究方法；第五，依据新压力情景重新进行资产组合评估；第六，根据风险因子和压力情景下相关指标的可能变动，计算不同情境下资产组合的价值，并与最初的资产组合相比较，从而得到在目前资产组合面临此类压力情景下，无法立刻调整资产组合所会发生的最大损失。最后，根据测试结果，有针对性地制订相应政策。

（3）国际标准与准则评估。

国际标准与准则评估（Standards and Codes）主要是从宏观经济政策的稳健性和透明度、审慎监管对金融机构稳健运行的影响、金融基础设施的有效性等方面评估金融体系的稳定性，考察金融部门对国际通用指标的适用情况。1997年东亚金融危机之后，为加强国际金融架构，IMF于1999年发起了标准与准则倡议，并同世界银行一起对成员方的政策进行评估，同时发表标准与准则遵守情况报告（Reports on Observance of Standards and Codes，ROSCs）。这份报告对金融部门评估规划中涉及的国际标准与准则进行了详细阐述。

金融稳定委员会（Financial Stability Board，FSB）为评估全球金融系统脆弱性、监督各国改进行动、促进各国监管机构合作和信息交换共确认了12项国际标准与准则。IMF在金融部门评估规划中采用的国际标准与准则评估涵盖了12项中的9项。它们分别是《货币与金融政策透明度良好行为准则》《有效银行监管核心原则》《重要支付系统核心原则》《反洗钱与打击恐怖主义融资40+9条建议》《证券监管目标与原则》《保险监管核心原则和方法》《公司治理原则》《国际会计标准》《国际审计标准》。

4. 我国金融部门评估规划的进展

鉴于金融部门评估规划越来越受到公众的认可加之IMF的大力推广，越来越多的国家开始参加金融部门评估规划。我国作为全球第二大经济体，其经济发展、经济政策、金融风险状况对全球金融稳定和全球贸易的发展都能产生巨大影响。为切实维护全球金融的稳定，我国于2003年耗费超过一年的时间按照金融部门评估规划的标准对我国金融结构和金融发展、金融部门、金融监管和基础设施（包括法律、信息技术等）等方面进行了自我评估。这对于了解我国金融部门风险、维护金融体系的稳定起到了一定的积极作用。

2008年温家宝总理会见IMF总裁卡恩时宣布中国决定于2008年参加金融部门评估规划，并在2009年4月伦敦召开的第二次G20峰会上重申了这一承诺。2009年8月我国正式启动金融部门评估规划。根据评估工作计划，评估团分别于2010年6月7日~25日及11月30日~12月15日来华开展两次现场评估。其间，评估团与中国相关部门和机构举行了300余场会谈。此外，应评估团要求，中方分六批填报了问卷、数据和信息需求。通过双方的共同努力和密切合作，评估工作取得了超出预期的效果。

（三）金融监督的改革

近年来，IMF在双边监督中越来越多地涵盖金融部门问题。2007财年，IMF为此专门设立了货币与资本市场部，重组了IMF金融部门工作，确定由IMF法律部集中负责与反洗钱/打击为恐怖主义融资（AML/CFT）问题相关的工作，并且同货币与资本市场部共同负责在金融部门工作中开展反洗钱/反恐融资活动涉及的政策和操作事宜。反洗钱/反恐融资工作主要是重点评估那些具有全系统重要性的国家，或者那些呈现出严重洗钱或恐怖主义融资风险的国家，其对加强金融体系的诚信和遏制金融欺诈行为具有重大意义。

IMF 还同其他金融机构保持密切合作，对其他评估工作和技术援助提供支持，加强对宏观经济和金融部门之间联系的分析（IMF，2007）。具体而言，IMF 开展了一系列分析和政策工作：（1）在《世界经济展望》的跨领域章节中更为强调宏观经济与金融之间的联系；（2）在第四条磋商当中更加重视金融部门分析和继续强调金融部门评估规划；（3）举办关于金融部门问题的内部培训；（4）在数据收集举措中重视金融机构与其他部门之间的相对地位以及相关风险；（5）推动关于如何使金融部门和实际部门的改革相辅相成的分析和实证工作。

2008 年的国际金融危机也暴露出了金融部门评估规划的一些缺陷。在此之前评估都是成员方自愿参与的。一方面，这使 IMF 的金融监督范围有所局限，如 2007 年前中国和美国都没有正式进行过金融部门评估规划；另一方面，对那些参与了评估的国家，IMF 的金融监督也很难深入。此外，金融部门评估规划缺乏对流动性风险和主权风险的认识，对风险来源揭示不全面，即使辨别出了有风险的地方，在早期预警演习和金融部门评估规划报告中的阐述也不够明晰。这些问题促使 IMF 和世界银行对金融部门评估规划进行了改进。

2009 年 9 月，执董会对 IMF 过去 10 年的 FSAP 评估工作进行了审查，在此基础上同意进一步加强金融部门评估规划，将金融部门分析更好地整合至监督工作中。改进措施主要包括：（1）评估更加公平和透明；（2）改进新的分析工具，如采用风险评估矩阵；（3）使用更加灵活的模块化评估方式以满足不同成员方的要求，增加金融部门评估规划的灵活性，并对成员方开展差异化的评估；（4）标准评估在银行、债务市场、保险监管等方面更有针对性，促进政策指导性的建议；（5）加强对于压力测试的更新升级，并取得一定的成果。

根据调用模块评估的程度不同，金融部门评估规划又可以具体细分为 FSAP 和 FSAP 更新（FSAP Update）。对 IMF 成员方金融系统的进行的第一次评估结果被称为这个国家的 FSAP，在此之后的评估结果就被称为 FSAP 更新。FSAP 和 FSAP 更新在内容上没有差别，都由金融稳定性评估和金融发展评估组成。但 FSAP 覆盖的范围更广，包括一些关键的金融部门《标准与准则遵守情况报告》，并调用 FSAP 的所有评估模块。FASP 更新则根据前一期的评估发现进行评估，选择部分适当的模块进行更有针对性的评估。

2010 年 9 月，执董会确定了 25 个拥有系统重要性金融部门的成员方，进行每五年一次的强制性金融稳定评估。强制性的金融稳定评估主要包括三个部分:(1)以对金融体系的结构和健康状况及其与经济其他部门的关联性分析为依据,评估近期宏观金融稳定的主要风险来源、概率和潜在影响;(2)评估每个国家的金融稳定政策框架,包括依据国际标准评估金融部门监督工作的效力;(3)评估风险真的发生时,当局管理和解决金融危机的能力,主要看一国的流动性管理框架、金融安全网、对付危机的准备程度和解决危机的框架。

IMF扩大了对低收入国家的金融监督。IMF认为低收入国家金融部门的两个主要问题是影子银行和金融系统结构单一,金融制度的不完善和数据的欠缺使监督工作难以覆盖这些方面。IMF针对了这两个问题对低收入国家不同的金融部门发展情况进行了持续性的改革,主要包括:(1)根据成员方背景资料,IMF将从深度、广度、相互联系程度等多个维度分析金融部门发展状况;(2)提供政策建议时要考虑金融部门对宏观政策的作用,以及这些政策的可执行性;(3)整合现有数据资源,开发新的数据来源。

IMF还加强对于跨境风险和溢出效应的研究,不仅国家内部的风险需要评估,国家之间的风险传导也需要重视。IMF将采取以下措施:(1)整合现有资源,让这些资源便于国家小组评估流入和流出的溢出效应;(2)改进跨境效应的衡量方法,进行有计划的联合证券投资调查;(3)更加注重第四条磋商中的离岸交易;(4)改进OTC市场信心的透明性和覆盖面,成立负责信用风险传递的工作小组;(5)将离岸金融中心的评估合并至金融部门评估规划中,提高金融部门评估规划的系统性。

五、为应对危机确定的监督和政策重点

在经济全球化、金融全球化日益加深的背景下,为了减小金融危机对危机国家和整个世界的冲击,IMF同经济合作与发展组织(OECD)、世界银行(IBRD)和国际清算银行(BIS)等国际组织一起在加强对金融危机的治理、维护全球金融稳定和安全中扮演了重要角色。在过去的半个多世纪里,每发生一次金融危机都注定会引发有关国际金融体系改革的争论,IMF在危机防范和治理方面的制度和机制也在不断提高和完善。针对每次危机,IMF都做出了相应的监督和政策重点的调整和转变。

(一) 墨西哥金融危机

为阻止资金外流、鼓励出口、抑制进口、以改善本国的国际收支状况,墨西哥政府于 1994 年 12 月突然对外宣布比索贬值 15%,消息刚刚传到市场上,外国投资者疯狂抛售比索抢购美元,大量外资从墨西哥撤出而墨西哥外汇储备也锐减。比索汇率的骤然下跌使墨西哥整个市场一片混乱。比索贬值导致的墨西哥金融危机所造成的联动效应就非常显著,由于阿根廷、巴西、智利等其他拉美国家经济结构与墨西哥相似,都不同程度地存在债务沉重、贸易逆差、币值高估等经济问题,这些国家首当其冲受到墨西哥金融危机的影响。

墨西哥金融危机使 IMF 意识到缺乏透明度是导致危机爆发最关键的因素。一方面,IMF 制订了具体的程序来改善和提高成员方的透明度标准、提高成员方的政策公开程度(包括财政政策、货币金融政策等),成员方通过自愿公布一些 IMF 的评估报告和相关文件使公众更加了解其政策,从而为 IMF 获得及时和广泛的信息来对国际金融体系实施有效监督提供有力支持。另一方面,IMF 自身的评估过程和政策建议方面也变得更加开放和透明,这样有助于公众了解 IMF 的运作情况,共同对成员方政策的制定和执行进行更广泛的监督。

IMF 具体的监督和政策调整主要体现在以下三个方面:(1) 1996 年建立"数据公布特殊标准(Special Data Dissemination Standard,SDDS)",适用于已经进入或正在寻求进入国际资本市场的国家,接受国承诺在数据范围、频率和及时性等方面达到国际标准并提供数据;(2) 1997 年建立"通用数据公布系统(General Data Dissemination System,GDDS)",适用于尚不能达到 SDDS 要求的成员方,协助这些成员方改进统计体系,发展数据系统;(3) 每次结束与成员方的第四条磋商之后发布信息通告,以提高 IMF 工作的透明度(鲁茉莉,2010)。

(二) 东亚金融危机

1997 年东亚金融危机爆发,泰国首先遭到金融风波袭击。泰国高利率政策的长期积弊使泰铢汇率被严重高估,给国际资本的投机性攻击提供了可乘之机。随着公众对泰铢贬值预期的增加,中小投资者在"羊群效应"下开始抛售泰铢，泰铢大幅贬值。与此同时，对于其他东亚国家货币的贬值预期也开始上升，各国投资者纷纷抛售本币，使菲律宾、马来西亚、印度尼西亚等国家汇率也开始迅速大跌，东亚金融危机全面爆发。为避免危机直接对世界金融体系和世界经济产生严重影响，IMF迅速做出反应，调整其监督工作重点。

一方面，IMF制定各项标准和准则。1999年IMF和世界银行联合发起了标准与准则倡议，呼吁制定和实施国际公认的最佳做法标准和准则，以增强国家宏观经济稳定性和国际金融稳定性。IMF和世界银行决定按照三大领域（政府透明开展业务和进行决策、金融部门标准以及公司内外诚信标准）的国际良好做法标准，评估成员方的政策，并发表《标准与准则遵守情况报告》，市场参与者就可以根据《标准与准则遵守情况报告》了解到IMF与世界银行的工作和成员方经济体制的状况（IMF，2007）。

另一方面，IMF于1999年同世界银行联合启动了金融部门评估项目，旨在更有效地促进成员方金融体系的稳健性，提醒各国当局其金融部门可能存在的脆弱性，并帮助它们设计能够减轻这种脆弱性的措施。在金融部门评价规划下对单个国家的评估解决的是与IMF监督相关的问题，包括金融部门给宏观经济稳定带来的风险，以及金融部门承受宏观经济冲击的能力。金融部门评估按模块设计确定重点，更加关注具有系统重要性的国家，该项目得到各国有关机构和标准制定机构的支持。

（三）国际金融危机

2008年次级住房抵押贷款机构破产成为导火索，引发了国际金融危机，使全球主要金融市场都爆发了流动性不足。此次金融危机中虚拟经济已经远远脱离了实体经济的发展，资产泡沫破灭导致的金融资产缩水最终还是要由实体经济来补偿。美国次贷危机由金融危机慢慢转变为经济危机，大量企业因资金链条的断裂、市场需求的减少等原因被迫停产甚至破产。国际金融危机更凸显了在金融自由化、金融创新加速化和金融一体化进程中找到一个与之相适应的国际金融监管体系的重要性。IMF作出了一系列监督和政策重点调整。

第一，IMF执董会在结束了三年一度的对监督工作的检查后，于2008年10月首次发表了一份《监督重点声明》。最初的经济重点声明侧重于解决金融市场危机、加强全球金融体系、根据全球初级产品的变化做出调整,以及促进有序地减轻全球失衡,但执董会最终认为制定退出战略及维持世界增长所需政策显然是今后的主要挑战。2009年10月执董会批准了对上述《监督重点声明》的修订,确定了2008~2011年IMF监督的经济重点和业务重点,用以促进多边协作并指导IMF管理层和工作人员开展监督工作(见专栏6.1)。

第二,IMF参与了G20的相互评估过程。危机爆发后,G20于2009年9月承诺制定促进经济强劲、可持续和平衡增长的政策,并对政策进展情况进行相互评估。G20要求IMF对该过程进行协调以保证各方的政策在整体上有利于全球经济的可持续和平衡增长。IMF参与G20的相互评估对IMF的监督起到了补充作用,同时通过对各方政策的讨论研究加深并提高了IMF对G20成员方的影响和认同度。国际货币与金融委员会也表示IMF参与相互评估有助于指导成员方实现强劲、可持续和平衡的增长(IMF,2010)。

第三,IMF同金融稳定委员会联合开展了早期预警演习。此次金融危机让IMF深刻意识到加强风险评估的重要性。早期预警演习就是在这样的背景下产生的,旨在利用各种定量工具和广泛磋商,将对系统性风险的宏观经济视角和金融视角结合起来。IMF和金融稳定委员会密切合作,各自利用自身的视角,IMF在经济、宏观金融和主权风险问题上发挥主导作用,而金融稳定委员会在金融体系监管问题上发挥主导作用。早期预警演习是IMF加强监督的一部分,其同IMF的其他监督工具密切协调,共同为IMF的监督活动提供支持。

专栏6.1　IMF监督重点:2008~2011年

2008年10月,IMF执董会确定了四项经济重点和四项业务重点,用以促进多边协作并指导管理层和工作人员开展监督工作。这些重点事项指导IMF在《国际货币基金协定》和执董会有关规定所规定的监督框架内进行工作。

经济重点:(1)允许有序取消与危机有关的政策干预,以确保持续复苏;(2)加强全球金融体系。为此增进国内及跨国管理和监督,避免使资本流入国暴露于过度风险中;(3)宏观经济和结构性政策应促进全球需求来源的再平衡,实现持久的世界增长。

业务重点：(1) 风险评估，完善为向成员方提供明确的早期预警所必需的工具；(2) 加强金融部门监督与实体经济和金融部门之间的联系，改进对金融稳定的分析；(3) 多边视角。双边监督应该系统地参考对内向溢出效应和外向溢出效应的分析；(4) 汇率评估和分析外部稳定性风险，把更为明确和可靠的汇率分析纳入对整个政策搭配的评估。

资料来源：国际货币基金组织，2010年年报。

六、结　语

IMF的存在和运作是世界经济稳定、健康、有序运行的重要保障，尤其是在预警金融危机方面，IMF的监督职能发挥了举足轻重的作用。通过对金融系统中的风险及脆弱性的监督、对国际资本流动的监测、对各地区各国经济政策的监督和指导，IMF能够及时发现全球经济中的潜在危机，保证全球经济的正常运行。随着经济全球化和金融全球化的日益发展，IMF的监督职能发挥的作用愈发凸显，其作为国际货币和金融秩序稳定的维护者的地位也得到不断加强和提高。

《货币IMF协定》第四条规定了IMF的双边监督和多边监督职能。双边监督主要是通过第四条磋商监督成员方的经济政策是否符合国家和国际社会利益。多边监督主要是通过《世界经济展望》《全球金融稳定报告》《财政监测》三个工具对全球经济和金融的发展及前景进行分析和预测。双边监督和多边监督分别从局部和整体的角度为全球经济发展提供了全面一致的分析，具有推动信息透明化、加强国际合作、监控国际资本流动、促进国际货币体系和全球金融的稳定、缓解全球经济风险等作用。

地区监督则以货币联盟为单位对几个关键地区进行监督，比较地区内各国间的政策差异，评估地区内风险转移的难易和程度。这些地区包括欧元区、东加勒比货币联盟（ECCU）、西非经济货币联盟（WAEMU）和中非经济货币共同体（CEMAC）。由于货币联盟内部往往使用统一的货币和实行一致的货币政策，具有较为明显的溢出效应，IMF有必要重视地区风险，并根据地区内各成员方的具体国情进行针对性的监督。地区监督为区域性的资本流动、利率调整和汇率稳定提供了重要的评估框架和政策建议。

随着金融市场一体化的发展，金融部门在全球经济中所占比重越来越大，但同时其隐含的系统性风险也不可小觑，金融部门监督成为监督体系的重点是必然的。IMF进行金融监督的工具包括第四条磋商、金融部门评估规划、《全球金融稳定报告》和早期预警演习等。其中金融部门评估规划主要包括金融稳健指标、压力测试以及国际标准与准则评估三个方面，其内容和形式也随着国际金融形势的发展而不断的扩展演变。IMF在未来也将继续把金融监督作为工作重点，加强评估的系统性和针对性，提高金融监督的效力。

自20世纪90年代以来，IMF经历了墨西哥金融危机、东亚金融危机、国际金融危机等一系列金融危机，为应对危机IMF也制定了相应的监督和政策重点，其监督体系也在不断地政策调整中得到完善和提高。历次金融危机暴露出曾经IMF监督职能具有缺乏透明度、监督范围过窄、采用的国际标准不统一、金融监督匮乏等问题，IMF也通过完善内部制度、修订监督框架、与其他国际组织合作、调整和转变相应的监督和政策重点等方式进行改革。未来IMF的监督职能将在防范风险、预警危机方面起到越来越重要的作用。

第七章

国际货币基金组织的贷款职能及其改革

帮助成员方解决国际收支问题、应对经济危机、促进经济可持续增长是国际货币基金组织的重要职责之一,贷款是其提供援助的主要手段。当成员方因为自然灾害、政治不稳定、金融危机等原因陷入国际收支不平衡时,国际货币基金组织可以通过提供中短期贷款满足成员方的融资需求,改善国际收支失调问题,维持汇率稳定,同时根据贷款条件帮助和监督成员方制定积极的经济政策,利用贷款资金稳定经济基本面,努力恢复可持续的经济增长。危机化解作用是国际货币基金组织贷款的核心作用。

贷款的重要性体现在以下三个方面:(1)贷款是直接性的金融工具,有助于快速解决短期流动性问题,既可以用于刺激消费、促进投资等,提振实体经济,也可以用于清偿债务,降低金融风险;(2)贷款可以帮助借款国放松预算约束,扩大可利用的有效资源集,相比于实物援助更有利于资源的有效配置,恢复经济活力;(3)国际货币基金组织根据成员方认缴份额,以特别提款权为单位进行贷款,有助于建立健全有效的全球金融安全网,从而帮助成员方应对全球化的经济冲击。

本章主要研究国际货币基金组织的贷款职能及其改革。第一部分为文献综述,回顾已有的相关研究;第二部分介绍贷款机制,由贷款前提、贷款条件、贷款流程三个方面组成;第三部分介绍非优惠贷款,主要包括备用安排(SBA)、中期信贷(EFF)、灵活信贷额度(FCL)、预防性和流动性额度(PLL)和快速融资工具(RFI);第四部分介绍优惠贷款,主要包括备用信贷(SCF)、中期信贷(ECF)和快速信贷(RCF);第五部分阐述贷款特点,即条件性、偿还性、临时性;第六部分研究贷款改革的原因、措施和绩效。

一、文献综述

研究 IMF 贷款的文献为数众多，主要关注贷款条件性、贷款项目效果和贷款项目和政治的关系。第一，对贷款条件性的研究主要包括对贷款条件性的支持和批判，支持贷款条件性的研究认为它有许多积极作用，批判贷款条件性的研究认为它的制定缺乏灵活性，且执行率偏低；第二，对贷款项目效果的研究主要包括贷款与国际收支状况、通货膨胀、经济增长和资本流动的关系；第三，对贷款项目与政治关系的研究主要包括贷款对国内政治环境和国际政治格局的影响，认为贷款条件会为借款国带来政治成本，且倾向于符合强权国家的利益。

（一）对 IMF 贷款条件性的研究

支持 IMF 贷款条件性的研究认为，为了保证借款国能够清偿债务，并且重新获得经济可持续发展的能力，贷款条件性具有十分重要的作用。比拉（Buira, 2003）指出贷款条件性的初衷是促使借款国采取恰当的政策调整国际收支平衡。德雷尔（Dreher, 2008）指出贷款条件性具有应对时间不一致性、监督资金使用等作用。吉恩等（Jeanne et al., 2008）指出贷款条件性具有降低借款国道德风险的作用。德雷泽（Drazen, 2002）指出当改革措施在借款国内引起利益不一致时，贷款条件性具有一定的约束作用。

批判 IMF 贷款条件性的研究有两个方面。一方面，IMF 贷款条件性的制定缺乏灵活性。王继祖和董彦岭（2005）认为 20 世纪 80 年代，IMF 对发展中国家和转型经济国家基本上执行符合新自由主义的"华盛顿共识"的政策。这些政策在实施中不分国情，一以贯之，不但成效不佳，反而给发展中国家增加了困难。伊斯特里（Easterly, 2001）和斯蒂格利茨（Stiglitz, 2002）指出贷款条件性常常不考虑借款国的实际情况而推行通用的解决方案。但是，德雷尔（Dreher, 2004）、伊万诺娃（Ivanova, 2003）、斯通（Stone, 2008）等人的实证研究表明，贷款条件性会根据借款国的具体状况做出调整。

另一方面，IMF 贷款条件性的执行率偏低。基于 IMF 的"MONA"（Monitoring Fund Arrangements）数据库的数据，IMF（2001）指出，在 1987～1999

年贷款的结构性调整计划的执行率为57%。莫舍尔—布莱克曼等（Mercer - Blackman et al.，2004）指出，1993~1997年33个国家中执行了结构性调整方案的50%以上的国家只有17个。肯蒂克兰尼斯等（Kentikelenis et al.，2016）认为，贷款条件性在1985~2014年并没有发生本质性的改变，很多形式主义的条款阻碍了真正有用的结构性调整方案的实施。

（二） 对IMF贷款项目效果的研究

对贷款项目效果的研究通常采用计量的方法，通过计量经济学模型建立宏观经济指标和其他指标对贷款项目实施的统计依赖关系，从而解释贷款对借款国产生的实际影响。目前采用的研究方法主要有前期后期法（Before - After，BA法）、参与不参与法（With - Without，WW法）、广义评估估计法（Generalized Evaluation Estimator，GEE法）和模拟比较法（Comparison of Simulations，SIM法）。对IMF贷款项目效果的研究主要包括与国际收支状况、通货膨胀、经济增长和资本流动的关系以下四个方面：

第一，在研究贷款项目效果和国际收支状况关系的文献中，雷奇曼和斯蒂尔森（Reichmann and Stillson，1978）、康纳（Conors，1979）、普热沃尔斯基和弗里兰（Przeworski and Vreeland，2000）指出贷款项目对国际收支状况没有影响。但是，帕斯特（Pastor，1987）、哥里法森（Gylfason，1987）、卡恩（Khan，1990）、伯德（Bird，1996）指出贷款项目可以改善国际收支状况。梅卡格尼等（Mecagni et al.，2000）指出贷款条件性可以提高借款国的债务清偿率。斯通（Stone，2002）指出贷款项目对国际收支状况的影响因国而异，其对小国的影响更加显著。

第二，在研究贷款项目效果和通货膨胀关系的文献中，康纳（Conors，1979）、帕斯特（Pastor，1987）、哥里法森（Gylfason，1987）、伯德（Bird，1996）、梅卡格尼等（Mecagni et al.，2000）指出贷款项目对通货膨胀没有影响。雷奇曼和斯蒂尔森（Reichmann and Stillson，1978）指出贷款项目和通货膨胀之间的影响不显著。琼瑟维卡（Joséveiga，2005）指出贷款会降低通货膨胀的成本，从而延缓了通货膨胀的稳定。希利克（Killck，1995）指出贷款项目有利于降低通货膨胀。

第三，在研究贷款项目和经济增长关系的文献中，雷奇曼和斯蒂尔森（Reichmann and Stillson，1978）、康纳（Conors，1979）、帕斯特（Pastor，

1987)、哥里法森（Gylfason，1987）指出贷款项目对 GDP 增长没有影响。希利克（Killck，1995）、梅卡格尼等（Mecagni et al.，2000）指出贷款项目和经济增长之间存在正相关。普热沃尔斯基和弗里兰（Przeworski and Vreeland，2000）、伯罗和李（Barro and Lee，2001）、哈钦森（Hutchison，2003）和康威（Conway，1994）指出贷款项目和经济增长之间存在负相关。

第四，在研究贷款项目和资本流动关系的文献中，伯德和罗兰兹（Bird，Rowlands，2002）指出贷款项目会造成借款国资本流动性的问题［哈吉瓦斯里（Hajivassiliou，1987）和法伊尼等（Faini et al.，1991）指出贷款项目和私人债务流动是负相关或无关的。莫迪和萨拉维亚（Mody and Saravia，2003）指出贷款项目对不同国家的影响是不一致的，对于在经济基本面被显著破坏前实施改革的国家，贷款项目更可能起到积极作用。延森（Jensen，2004）指出接受 IMF 贷款的国家的国外直接投资流入比不接受的国家低 25%。

（三）IMF 贷款项目与政治的关系研究

IMF 贷款项目与政治的关系主要有两个方面。一方面，IMF 贷款项目会对国内政治环境产生影响。萨克斯（Sachs，1989）和克鲁格曼（Krugman，1988）指出接受配有相应政策承诺条款的 IMF 贷款项目会给借款国带来政治成本，削弱政府制定政策的独立性。这会减弱人民对政府的信心，影响国内选举的局势，从而加剧政治不稳定性。帕斯特（Paster，1987）和弗里兰（Vreeland，2002）指出，尽管贷款项目无论在短期还是长期对经济增长都是不利的，但它可以提高生产部门的资本收入。

另一方面，IMF 贷款项目会对国际政治格局产生影响。费尔德斯坦（Feldstein，1998）指出贷款条件性通常要求危机国开放资本管制，使得美国公司可以趁机进入危机国家的金融市场。伊斯特里（Easterly，2001）和斯蒂格利茨（Stiglitz，2002）指出 IMF 的政策更多地服务于强权国家而不是借款国。塞克（Thacker，1999）、巴罗（Barro）、李（Lee，2001）指出美国的盟友更容易获得 IMF 的贷款。德雷尔和延森（Dreher，Jensen，2007）指出美国的盟友可以以较少的贷款条件取得 IMF 的贷款。

总而言之，有关贷款的文献主要研究贷款条件性、贷款项目效果和贷款项目与政治的关系。对贷款条件性的研究主要包括对贷款条件性的支持和批判。对贷款项目效果的研究主要包括贷款与国际收支状况、通货膨胀、经济增长和资本流动的关系等。对贷款项目与政治的关系的研究主要包括贷款对国内政治环境和国际政治格局的影响。虽然相关研究较为全面，但缺乏整体性和系统性，并且由于影响因素复杂，研究方法多样，不同的文献对于同一个问题可能会得出不同的结论。

二、国际货币基金组织的贷款机制

作为全球性的多边金融机构，IMF 的职责之一是以特定的方式向成员方提供资金援助，为成员方纠正国际收支问题提供喘息空间，制定适合成员方的调整规划，稳定货币关系，恢复经济增长，并检查受援国的贷款项目的实施情况。IMF 采用"购买—赎回"的贷款机制，成员方向 IMF 贷款的时候，需要用本币去购买，偿还的时候需要用外汇偿还，把本币拿回来。这在本书第四章中已经详细阐述，这里不再赘述。下面将从贷款前提、贷款条件、贷款流程三个方面对 IMF 的贷款机制展开详细阐述。

（一）贷款前提

有关 IMF 贷款资金使用的一切决定都要遵循《国际货币基金协定》的宗旨：(1) 促进国际货币合作，推动国际货币问题的磋商与协作；(2) 促进国际贸易的均衡发展，维持各国高水平的就业和实际收入；(3) 促进汇率稳定，维持成员方之间有序的汇兑关系；(4) 协助建立成员方之间经常性交易的多边支付体系，消除外汇管制；(5) 在适当的保障条款下为成员方提供贷款，帮助成员方恢复国际收支平衡，防止其采取有害于本国利益和危害国际繁荣的措施；(6) 缩短国际收支不平衡的时间，减轻国际收支不平衡的程度（IMF，2016）。

IMF 贷款具有严格的贷款前提。一个国家或地区如果想向 IMF 申请贷款，前提条件是该国必须是 IMF 的成员方，按规定缴纳份额。申请非优惠贷款的国家通常遭遇了国际收支不平衡的问题；申请优惠贷款的国家通常遭遇了金融危机，表现为经济衰退、失业率上升、严重的通货膨胀或通货紧缩等。问题的原因主要可以归结为国内因素和外部因素。国内因素包括不适当的财政政策和货币政策、不合理的汇率水平、薄弱的金融体系和不稳定的政治局势或软弱的机构行政能力等。外部因素包括自然灾害、商品价格大幅波动和市场情绪骤变等。

IMF 以低利率向贫困国家和遭受重大自然灾害的国家提供优惠贷款和债务减免，从而帮助低收入国家实现并维持和持久减贫与增长相一致的稳定而可持续的宏观经济状况，这些优惠措施同样具有一定的前提。IMF 的优惠贷款主要有三类情况：获得针对低收入发展中国家优惠贷款的条件是借款国必须具有减贫与增长信托（PRGT）下的资格；或者获得债务减免的条件是借款国具有重债穷国倡议（HIPC）下的合格资格；或者由于遭受重大自然灾害申请减债赠款的条件是借款国具有控灾减灾信托（CCRT）的合格资格。

（二）贷款条件

IMF 贷款具有较为苛刻的贷款条件。贷款条件是指借款国需要制定和实施相应的经济调整与改革政策，不同的贷款类型要求不同的贷款利率、贷款限额和偿还期限，并且通过定期检查贷款项目实施情况决定后续拨款。对于优惠贷款来说，尽管在资金拨付和规划审批上更加灵活，但是仍然受到偿还期限、信贷档位、重复使用条件等贷款条件的约束。在 IMF 向一个成员方提供融资时，便应该与当局就以上条件达成谅解，旨在确保贷款资源是为了帮助借款国解决国际收支问题。

贷款条件性是 IMF 贷款最重要的特点，能够体现 IMF 在全球经济稳定与发展过程中起到的作用。由于引发危机的原因的多样性，IMF 要求借款国承诺的资金运用政策往往也会不同。如果借款国主要出口商品价格暴跌，则需要实行扩张性的财政政策，同时采取措施强化经济并扩大出口基础。如果借款国资本大量外流，则需要提高利率，削减财政赤字和债务，提高银行系统效率。IMF 通过针对性的政策要求帮助借款国进行经济复苏。

IMF 关注的指标既包括成员方宏观经济的稳定、贸易和价格的自由化、国内信贷、公共部门赤字、货币的可兑换性、国际储备和外债、汇率的稳定等宏观经济变量，也包括涉及农业、金融业、公共事业部门等具体产业环境的微观经济变量。IMF 的贷款条件具有鲜明的政策性，在贷款前审核、贷款承诺、贷款后检查等各个方面都与经济政策的制定和实施挂钩。2008 年后贷款工具的使用频率大大增加，分析某一贷款工具的贷款条件有助于理解借款国的经济危机产生原因和该贷款工具实施的目的。

(三) 贷款流程

成员方在申请贷款时通常需要依照"提出申请—讨论评估—审核决议"的贷款流程。在成员方提出申请后，IMF 将成立负责该国贷款援助项目的工作人员小组，与该国政府进行讨论，评估该国经济状况及融资规模，并就该国承诺采取的政策行动达成一致意见。这些政策条件通常以"意向书"的形式提交给 IMF 执董会，并在"谅解备忘录"中进一步详述。总的说来，一旦双方就政策条件和提供资金的一揽子计划达成谅解，IMF 执董会就会批准该国的贷款申请，并扩大其获取 IMF 资源渠道。

不同的贷款工具针对的是不同类型的国际收支需求以及成员方的具体国情。针对陷入危机的新兴市场经济体和发达市场经济体，IMF 主要通过备用安排（SBA）和备用信贷（SCF）提供援助，从而解决短期或潜在的国际收支问题。中期贷款（EFF）和中期信贷（ECF）是 IMF 向面临长期国际收支问题的低收入国家给予中期支持的主要工具。为预防或减轻危机，已经采取强硬政策的成员方可以利用灵活信贷额度（FCL）或预防性和流动性额度（PLL）。遭遇商品价格冲击、自然灾害和国内脆弱性等的低收入国家，则可通过快速融资工具（RFI）及相应的快速信贷（RCF）获得紧急援助。

三、国际货币基金组织的非优惠贷款

IMF 的非优惠贷款是指按非优惠利率提供的普通资金账户贷款，主要包括备用安排（SBA）、灵活信贷额度（FCL）、中期信贷（EFF）、预防性和流动性额度（PLL）和快速融资工具（RFI）。备用安排（SBA）长期以来一直都是 IMF 的主要贷款工具之一。2008 年国际金融危机后，IMF 加强了其贷款工具，通过设立灵活贷款额度（FCL）以及预防性和流动性（PLL）额度来增强危机防范工具。此外，IMF 还通过设立快速融资工具（RFI）取代了紧急援助政策。该工具可以在更广泛的情况下使用。

目前 IMF 的非优惠贷款余额如图 7-1 所示。IMF 为每个成员方确定一个代表该国资金承诺额度的份额。成员方用 IMF 接受的外币或特别提款权缴纳其部分份额，其余部分用其本币缴纳。借款国通过用本币从 IMF 购买外币或特别提款权资产而获得贷款，通过用外币从 IMF 购回本币而偿还贷款。表 7-1 介绍了这五种非优惠贷款类型的基本情况，包括设立年份、贷款目的、贷款条件、分阶段和监测的标准、贷款期限、贷款利率、还款期限和贷款分期。下面将结合实例详细阐述它们在解决国际收支问题中的作用。

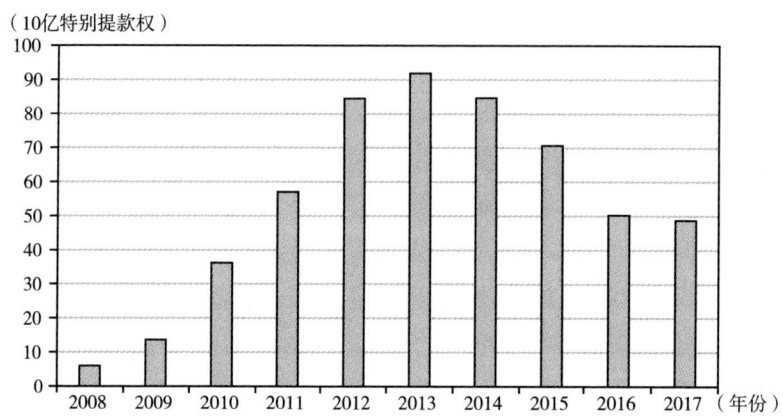

图 7-1　2008~2017 年国际货币基金组织非优惠贷款余额

资料来源：国际货币基金组织 2017 年年报。

（一）备用安排

备用安排（Stand-By Arrangements, SBA）设立于 1952 年，目的是向面临短期国际收支困难的国家提供中短期援助。在备用安排中，贷款条件以实施标准的形式出现，并且需要接受检查。贷款采取分阶段提款制，视遵守绩效标准和其他条件的情况下，每季度购买一次。贷款期限通常是 12~24 个月。还款期限为 3.25~5 年。在提款期内定期检查实施标准的执行情况，评估有关政策和规划目标的一致性。如果借款国未能履行实施标准或达到调整规划所定的目标，在 IMF 中止尚未发放的贷款之后，仍然可以与 IMF 进行磋商，确定新的调整规划以求恢复贷款。

备用安排（SBA）主要有四个特点：（1）时效性。它可以在短期的时间跨度上进行及时援助。2009 年修改后的备用安排框架将更加灵活，借款国更容易获得流动性；（2）激励性。借款国的贷款需要接受分阶段监测，后续贷款的发放也与政策实施绩效检核挂钩，促使借款国更有效地配置贷款、实施

表7-1 国际货币基金组织的非优惠贷款基本情况

贷款机制	设立年份	目的	条件	分阶段和监测	贷款限额	收费	还款期限（年）	分期
备用安排（SBA）	1952年	向面临短期国际收支困难的国家提供援助	成员方采取政策使IMF相信其国际收支困难将在合理期间内得到解决	视遵守绩效标准和其他条件的情况，每季度购买一次	年度：份额的145% 累计：份额的435%		3.25~5	每季度
中期贷款（EFF）	1974年	提供较长期的援助，以支持成员方为克服长期国际收支困难而实施的结构改革	实行最长为四年、带有结构性议程的规划，并每年提交一份关于今后12个月政策的详细说明	视遵守绩效标准和其他条件的情况，每季度或每半年购买一次	年度：份额的145% 累计：份额的435%	基本费率加附加费（对超过份额187.5%的数额收取200个基点的附加费；对超过份额187.5%三年以上的数额，在上述附加费基础上再收取100个基点的附加费）	4.5~10	每半年
灵活信贷额度（FCL）	2009年	信贷档次灵活工具，针对所有成员的需要，无论是潜在需要还是实际需要	事先具有十分强劲的宏观经济基本面、经济政策框架和政策记录	在贷款安排的整个期间内，可以先期提用批准的限额，但一年后需完成中期检查	没有预先规定的限额		3.25~5	每季度
预防性和流动性额度（PLL）	2011年	可供具有稳健基本面和政策框架的国家使用的工具	强健的政策框架，对外状况和市场筹资能力，包括金融部门有稳健性	大额前倾式提款，每半年检查一次（对于1~2年的预防性和流动性额度）	6个月的限额为份额的125%；对于1~2年的安排，获批时立即可用的限额是份额的250%；在取得12个月的满意进展后，总限额可达份额的500%		3.25~5	每季度
快速融资工具（RFI）	2011年	为所有面临国际收支紧急需求的成员方提供的快速融资援助	需努力解决其国际收支困难（也许需要采取先期行动）	直接购买，不需要执行全面的规划或检查	年度：份额的37.5% 累计：份额的75%		3.25~5	每季度

资料来源：国际货币基金组织2017年年报，P50。

政策；（3）灵活性。在贷款发放的过程中借款国仍然可以和 IMF 商议调整贷款条件和政策目标，从而保证经济的恢复与贷款的偿还；（4）预防性。获得备用安排的国家可以选择暂时不提取已经获批的贷款，保留提款权用以防范未来的危机。

帮助突尼斯经济复苏是使用备用安排（SBA）的一个典型例子。突尼斯 2011 年 1 月爆发"茉莉花革命"，经济增长出现一段时期的急剧下滑。尽管该国经济开始温和复苏，但仍然处于艰难的政治转型和不确定的国际经济环境中。在迈向新选举的政治转型期间，该国在改革方面取得了一定进展，以实现短期宏观经济稳定，并解决普遍的社会和经济不平等与脆弱的银行部门等各项挑战。突尼斯政治转型的成功结束以及在议会中获广泛支持的转型后政府的建立为进一步推进突尼斯所需改革来解决这些挑战提供了机会。

突尼斯政府规划主要包括以下的改革措施：利用适当的财政、货币和汇率政策建立外部缓冲；解决银行部门的脆弱性，并通过税收和投资体制改革改善投资环境，以此来支持经济增长；加强社会安全网来保护脆弱群体等。为支持该改革议程，IMF 于 2013 年 6 月批准了一项为期 24 个月、总额约为 17.5 亿美元的备用安排（SBA）。2014 年 12 月，执董会结束了对备用安排的第五次审查，拨款总额达到 11.5 亿美元。2015 年 5 月，执董会批准将备用安排延长 7 个月至 2015 年 12 月 31 日（IMF，2015）。

（二）中期贷款

中期贷款（Extended Financing Facility，EFF）又称中期安排，设立于 1974 年。目的是为成员方提供较长期的援助，以支持成员方为克服长期性的国际收支困难而实施的结构性改革。贷款条件要求借款国实行为期四年、带有结构性议程的规划，并每年提交一份关于今后 12 个月政策的详细说明。贷款的发放视遵守绩效标准和其他条件的情况，每季度或每半年购买（拨款）一次。中期贷款（EFF）的贷款期限为 4 年，还款期限为 4.5~10 年，而备用安排（SBA）的贷款期限为 12~24 个月，还款期限为 3.25~5 年。这说明二者针对的是不同时间跨度的国际收支问题。

IMF 对乌克兰的支持是中期贷款（EFF）的一个例子。自 1991 年独立之后，乌克兰就曾经实行多次改革，试图让经济走上可持续发展道路，加强公共财政，推进结构性改革，但结果一直不尽如人意。2014 年，伴随着东部地区武装冲突加剧，乌克兰的宏观经济问题恶化，经济出现衰退，第四季度 GDP 同比下降 14.8%，工资和生产成本上升，竞争力大幅下滑，出口停滞，额外的融资需求使得国家外汇市场动荡，出现国际收支问题。乌克兰的宏观经济问题是多次改革失败、经济持续低迷导致的较长期国际收支问题。

为了支持乌克兰政府实施保障宏观经济和金融稳定的规划以解决上述问题，IMF 规划了为期数年的贷款支持。2015 年 3 月 11 日，IMF 向乌克兰批准了为期四年的 175 亿美元的中期贷款（EFF），并且立即拨付约 50 亿美元。乌克兰政府将计划实行紧缩性的货币政策，降低通货膨胀；采取紧缩性的财政政策，通过提高关税减小财政赤字，从而削减融资需求和公共债务；采用灵活汇率，通过资产重组和停业清理来恢复银行体系信贷增长；放松税收管制和进行征管改革，提高政策透明度；加强立法，打击腐败（IMF，2015）。

（三）灵活信贷额度

灵活信贷额度（Flexible Credit Line，FCL）设立于 2009 年。目的是满足那些具有十分合适的政策框架和稳健的经济表现的国家在防范和化解危机方面的融资需要。它是在国际金融危机的背景下设立的，取代了 2008 年 10 月推出的短期流动性工具，确保有资格的国家能够从国 IMF 获得大规模的先期贷款，不受硬性规定的上限或事后贷款条件的约束。贷款期限通常是 1~2 年，1 年期安排需完成中期检查以确定是否继续贷款。获得灵活信贷额度（FCL）的国家能够灵活使用资金，既可以将信贷额度视为预防性的，也可以在安排期内的任何时候提取资金。

灵活信贷额度（FCL）最鲜明的特点就是灵活性，主要体现在两个方面：一方面，在审查贷款申请者资质以及确定贷款额度的过程中，将更多地依据预设的资质评价标准等事前标准，而不是借款国获得贷款后的经济表现等事后标准；另一方面，借款国可在 6 个月或 12 个月内分批取得贷款。与短期流动性工具相比，灵活信贷额度（FCL）的还款期长达 3~5 年（短期流动性工具的还款期最长为 9 个月），对使用贷款资金的数额没有硬性规定的上限，具有在任何时候提取信贷额度或将其视为预防性工具的灵活性。

墨西哥是第一个被批准使用灵活信贷额度（FCL）的国家，它能够取得资格的原因有两个方面：一方面，墨西哥通过贸易和金融全球化提高了生产率和竞争力，降低了融资成本，实现了投资多元化。2016年流入墨西哥的外国证券投资总额达到267亿美元（占GDP的2.6%），非居民持有本币计价主权债的35%。另一方面，墨西哥采取浮动汇率制度，墨西哥比索是世界上交易第二活跃的新兴市场货币，全球日均交易量达到970亿美元。货币政策采取通货膨胀目标制，财政政策得到财政责任法的支撑，具有完善的经济结构和监管框架。

从2009年开始，IMF为墨西哥批准了多次灵活信贷额度（FCL），为动荡之中的墨西哥提供了强有力的支撑。灵活信贷额度（FCL）的目的是针对那些具有稳健政策框架和良好经济表现但出现资金紧缺的国家，满足其防范、化解危机所需的贷款需求。在2008~2009年国际金融危机之后的一段时间，以及在美国货币政策回归常态前的动荡时期，灵活信贷额度（FCL）为墨西哥防范尾部风险提供了保障。2017年，当比索遭受暂时性的压力时，灵活信贷额度（FCL）被证明是有效的，有力提振了市场信心，稳定了比索币值。

（四）预防性和流动性额度

预防性和流动性额度（Precautionary and Liquidity Line，PLL）设立于2011年，取代之前的预防性信贷额度，目的是提供更灵活的可供具有稳健基本面和政策面的国家使用的工具。IMF要求借款国具有强健的政策框架、对外状况和市场筹资能力，包括金融部门具有稳健性。预防性和流动性额度（PLL）可以为符合条件的借款国提供6个月贷款，最高可达成员方出资额的5倍，且几乎无附加条款。若是用于1~2年的较长期贷款项目，最高可达成员方出资额的10倍。预防性和流动性额度（PLL）经过执董会审核通过后贷款的发放遵循大额前倾式提款，每半年检查一次。

和预防性信贷额度相比，预防性和流动性额度（PLL）不仅可以针对潜在的国际收支需要，也可以针对实际的国际收支需要。预防性信贷额度只能针对潜在的国际收支需求。因此预防性和流动性额度（PLL）具有更加广阔的适用性，能够有效地降低风险。6个月预防性和流动性额度（PLL）的贷款限额为份额的125%。对于1~2年的安排，获批时立即可用的限额是份额的250%。在取得12个月的满意进展后，总限额可达份额的500%。预防性和流动性额度（PLL）的还款期限为3.25~5年。

第七章　国际货币基金组织的贷款职能及其改革

IMF 对摩洛哥的贷款是预防性和流动性额度（PLL）的一个案例。在欧元区经济萎靡加剧、原材料和能源产品价格出现新波动的情况下摩洛哥容易遭受外部冲击，但是摩洛哥经济基础坚实。因此，摩洛哥分别于 2012 年 8 月、2014 年 8 月、2016 年 7 月获得额度为 62 亿美元、50 亿美元、35 亿美元的两年期预防性和流动性额度（PLL）。如果摩洛哥的经济遭受冲击，则可根据自身需求，调动这部分资金平衡国际收支。该项举措使得摩洛哥经济持续稳健，尤其是在减少经常性账户赤字和深化经济、金融改革方面取得了良好成效。

（五）快速融资工具

快速融资工具（Rapid Financing Instrument，RFI）设立于 2011 年，目的是为所有面临国际收支紧急需要的成员方提供快速融资援助。它取代了曾经的补贴冲突后紧急援助（EPCA）以及自然灾害紧急援助（ENDA）。IMF 要求借款国必须努力解决其国际收支困难，可能需采取先期行动。贷款的发放方式为直接发放，不需要执行全面的规划或检查。年度贷款限额为份额的 37.5%，累计赛款限额为份额的 75%。还款期限为 3.25~5 年，分季度还款。快速融资工具（RFI）可以支持由大宗商品价格波动、自然灾害、武装冲突、经济自身的脆弱等导致的许多紧急融资需求。

自然灾害紧急援助贷款（ENDA）和冲突后紧急援助贷款（EPCA）分别设立于 1962 年和 1995 年。自然灾害紧急援助贷款（ENDA）的提供是在自然灾害发生之后，借款国需要采取合理的努力来克服国际收支困难。冲突后紧急援助贷款（EPCA）主要是针对发生内乱、政治动荡或国际武装冲突的成员方。贷款条件侧重于制度能力和行政能力建设，以便为高信贷安排或减贫与增长贷款铺平道路。此外，自然灾害紧急援助贷款（ENDA）的支取不分阶段，但冲突后紧急援助贷款（EPCA）可分两次或多次购买。

2010 年 9 月，执董会批准通过自然灾害紧急援助贷款（ENDA）向巴基斯坦拨付 2.97 亿特别提款权（约合 4.51 亿美元），帮助该国及时应对洪灾造成的大规模破坏。2011 年 1 月，执董会批准为圣卢西亚提供总额为 536 万特别提款权（约合 819 万美元）的紧急援助，帮助该国应对托马斯飓风造成的经济后果。2010 年 10 月下旬，此飓风袭击了加勒比岛，给圣卢西亚造成重大损失，并严重破坏了该国的路网、供水和农业部门。IMF 提供的资金援助包括通过153万特别提款权（约合234万美元）的自然灾害紧急援助贷款（ENDA）(IMF, 2011)。

（六）政策支持工具

政策支持工具（Policy Support Instrument，PSI）作为一种非金融性工具，可以为那些不想或不需要贷款的低收入发展中国家提供更加灵活的援助。政策支持工具（PSI）旨在帮助各国设计有效的经济规划，向捐助方、多边开发银行和市场发出认可成员方政策实力的明确信息。IMF将面向符合减贫与增长信托（PRGT）资格且具有减贫战略的国家，对它们的经济政策进行每半年一次的评估。一般而言，政策支持工具（PSI）可以巩固宏观经济稳定，推进结构性措施，以促进增长和就业。这些措施包括改善公共部门管理、加强金融部门或建立社会安全网。

2015年6月，IMF批准了对塞内加尔的三年期政策支持工具（PSI）。IMF对塞内加尔实施三年期宏观经济改革计划提供相关支持，旨在推进当局的"新兴塞内加尔计划"。该计划侧重于通过提高税收收入，对经常性支出进行合理化调整，为基础设施融资和社会支出创造财政空间，提高支出的质量以及公共财政的透明度，加快结构性改革，以促进形成更有吸引力的商业环境。截至2017财年，执董会已经批准了对以下七个成员的18项政策支持工具（PSI）：佛得角、莫桑比克、尼日利亚、卢旺达、塞内加尔、坦桑尼亚和乌干达。

四、国际货币基金组织的优惠贷款

IMF的优惠贷款是以优惠条件（低息或无息）向较贫穷的国家提供的贷款，主要包括备用信贷（SCF）、中期信贷（ECF）和快速信贷（RCF），其他的优惠融资活动还包括减贫与增长信托贷款、重债穷国倡议的债务减免和控灾减灾信托的减债赠款。目前IMF的优惠贷款余额如图7-2所示，截至2017年4月，优惠贷款余额总计达到63亿特别提款权。表7-2介绍了三种针对低收入发展中国家的优惠贷款机制的基本情况，包括贷款目标、贷款目的、贷款资格、贷款条件、贷款期限、贷款利率、偿还期限和是否可以重复使用等。

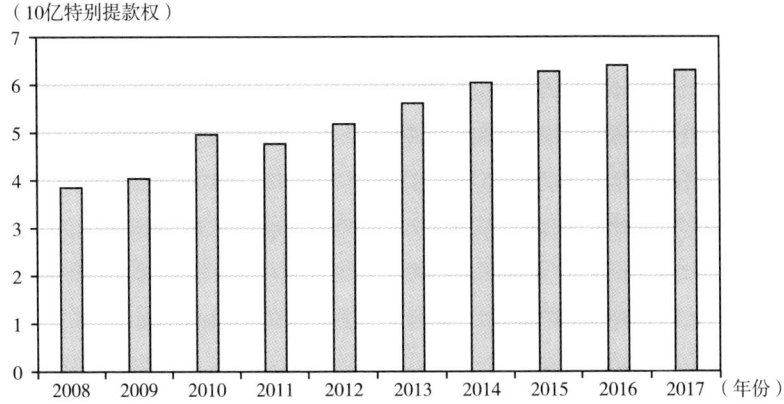

图 7-2　2008~2017 年国际货币基金组织优惠贷款余额

资料来源：国际货币基金组织 2017 年年报，P55。

表 7-2　　　　　　　国际货币基金组织的优惠贷款机制

	备用信贷（SCF）	中期信贷（ECF）	快速信贷（RCF）
目标	帮助低收入国家实现并维持与强劲和持久减贫与增长相一致的稳定而可持续的宏观经济状况		
目的	满足短期国际收支需要	解决长期存在的国际收支问题	低限额融资，以满足紧迫的国际收支需要
资格	减贫与增长信托（PRGT）下具有资格的国家		
限制条件	批准有潜在（预防性用途）或实际的短期国际收支需要；每次拨付时必须有实际需要	长期存在的国际收支问题；安排实施期间内有实际的融资需要，尽管在批准或拨付贷款时不一定有这种需要	有紧迫的国际收支需要，而高信贷档规划不可行或不必要
减贫与增长信托	基金组织支持的规划应与国家掌控的减贫与增长目标相协调，并着眼于支持能够社会支出和其他重点支出的政策		
	不要求提交 PRS 文件；如果融资需要持续存在，SCF 使用国将申请有相应 PRS 文件要求的 ECF	提交减贫战略（PRS）文件	不要求提交 PRS 文件
条件	高信贷档：旨在解决短期的国际收支需求	高信贷档：调整路径和时间有灵活性	不采用高信贷档条件，不采用基于事后检查的贷款条件，而是利用实施记录来确定是否符合重复使用资格

续表

	备用信贷（SCF）	中期信贷（ECF）	快速信贷（RCF）
限额政策	年度限额为份额的75%；累计限额（扣除计划还款）为份额的225%。限额是基于所有PRGT信贷余额。特殊限额：年度限额为份额的100%；累计限额（扣除计划还款）为份额的300%		
	标准与次限额		
	对于在所有贷款机制下获得的优惠基金组织信贷总余额不超过份额75%的成员，每项18个月SCF安排的限额为份额的90%；对于优惠信贷余额在份额75%和150%之间的成员，每项18个月安排的限额为份额的56.25%	对于在所有贷款机制下获得的优惠基金组织信贷总余额不超过份额75%的成员，每项三年期ECF限额为份额的90%；对于优惠信贷余额在份额75%和150%之间的成员，每项三年期安排的限额为份额的56.25%	RCF没有限额规定。次限额（鉴于没有高信贷档贷款条件）：任一时点的未偿RCF信贷总存量不得超过份额的75%（扣除计划还款后）。12个月期间的RCF限额设定为份额的18.75%，在冲击窗口下，为份额的37.5%。2015年7月1日之后的RFI购买额计入适用的年度和累计限额。
融资条件	利率：0.25% 偿还期：4～8年 预防性安排下对可供提用但未提用的数额收取的可提费：0.15%	利率：零 偿还期：5.5～10年	利率：零 偿还期：5.5～10年
混合	基于人均收入和市场筹资能力；与债务可持续性挂钩		
预防性用途	是，年度限额为份额的56.25%，平均年度限额为份额的37.5%	否	否
期限和重复使用	12～24个月；使用限于任何5年中的2.5年	3～4年（可延长到5年）；可重复使用	直接拨付；重复使用是可能的，但受到贷款限额和其他要求的约束
同时使用	普通资金账户（中期贷款/备用安排）和政策支持工具	普通资金账户（中期贷款/备用安排）	普通资金账户（快速融资工具和政策支持工具）；RFI下的信贷计入RCF限额

资料来源：国际货币基金组织，2017年年报，P52-53。

和非优惠贷款相比，优惠贷款主要有三个方面的不同：（1）贷款对象不同。优惠贷款的对象是在减贫与增长信托（PRGT）下具有资格的低收入发展中国家，而非优惠贷款的对象是IMF的成员。（2）贷款成本不同。优惠贷款的贷款利率通常较低，在政策战略文件的提交、限额政策的设置等方面也都比较宽松，而非优惠贷款的对象通常有严格的贷款条件和一定水平的贷款利率。（3）资金来源不同。优惠贷款的资金来源是由减贫与增长信托（PRGT）资金提供的，非优惠贷款的资金来源是普通资金账户。

在确定哪些成员方具有减贫与增长信托（PRGT）下的资格时，IMF借助2010年建立的框架做出决定。该框架每两年接受一次审查，为执董会就合格国家名单的增添和移除做出决定提供公开透明的标准。若一个国家的人均年收入低于某个临界值，且没有能力在国际金融市场上持续获得大量融资，则该国可以加入合格国家名单。若其收入持续维持在高位，或者有能力在国际金融市场持续获得大量资金支持，且未遭遇人均收入大幅下降、市场进入机会丧失或债务脆弱性等严重短期风险，则该国可能会被从名单中移除（IMF，2012）。

（一）备用信贷

备用信贷（Standby Credit Facility，SCF）设立于2010年，它的作用类似于备用安排（SBA），是解决低收入国家的短期国际收支问题，满足其预防性需要。备用信贷（SCF）代替了外生冲击贷款的高限额部分，也是IMF致力于提高贷款灵活性、使贷款更加适应具有减贫与增长信托（PRGT）资格的国家的多样化融资需求的改革政策之一。它能够帮助借款国的宏观经济向更加稳定和可持续的方向发展，同时实现强劲且持久的减贫与经济增长。备用信贷（SCF）相比于中期信贷（ECF）更加侧重短期问题，通常借款国的融资需求预计能在两年之内得以解决。

备用信贷（SCF）要求支持的规划应与借款国掌控的减贫与增长目标相协调，并着眼于支持能够社会支出和其他重点支出的政策。借款国不要求提交PRS文件。贷款年度限额为份额的75%，累计限额（扣除计划还款）为份额的225%。贷款条件为高信贷档，旨在解决短期的国际收支需求。贷款利率为0.25%。偿还期限为4~8年。贷款期限为12~24个月，重复使用限于任何5年中的2.5年。它可以用作预防性用途，可和普通资金账户中的中期贷款（EFF）、备用安排（SBA）和政策支持工具（PSI）同时使用。

2016年3月14日，IMF批准向肯尼亚提供3.5亿特别提款权（约合4.9亿美元）备用信贷（SCF）。贷款期限为24个月，贷款利率为0。立即放款

5.4亿特别提款权（约合7.6亿美元），其余部分将根据每半年的审议分阶段放款。肯尼亚当局表示不打算使用这笔资金，除非发生冲击导致支付需要。这笔资金为肯尼亚当局减少信贷赤字、调控利率、改革税收政策等措施提供预防性需要，未来肯尼亚当局预期将扩大健康和教育服务，并在浮动汇率制下强化货币政策传导机制，争取降低通货膨胀至目标水平，提高金融部门稳定。

（二）中期信贷

中期信贷（Extended Credit Facility，ECF）过去称为减贫与增长贷款，设立于2010年，目的是解决长期存在的结构性国际收支问题。中期信贷（ECF）是IMF为低收入国家提供中期援助的主要方式，也是IMF致力于提高贷款灵活性、使贷款更加适应具有减贫与增长信托（PRGT）资格的国家的多样化融资需求的改革政策之一。如果借款国想获得中期信贷（ECF），需要在意向书中制定一系列的政策承诺，使得该国的宏观经济向更加稳定和可持续的方向发展，与此同时实现强劲且持久的减贫与经济增长。

中期信贷（ECF）要求支持的规划应与借款国掌控的减贫与增长目标相协调，并着眼于支持能够社会支出和其他重点支出的政策。借款方应提交减贫战略（PRS）文件。贷款年度限额为份额的75%，累计限额（扣除计划还款）为份额的225%。限额是基于所有减贫与增长信托（PRGT）的信贷余额。贷款条件为高信贷档，调整路径和时间有灵活性。贷款利率为零。偿还期限为5.5~10年。贷款期限为3~4年（可延长到5年）。它可重复使用，不可作为预防性用途，可和普通资金账户中的中期贷款（EFF）和备用安排（SBA）同时使用。

2017年12月11日，IMF批准未来3年向几内亚提供1.7亿美元中期信贷（ECF）。贷款利率为零，偿还期为10年，宽限期为5.5年，贷款额度等于1.2亿特别提款权（约合1.7亿美元），立即放款1720万特别提款权（约合2430万美元），其余将在今后三年期间分阶段放款。IMF每半年派出工作组对几内亚宏观经济运行情况审议调研一次。中期信贷（ECF）一方面帮助几内亚经济逐步摆脱对矿业的过度依赖，实现经济多样化，另一方面帮助几内亚创造就业，加强社会保障安全网，促进私营部门的发展和经济可持续增长。

(三) 快速信贷

快速信贷（Rapid Credit Facility，RCF）设立于 2010 年，目的是对外生冲击、自然灾害导致的紧急国际收支需要提供迅速的低限额融资援助。快速信贷（RCF）也是 IMF 致力于提高贷款灵活性、使贷款更加适应具有减贫与增长信托（PRGT）资格的国家的多样化融资需求的改革政策之一，能够促进其他国际援助和提供政策支持。快速信贷 RCF）通常不要求借款国提供充分的经济规划，一方面是因为外部冲击的影响可能是短暂而有限的，没必要制订全面的经济规划；另一方面是因为可能国内经济脆弱或者能力不足，制订全面的经济规划不可行。

快速信贷（RCF）要求支持的规划应与借款国掌控的减贫与增长目标相协调，并着眼于支持能够社会支出和其他重点支出的政策。借款国不需要提交减贫战略（PRS）文件。贷款年度限额为份额的 75%，累计限额（扣除计划还款）为份额的 225%。贷款条件不采用高信贷档条件。贷款利率为零。偿还期限为 5.5~10 年。贷款采用直接拨付，可以重复使用，但受到贷款限额和其他要求的约束。它不可作为预防性用途，可和普通资金账户中的快速融资工具（RFI）和政策支持工具（PSI）同时使用。

2015 年 4 月，尼泊尔加德满都西北部地区遭受 7.8 级大地震，为该国 80 多年来最严重的地震灾害。地震发生后，IMF 快速响应。2015 年 7 月 31 日，IMF 批准了尼泊尔一项 3560 万特别提款权（约合 5000 万美元）的贷款请求，通过快速信贷（RCF）提供了这笔资金，以帮助该国应对灾害。贷款利率为零，宽限期为 5.5 年。地震会造成尼泊尔通货膨胀压力，财政和经常性账户赤字扩大，债务水平上升。这笔贷款将被用于强化公共财政管理，加强融资监管，降低风险，尽快重建经济并恢复可持续增长。

(四) 其他优惠融资活动

上述提到的备用信贷（SCF）、中期信贷（ECF）、快速信贷（RCF）这三种贷款类型是 IMF 通过减贫与增长信托（PRGT）提供的优惠贷款。截至 2017 年 4 月底，IMF 对 52 个成员方的优惠贷款余额已经总计达到 63 亿特别提款权。IMF 的其他优惠融资活动还包括重债穷国倡议（HIPC）、多边债务减免倡议（MDRI）下的债务减免以及减灾控灾信托（CCRT）下的减债赠款等工具，以更加优惠的方式为低收入国家以及遭受重大自然灾害冲击的国家提供融资援助（见专栏7.1）。目前已有多个成员方从债务减免中受益。

专栏7.1 减贫与增长信托、重债穷国倡议和控灾救灾信托的资格认定

（1）减贫与增长信托（PGRT）：若一个国家的人均年收入低于某个临界值，且没有能力在国际金融市场上持续获得大量融资，则该国可以加入合格国家名单。若其收入持续维持在某个高位，或者有能力在国际金融市场持续获得大量资金支持，且未遭遇人均收入大幅下降、市场进入机会丧失或债务脆弱性等严重短期风险，则该国可能会被从名单中移除。

（2）重债穷国倡议（HIPC）：申请该项援助的国家必须满足一定标准，包括有资格申请减贫与增长信托融资、面临着不可持续的，无法通过传统的债务减免机制加以解决的债务负担，在IMF支持的规划下开展改革和执行稳健政策并形成了记录，已通过国内各方广泛参与的进程制定了减贫战略等标准。

（3）控灾救灾信托（CCRT）：申请国是遭遇灾难性自然灾害或公共卫生灾害的贫困脆弱国家，在遭遇灾害后有特殊国际收支需求，需要援助资金用于控灾与恢复工作。控灾救灾信托有两个窗口：一是拟在发生地震或台风等自然灾害后提供特殊援助的灾后救助窗口，二是拟为控制公共卫生灾害的蔓延提供援助的灾难控制窗口。

资料来源：国际货币基金组织2013年年报。

重债穷国倡议（HIPC）是IMF与世界银行于1996年发起的倡议，是旨在确保没有穷国面临无法负担的债务的一系列综合措施的一部分。申请该项援助的国家必须满足一定标准，主要包括：有资格申请减贫与增长信托（PRGT）融资；面临着不可持续的、无法通过传统的债务减免机制加以解决的债务负担；已通过国内各方广泛参与的进程制定了减贫战略等。截至2017财年，39个合格或潜在合格的国家中共有36个已经受益。乍得是其中最近一个受益的国家，2015年4月获得了1700万特别提款权的债务减免（IMF，2013）。

五、国际货币基金组织的贷款特点

IMF 贷款具有鲜明的特点,不同于普通商业银行贷款。IMF 的贷款对象通常是成员方的中央银行等政府机构。贷款用于解决短期国际收支问题以及贸易和非贸易的经常性支付。贷款期限通常为 3~5 年,为短期贷款。贷款额度是按各成员方的份额及规定的各类贷款的最高可贷比例确定其最高贷款总额。贷款通常附加较为严格的贷款条件,经过和成员方磋商同意后,IMF 将要求陷入危机的成员方实施一揽子经济结构性改革计划。IMF 的贷款特点可以总结为以下的条件性、偿还性和临时性。

(一) 贷款的条件性

在 IMF 创建之初,对贷款条件性要求并不明确。之后,贷款的条件性进行了多次修改和完善,使之更符合成员方贷款的需求以及 IMF 的原则,贷款的条件性也成为 IMF 贷款最重要的特性。概括地讲,贷款的条件性是指成员方与 IMF 合作制定的一般性承诺。这种承诺通常表现为借款国愿意实施特定的经济政策和改革措施,一方面是为了保障借款国及时还款和 IMF 资金周转;另一方面是为了帮助借款国克服国际收支不平衡问题,取得中期外部生存能力,增强经济增长的可持续性。

当 IMF 成为国际金融领域重要的协调和仲裁者时,对各国进行了贷款援助的附加条件。贷款条件具有一定的倾向与特点,通常包括:(1) 整顿金融秩序,勒令部分金融机构破产,并对金融机构进行重组,使其尽快达到巴塞尔协议的资金要求;(2) 开放金融市场,取消对外资参与本国金融机构的限制;(3) 削减财政开支,紧缩经济,提出新年度的宏观经济预测指标(包括减低 GDP 增长率、遏制通货膨胀水平、改善国际收支);(4) 调整经济结构,进行市场化和私有化改革(王晨宇,2009)。

尽管贷款条件性经历了一系列的改革,目前硬性的贷款条件仍是制约成员方贷款的重要因素,主要有三方面的考虑:(1) 从成员方的角度看,即便成员方调整计划,仍然面临还债能力脆弱的处境,如果加以豁免可能会破坏 IMF 的资金保障;(2) 从债权人的角度看,较为灵活的贷款条件会使得官方债权进一步取代私人部门债权,导致在债务重组时私人部门债权处于次级地位,国家资本并未得到实质性的积累;(3)从全球金融体系的角度看,太过宽松的贷款条件会增加金融体系道德风险,在出现经济危机时加剧金融市场的不确定性。

(二)贷款的偿还性

IMF贷款不仅要在限期内收回本金,要需要偿还利息、附加费等其他费用。主要信贷机制下的贷款都会收取利息(除在减贫与增长信托(PRGT)下向低收入国家提供的贷款)。基本利率为特别提款权加上以基点表示的固定利差。另外IMF还对使用信贷档和中期安排下的大额信贷收取附加费。附加费收费标准是对高于成员方份额187.5%的信贷使用征收200个基点的附加费;对高于同一门槛值的使用时间超过36个月的信贷档和超过51个月的中期贷款安排下的尚未偿还贷款征收基于时间的100基点的附加费。

除了利息和附加费之外,IMF还征收服务费、承诺费和特别收费。对从普通资金账户拨出的每笔贷款收取0.5%的服务费。对在普通资金账户安排下的贷款每12个月期间内可以提用的数额收取可返回的承诺费。这项收费对不超过份额115%的承诺额收取0.15%的提取费;对超过份额115%但不超过575%的提取额收取0.30%的承诺费;对超过份额575%的提取额收取0.60%的承诺费。在信贷得到使用时按提款比例返还承诺费。IMF还对逾期本金和逾期不到六个月的利息收取特别费用(IMF,2017)。

如果借款国对IMF的资金不按时返还,将会受到IMF的惩罚。2008年4月底,拖欠IMF的债务总额为13.4亿特别提款权,76%为苏丹所拖欠,18%和6%分别为索马里和津巴布韦所拖欠。根据IMF针对拖欠情况采取的增强合作战略,已经采取补救措施来解决长期拖欠情况。截至2008财年底,索马里、苏丹和津巴布韦仍没有资格使用普通资金账户中的资金。津巴布韦继续无资格使用减贫与增长贷款。IMF随时可能宣布该国不合作,暂停技术援助,并暂停其投票权和其余的相关权利(IMF,2008)。

为了保障贷款的偿还性,IMF非常重视规划后监测(PPM)框架的加强。特别是在金融危机之后,IMF的贷款规模大幅增加,相应的监测框架都应该做出适应性的调整,重点关注成员方的偿还能力,并就可能危及IMF的政策提出早期预警。未来的PPM框架将更加基于风险和重点突出。2016年7月,一份题为"加强规划后监测框架"的工作人员报告提出了两个指标:一个是捕捉贷款余额的绝对规模，一个是基于份额的指标，用于评估风险的规模。基于这两个指标来确定复合 PPM 阈值，可以使其与 IMF 的资产负债表风险更加符合（IMF，2017）。

（三）贷款的临时性

IMF 的贷款，多为短期贷款，具有短期贷款、长期使用的特点。主要是为了解决短期的国际收支问题，在确认借款国满足贷款条件后，贷款通常通过直接拨付的形式发放，而偿还期限从 3 年至 10 年不等。等到引起外汇短缺的临时性原因消除，国家经济恢复增长，市场供求恢复均衡，国民收入恢复积累，则可偿还贷款。导致成员方陷入外汇短缺的原因多种多样，往往是偶然的、突发的、难以预测的，如大范围地震等重大自然灾害、传播迅速的流行病等公共卫生灾害、国际大宗商品价格波动等。

IMF 对遭受埃博拉疫情国家的援助就是贷款临时性的一个很好的体现。截至 2016 年 4 月底 IMF 向受埃博拉疫情冲击最严重的几内亚、利比里亚、塞拉利昂分别提供了 2142 万、2584 万、2074 万特别提款权的债务减免赠款，算上其他的中期信贷（ECF）和快速融资工具（RFI），IMF 至少为受埃博拉疫情影响的国家提供了 4.04 亿美元的贷款。IMF 不仅提供了优惠贷款，为受灾国控制疫情、提高医疗卫生条件、保障国民健康权等补充了大量资金，也实行了债务减免，缓解其国际收支压力（IMF，2015）。

六、国际货币基金组织的贷款改革

（一）贷款工具的演变

IMF 的贷款工具并不是一成不变的。为了顺应国际经济形势的变化，更好地解决国际收支失衡问题，维持汇率稳定，帮助成员方恢复经济增长，IMF 的贷款工具经过了许多次的改革。如表 7-3 所示，随着全球经济转型和经济危机的冲击，成员方的贷款需求也在逐渐发生变化：一方面，不断有新的贷款工具被创造出来，取代或容纳原来的贷款工具，以适应新的经济环境；另一方面，也不断有贷款工具随着历史使命的完成而被取消，如缓冲库存融资（BSFF）、结构性调整贷款（SAF）、体制转换贷款（STF）等。

表 7-3　　　　　　　　　　国际货币基金组织的贷款工具演变

时间	国际经济形势	推出的贷款工具	目的
1945~1973年	在布雷顿森林体系下维持固定汇率，主要解决发达国家中短期国际收支失衡的问题	备用安排（SBA）	向面临短期国际收支困难的国家提供援助
		补偿融资贷款（CFF）	解决成员方因客观原因造成初级产品出口收入下降从而发生的国际收支困难
		缓冲库存贷款（BSFF）	帮助初级产品出口国家维持库存稳定物价
20世纪70年代	两次石油危机使许多国家陷入滞胀	石油贷款（OF）	解决石油涨价而引起的国际收支困难
		中期贷款（EFF）	提供较长期的援助，以支持成员方为克服长期国际收支困难而实施的结构改革
		补充融资贷款（SFF）	帮助成员方解决庞大持续的国际收支逆差
		信托基金贷款（TF）	援助低收入的发展中国家
20世纪80年代	拉美债务危机爆发，很多低收入和中低收入国家贷款需求增多	结构性调整贷款（SAF）	帮助低收入发展中国家通过宏观经济调整，解决国际收支长期失衡的问题
		扩大的结构调整贷款（ESAF）	和结构性调整贷款（SAF）基本一致，但贷款额度扩大
		补偿与应急融资贷款（CCFF）	解决突发性、临时性的经济因素造成经常项目收支对预期调整目标的偏离
20世纪90年代	中欧和东欧国家的市场经济转轨，新兴市场经济体经济危机接连爆发	制度转型贷款（STF）	帮助苏联和东欧国家克服从计划经济向市场经济转变过程中出现的国际收支困难
		补充储备贷款（SRF）	帮助解决由市场信心的突然下降引起的短期融资需求
		相机信用额度（CCL）	为基本面良好的国家提供预防性资金额度以抵御金融风险
		减贫与增长贷款（PRGF）	向低收入国家提供贷款援助
		外部冲击贷款（ESF）	向遭遇外部冲击的低收入国家提供贷款

续表

时间	国际经济形势	推出的贷款工具	目的
21世纪	2008年国际金融危机向实体经济蔓延，很多国家面临经济下行压力	灵活信贷额度（FCL）	针对所有国际收支需要的灵活工具
		预防性和流动性额度（PLL）	可供具有稳健基本面和政策面的国家使用的工具
		备用信贷（SCF）	满足短期国际收支需要
		中期信贷（ECF）	解决长期存在的国际收支问题
		快速信贷（RCF）	低限额融资，以满足紧迫的国际收支需要
		快速融资工具（RFI）	为面临紧急需求的成员方提供的快速援助

资料来源：黄梅波，陈燕鸿. 国际货币基金组织改革研究［M］. 北京：经济科学出版社，2014：289－291.

图7-3描述了2008~2017财年IMF普通资金账户批准的各类贷款安排规模。2017财年，普通资金账户融资安排下的拨付（称为"购买"）总额达到58亿特别提款权（80亿美元），其中埃及、伊拉克、巴基斯坦、斯里兰卡、突尼斯和乌克兰的购买占到90%。2017财年的偿还（简称"回购"）总额为55.5亿特别提款权（76亿美元），其中包括葡萄牙提前回购33.1亿特别提款权（46亿美元）。由于购买稍多于回购，普通资金账户未偿信贷存量从一年前的478亿特别提款权（654亿美元）增至483亿特别提款权（662亿美元）。

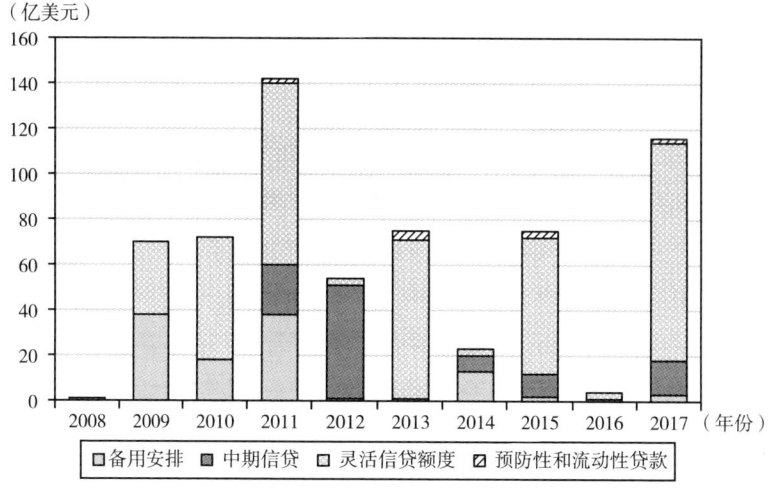

图7-3 2008~2017财年中普通资金账户批准的安排

资料来源：国际货币基金组织2017年年报。

2008年国际金融危机后，IMF 的贷款规模大幅增加。其中，备用安排（SBA）、灵活信贷额度（FCL）、中期信贷（EFF）是主要贷款类型，合计规模占到90%以上。贷款规模的急剧扩大并维持在较高的水平，反映出 IMF 建立全球金融安全网的积极努力。不同贷款工具的使用比例也可以反映出造成部分成员方际收支问题的原因。近年来，灵活信贷额度（FCL）占了较大比重。这体现了国际金融危机后 IMF 十分重视对未来风险的预防，希望通过更加灵活的贷款援助向市场传递其应对潜在危机的信心。

（二）优惠融资活动的发展

2008年国际金融危机以来 IMF 加强了对低收入国家的支持。历年来 IMF 的优惠贷款余额处于逐渐上升的趋势，而非优惠贷款余额波动较大。IMF 优惠贷款余额的增长，一方面是因为越来越多的国家从减贫与增长信托（PRGT）下批准和增扩的优惠贷款中受益；另一方面是因为申请优惠贷款的国家在贷款到期后通常会开始新的优惠贷款，如海地、马里、尼日尔、马拉维等国家都会长期持有优惠贷款。相对稳定的优惠贷款余额有利于 IMF 更好地管理优惠贷款，也能更好地制定相应政策规划去援助发展中国家。

优惠融资活动的发展主要体现在两个方面：一方面是提供了更多资金，另一方面是拓宽了优惠融资渠道。2009~2014年 IMF 优惠贷款承诺总额为110亿美元。在 IMF 2500亿美元的特别提款权分配中，有180多亿美元提供给了低收入国家。这些国家可以将这些特别提款权当作储备的额外资产，也可以通过出售特别提款权取得硬通货，用于满足国际收支需求。另外，2016年底之前低收入国家在优惠贷款工具下将享受零利率，进一步增强对处于脆弱形势和遭受自然灾害的减贫与增长信托（PRGT）合格成员方的支持。

此外，IMF 在优惠融资活动发展的过程中也进行了一系列改革：（1）2012年9月，执董会批准了对黄金出售利润形成的普通储备的一部分进行分配，用以保持减贫与增长信托（PRGT）的长期可持续性；（2）2015年2月将灾后减债信托转变为控灾减灾信托（CCRT），新的信托能够在贫困国家遭受严重自然灾害时通过提供偿债减免资金来协助贫困国家应对自然灾难；（3）2015年7月将优惠贷款限额提高50%，将快速信贷（RCF）下的利率永久设为零；（4）进行新一轮的筹资活动，使优惠贷款资金扩大到110亿特别提款权。

(三) 贷款条件性的改革

IMF 的贷款条件性在不断发展中也暴露出一些问题。贷款条件性主要导致了以下三点担忧：(1) 模式化。IMF 面对金融危机通常开出新自由主义的药方，削减预算赤字，紧缩货币和信贷供应量，从而降低通货膨胀率，使货币走强，停止外汇储备的流失，较为固化。(2) 干预性。贷款条件性所要求的政策承诺范围越来越广，体现了对国家经济政策制定的干预，许多人担心这会导致外国金融机构和西方跨国公司力量的强化和危机国经济主权的丧失。(3) 苛刻性。苛刻的条款条件会削弱贷款的可及性，同时也会限制借款国政府的举动。

IMF 的贷款条件性主要经过了两次改革：第一次是在 1997 年东亚金融危机后，IMF 对印度尼西亚、韩国、泰国等国家提供的结构性调整方案中采取了较为严格的财政政策和货币政策并且效果不佳而遭到批评。因此，IMF 于 2002 年 9 月公布了《贷款条件性新的指导方针》；第二次是在 2008 年国际金融危机后，为了应对危机并预防危机的再次发生，IMF 调整了贷款框架，进一步完善了贷款条件性，使其更加具有灵活性，更加能够适应金融危机中各国多样化的贷款需求。

2002 年公布的新的贷款条件性指导方针分为三个部分：原则、形式、评估和审核。IMF 贷款的基本原则和核心领域的政策并没有实质性变化，主要新增了"放弃"和"浮动部分"。"放弃"是指如果贷款条件能被成功实施，并且没有明显的证据表明该国会达不到绩效标准，那么 IMF 就会放弃对借款国进行绩效检核。"浮动部分"是指贷款条件通常只在特定时间内适用，但是当 IMF 判断成员方需要在贷款计划期间（不一定是特定时间）实施一个特定的结构性措施或满足特定的绩效目标，那么只要措施得到实施或目标达到就可以提取款项。

2009 年的贷款框架改革主要有两个方面：(1) 在适用情况下更多地依靠事前条件而不是事后条件；(2) 使用规划检查而不是以往的结构性业绩标准来监测结构性调整方案的实施情况。作为这次贷款框架改革亮点的灵活信贷额度（FCL）虽然条件优厚，但是申请条件过高，要求申请国必须拥有强劲的经济基本面、有效的经济政策和政策实施的良好记录。符合这些条件的只有包括巴西、墨西哥等少数中等收入发达国家和新兴市场国家，而那些深受经济危机影响的发展中国家一开始就被排除在申请者之外，仍然只能依靠传统的备用安排（SBA）来获得资金，最终能够受益的国家依然十分有限。

2016年1月，IMF批准了对特别限额贷款框架的改革。改革措施包括：（1）取消2010年实行的"系统性豁免"；（2）在经过评估认为债务偿还可能性并不高的情况下，对成员方采取更为灵活的做法，以更广泛的债务操作为条件提供融资，包括破坏性较小的"债务重新安排（即小幅延长在规划期间到期的债务的期限，通常不降低本金或息票）"；（3）澄清与市场准入有关的标准。这项改革进一步严格化特别限额贷款条件，增强集体行动力，避免不必要的金融成本，防止不愿做出贡献的官方双边债权人阻碍IMF支持的规划（IMF，2016）。

考虑到过去十几年间货币政策制度的不断演变，IMF的贷款条件检查框架也在不断完善。传统的货币政策贷款条件框架主要针对的是货币目标制和通货膨胀目标制，但是许多发展中国家的货币政策正朝着更加独立灵活的方向发展，开始普遍关注价格稳定这一目标。货币总量与通胀之间的关系弱化也暗示货币总量作为反映货币政策立场的可靠指标的重要性已有所下降。如果成员方拥有良好的政策实施记录，通胀率相对较低且稳定，那么货币政策磋商条款（MPCC）在贷款条件检查中就应该被引入，从而加强规划中的货币政策框架（IMF，2014）。

七、结　　语

作为国际金融机构，IMF在国际金融体系中具有三项重要职能：监督、贷款和能力建设。本章通过对IMF的贷款机制、非优惠贷款、优惠贷款、贷款特点和贷款改革的研究探讨IMF的贷款职能。IMF贷款在历史发展中也经历了一系列改革，在国际收支问题的处理中发挥了积极作用。当成员方因为自然灾害、商品价格冲击、金融危机等原因陷入国际收支不平衡时，IMF可以通过提供贷款，改善成员方国际收支失调问题，维持汇率稳定，同时帮助借款国制定经济改革政策，重新恢复可持续的经济增长。

IMF的贷款机制主要包括贷款前提、贷款条件和贷款流程三个方面：（1）贷款具有严格的贷款前提。有关IMF贷款资金使用的一切决定都要遵循《国际货币基金协定》的宗旨。成员方在申请贷款前需要满足一定的资格认可；（2）贷款具有较为苛刻的贷款条件。借款国需要和IMF进行磋商，针对本国国情制定并实施相应的经济调整与改革政策,接受定期的审议检查;(3)贷款依照"提出申请—讨论评估—审核决议"的贷款流程。不同的贷款工具针对不同类型的国际收支需求以及成员方的具体国情。

IMF的贷款类型主要分为非优惠贷款和优惠贷款两大类。非优惠贷款是以非优惠利率提供的贷款。非优惠贷款包括备用安排(SBA)、中期贷款(EFF)、灵活信贷额度(FCL)、预防性和流动性额度(PLL)、快速融资工具(RFI)。其中,备用安排(SBA)长期以来一直都是IMF的主要贷款工具之一。中期贷款(EFF)主要针对中长期的国际收支问题。灵活信贷额度(FCL)可以满足成员方更加灵活的贷款需求。预防性和流动性额度(PLL)可以为应对潜在危机提供预防性的资金。快速融资工具(RFI)可以在紧急情况下提供大量援助。

优惠贷款是以优惠条件(低息或无息)向低收入国家提供的贷款。按照普通资金账户下的安排类型分类,优惠贷款包括备用信贷(SCF)、中期信贷(ECF)、快速信贷(RCF)以及其他优惠融资活动。备用安排(SCF)可以解决低收入国家的短期国际收支问题,满足其预防性需要。中期信贷(ECF)可以解决低收入国家中长期的国际收支需求。快速信贷(RCF)可以对外生冲击、自然灾害导致的紧急国际收支需要提供迅速的低限额融资援助。此外,其他优惠融资活动主要包括债务减免和减债赠款。

IMF贷款主要有三个特点:(1)贷款具有条件性。借款国必须满足一定条件才能获得贷款。这些条件包括财政政策要求、货币政策要求等,旨在保证借款国及时还款,从而保障IMF的资金运转,也是为了帮助借款国克服国际收支不平衡问题,取得中期外部生存能力。(2)贷款具有偿还性。贷款不仅要在限期内收回本金,还需要偿还利息、附加费等其他费用。如果借款国对IMF的贷款不按时返还,将会受到IMF的惩罚。(3)贷款具有临时性。IMF的贷款多为短期贷款,具有短期贷款、长期使用的特点。

IMF的贷款改革主要包括三个方面:(1)贷款工具的演变。为了顺应国际经济形势的变化,IMF不断推出新的贷款工具,使得贷款更加灵活,也更加能够适应各国多样化的融资需求。(2)优惠融资活动的发展。IMF不断降低贷款利率,提高贷款限额,提高对低收入国家的援助,着力建立全球金融安全网。(3)贷款条件性的改革。贷款条件性在历史上主要经历了两次改革,分别在1997年东亚金融危机和2008年国际金融危机之后。2008年后贷款条件的制定和贷款条件性检查框架都将采取更加宽松的方式。

第八章

国际货币基金组织作为最后贷款人职能及其改革

根据《国际货币基金协定》规定的 IMF 宗旨，IMF 的传统职能包括三项：一是监督成员方的宏观经济和金融体系以及世界经济运行情况；二是向国际收支存在问题的成员方提供贷款；三是向成员方提供能力建设。当成员方陷入金融危机时，IMF 也常常作为最后贷款人，为了这些危机国提供流动性支持。IMF 作为最后贷款人的职能，体现在向陷入经济危机的成员方提供贷款，帮助这些国家增加外汇储备，提供改革所需的缓冲资金，稳定币值或满足国际收支需要，稳定宏观经济以及恢复经济增长。

IMF 作为最后贷款人的贷款可以起到三方面作用：（1）针对危机国具体国情，提供贷款资金解决流动性困难，同时制定结构性改革方案，帮助成员方应对危机，避免其采取破坏性的经济调整或主权债务政策；（2）最后贷款人的贷款可以作为提振市场信心的一个有力信号，防止出现银行挤兑等信心危机现象，并带动更多的国家或国际组织为危机国提供援助资金；（3）预防危机，通过监控各国经济状况以及检查各国贷款项目实施情况，防止危机的进一步恶化并对可能发生危机的国家示警。

本章主要研究 IMF 作为最后贷款人职能及其改革。第一部分为文献综述，主要包括古典最后贷款人理论、现代最后贷款人理论和对 IMF 作为最后贷款人的研究三个方面；第二部分介绍 1997 年东亚金融危机中的 IMF，主要包括援助概况、对泰国、韩国和印度尼西亚的援助方案、贷款项目的援助效果及问题和 IMF 为应对危机采取的改革措施；第三部分介绍 2008 年国际金融危机中的 IMF，主要包括援助概况、对墨西哥、波兰、哥伦比亚、匈牙利和乌克兰的援助方案、贷款项目的援助效果及问题和 IMF 为应对危机采取的改革措施。

一、文献综述

最后贷款人（Lender of Last Resort，LOLR）是指在危机时刻中央银行应尽的资金融通责任，它应满足市场对高能货币的需求，以防止由恐慌引起的货币存量的收缩。当一些商业银行有清偿能力但出现暂时流动性不足时，中央银行可以通过贴现窗口或公开市场操作两种方式向这些银行发放紧急贷款，条件是它们有良好的抵押品并缴纳惩罚性利率。最后贷款人若宣布将对流动性暂时不足的商业银行进行资金融通，可以在很大程度上缓解公众对资金短缺的恐慌，有助于避免银行挤兑等现象的发生，防止金融风险扩散。

下面分古典最后贷款人理论、现代最后贷款人理论和对 IMF 作为最后贷款人的研究三个方面对相关文献进行综述介绍：（1）古典最后贷款人理论主要经过桑顿（Thornton）、巴杰特（Bagehot）、汉弗莱（Humphrey）三位经济学家的发展；（2）现代最后贷款人理论的研究主要包括最后贷款人的存在必要性、承担主体、资金来源、援助方式、援助对象和道德风险等方面；（3）对 IMF 作为最后贷款人的研究主要包括 IMF 作为最后贷款人的作用、IMF 作为最后贷款人的局限性和 IMF 作为最后贷款人未来应该进行的改革措施。

（一）古典最后贷款人理论

古典最后贷款人理论主要经过三个阶段的发展。第一，桑顿（Thornton，1802）首先系统阐述了最后贷款人的体系。他认为最终贷款人的出现有两个原因：（1）是部分储备的银行体系；（2）是中央银行对发行金币和银行券等高能货币基础的垄断。最终贷款人的主要作用就是防止银行恐慌引起货币收缩。当公众怀疑银行的清偿能力时，会引发对高能货币成倍的需求，不仅公众会更有把存款转成现金，银行也会开始寻求增加其高能货币的储备，最终造成挤兑。最终贷款人必须通过货币基础的补偿性增长从而维持经济生活所需要的货币数量。

第二，巴杰特（Bagehot，1873）继承并发展了桑顿（Thornton，1802）的许多观点。他指出中央银行必须具备一个规模合适、可供随时动用的储备，以便在银行恐慌时支持危机银行。他还提出了著名的"巴杰特规则",主要包含四点:(1)最后贷款人应该以惩罚性利率提供贷款,使商业银行不能将其作为当前的贷款操作;(2)最后贷款人应该事先声明,会对满足偿债和抵押条件的银行提供贷款;(3)贷款只能提供给有良好偿债和抵押能力的银行;(4)仅向陷入流动性危机而并非破产的银行提供贷款。

第三,汉弗莱(Humphrey,1975)将最后贷款人理论总结为以下八个方面:(1)及时为受到危机银行提供现金支持;(2)责任是整个金融体系,而不是某些银行;(3)防止恐慌造成货币储备减少;(4)不是为了避免危机的发生,而是为了缓解金融冲击的影响;(5)最后贷款人有双重任务,一是为受到恐慌威胁的银行提供无限援助,二是要公众知道它也会为未来的恐慌提供无限救助;(6)愿意为有良好资产抵押的银行提供贷款;(7)防止恐慌大范围的蔓延,而不是去拯救那些破产的银行;(8)贷款应该是高利率的,有惩罚性的。

(二) 现代最后贷款人理论

1. 最后贷款人存在的必要性

对于最后贷款人存在的必要性,不同学派持不同观点。货币学派认为,发生金融危机时,具备清偿能力的银行可以从有效的同业拆借市场获得足够的流动性,因此不需要最后贷款人。自由银行学派认为,造成银行恐慌的唯一原因是法律对银行体制的限制,因此最后贷款人的职能对这一制度限制进行了补充。塞尔金(Selgin,1989)指出,两个最重要的限制是美国银行法对跨州设立银行的限制和对商业银行体系发行自由货币的限制。大部分经济学家认为最后贷款人为现代银行体系提供了必要的支持。

现代银行体系具有内在不稳定性,单个银行的危机会危及整个银行体系的稳定。弗兰瑞(Flannery,1996)认为,首先,银行自身具有"借短贷长"的特点,资产与负债的时间不一致性会增大挤兑可能性;其次,由于信息不对称,公众难以理性评估金融风险和银行的清偿能力,容易引起"羊群效应",造成挤兑;再次,危机期间的市场失灵会导致银行借贷更加谨慎,进一步紧缩流动性。最后,贷款人制度有两方面的作用,一方面提供流动性,另一方面缓解公众和银行家的信心危机,避免挤兑行为。

2. 最后贷款人的承担主体

对于最后贷款人的承担主体，研究认为除了中央银行，其他机构也可以作为最后贷款人的承担主体。汀布莱克（Timberlake，1984）指出，美国财政部、摩根集团、加拿大财政部和外汇管理局都充当过最后贷款人的角色。古德哈特和黄（Goodhart and Huang，1999）指出，当出现金融危机时，如果中央银行不能单独承担，则政府、监管机构和中央银行应该共同作为最后贷款人提供援助。古德哈特和斯科恩梅克（Goodhart and Schoenmaker，1995）指出当出现大规模系统性危机时，政府可以决定损失由哪些社会群体分担。

3. 最后贷款人的资金来源

对于最后贷款人的资金来源，研究认为除了中央银行储备，政府财政也可以作为最后贷款人的资金来源。古德哈特和黄（Goodhart and Huang，1999）、古德哈特和斯科恩梅克（Goodhart and Schoenmaker，1993）指出，给清偿能力不明的银行提供贷款，可能因为抵押品价值低于贷款价值而使中央银行蒙受巨大损失，进而造成资产负债表恶化，并减弱中央银行在实施货币政策的独立性和灵活性。因此，一国政府往往会利用政府财政资金为中央银行的这种风险提供担保，维护经济稳定。

4. 最后贷款人的援助方式

对于最后贷款人的援助方式，研究认为公开市场操作或贴现贷款各有优劣。鲍德（Bordo，1990）和舒瓦茨（Schwartz，1995）指出，贴现贷款容易引发道德风险，并且无法清理那些实际上并不具有清偿能力的危机银行，公开市场操作可以满足整个市场对高能货币的需求，而不必去援助个别的危机银行。古德哈特和黄（Goodhart and Huang，1999）指出银行同业拆借市场运行效率低下，最后贷款人应该向个别危机银行提供贴现贷款，这种做法也不会造成准备金总量的增加。费雪（Fischer，1999）则认为公开市场操作和贴现贷款都可行。

5. 最后贷款人的援助对象

对于最后贷款人援助对象的选择，有研究认为应该援助市场，有研究认为应该援助具有清偿能力的银行，有研究认为应该援助所有陷入危机的银行。鲍德（Bordo，1990）、舒瓦茨（Schwartz，1995）认为应该通过公开市场操作援助市场，同业拆借市场可以保证资金从流动性充足的银行流向流动性不足的银行。索洛（Solow，1982）认为银行倒闭会带来信任危机，无论银行是否具备清偿能力,美联储都应该援助。考夫曼(Kaufman,1994)认为这样会使得实际上没有清偿能力的银行在未来需要更多资金,增加未来解决问题的成本。

6. 最后贷款人的道德风险

对于最后贷款人带来的道德风险,考夫曼(1991)、诺切特和泰勒(Rochet and Tirole,1996)认为,最后贷款人对银行的援助会产生两个负面影响。一方面,援助促使银行为了获得更多的救助补贴而去冒更大的风险;另一方面,最后贷款人向倒闭的金融机构提供资金的可能性大大降低了存款人监督金融机构的经营行为和业绩的积极性,并且由于救助是对所有存款人提供隐性保险,所以这也会降低了银行同业监督的积极性。缓解道德风险主要有征收惩罚性高利率、组织私人部门参与救助、实施"建设性模糊"救助条款三种方式。

第一,征收惩罚性高利率。防范道德风险需要设计成本分担机制,增强市场的约束力。汉弗莱(Humphrey,1985)指出,最后贷款人应该以惩罚性利率向危机银行提供贷款,从而增大银行发生流动性风险的成本。然而,在现代金融环境下,征收惩罚性高利率等于向市场提供了一个促使资金加速抽逃的信号。银行经营者得到了这样一种追求高风险高回报的负面激励,采取更加激进的贷款行为,从而加剧银行风险。普拉蒂和希纳西(Prati and Schinasi,1999)指出,银行同业拆借市场以正常利率提供援助。

第二,组织私人部门参与救助。贾利尼(Giannini,1999)指出,中央银行以代理人身份组织有富余资金的银行向缺乏资金的银行提供资金援助,这些扮演最后贷款人的银行将承诺在危机时期向问题银行提供援助,以保证银行体系的正常运作。古德弗兰德和拉克尔(Goodfriend and Lacker,1999)指出,这种信贷行为必须是帕累托改进,中央银行不能强迫其他银行提供援助。如果中央银行强迫其他银行提供援助,则私人部门的援助贷款实际上是对倒闭银行的补贴,反而增大了流动性风险。

第三,实施"建设性模糊"救助条款。科里根(Corrigan,1990)提出的"建设性模糊"是指当银行出现危机时,最后贷款人不一定提供资金支持,在事先故意模糊履行其职责的可能性。克劳科特(Crockett,1996)认为"建设性模糊"主要有两个作用:(1)是促使银行谨慎行事,因为银行不知道危机发生时自己能否获得援助。(2)是当最后贷款人对危机银行提供援助时,可让银行经营者和股东共同承担成本。建设性模糊也有一定的局限性，最后贷款人拥有过大的自由决定权，带来时间不一致性，最后贷款人决定援助的时机和危机银行需要援助的时机可能会出现错配。

（三）对国际货币基金组织作为最后贷款人的研究

对IMF作为最后贷款人的研究主要包括IMF作为最后贷款人的作用、IMF作为最后贷款人的局限性以及IMF作为最后贷款人未来应该进行的改革措施。IMF作为最后贷款人的意义在于它作为国际性金融组织，可以向危机国家提供贷款改善国际收支不平衡问题。乔库（Njoku，2013）通过针对墨西哥、俄罗斯和津巴布韦的IMF援助项目的研究指出，IMF作为最后贷款人有效稳定了这些国家的经济。诺伊（Noy，2003）通过针对墨西哥和俄罗斯的IMF援助项目的研究指出，IMF的贷款援助不会导致明显的道德风险。

另一些研究指出了IMF作为最后贷款人的局限性。卡罗米瑞斯（Calomiris，1998）指出IMF的援助资金只是吸收了危机银行的损失，没有使它们真正承担流动性风险。查德维卡（Chandavarkar，2002）指出最后贷款人应该具备能够无限创造高能货币的政治和法律基础，而IMF缺乏这一基本属性。李合生（Lee and Shin，2004）、戈德斯坦（Goldstein，2006）和希尔斯等（Hills et al.，1999）指出IMF作为最后贷款人存在明显的道德风险。郑振龙和江孔亮（2000）指出IMF存在资金来源不足、援助不及时、贷款条件苛刻等问题（见专栏8.1）。

专栏8.1 IMF作为国际最后贷款人存在的问题

（1）道德风险问题：在对受援国实施救援时，IMF所面临的道德风险问题主要来源于受援国的债权人。国际债权人将有意放松或疏忽对其信贷风险的控制，一味地追求高额的回报，进而演变成国际债权人的联合行动，诱使发展中国家迅速开放本国金融市场，国际债权人也会变得越来越争先恐后地向发展中国家提供短期信贷，忽视越来越高的风险；

（2）作为危机贷款者的问题：危机贷款者必须有足够的金融资源以满足市场无限制资金匮乏的需求，向市场提供弹性货币。然而，目前既没有世界政府，也没有世界性的中央银行，现存的 IMF 不能创造无限的国际储备，难以作为国际危机贷款者；

（3）作为危机管理者的问题：IMF 存在代理问题，多数投票权掌握在美国、欧盟、日本等发达经济体的手中；IMF 贷款条件过深地介入了受援国的政治；IMF 贷款未能合理地考虑到债权人和债务人投资风险的合理分担问题，贷款项目的最大受益人往往是受援国的债权人。

资料来源：郑振龙，江孔亮. 关于 IMF 能否作为国际最后贷款人问题之研究 [J]. 现代财经，2000（9）.

研究也指出了 IMF 作为最后贷款人未来的改革措施。郑振龙和江孔亮（2000）指出 IMF 应该通过扩大资金来源强化作为危机贷款者的职能，通过完善内控制度和引入外部监督作为危机管理者的职能。黄梅波（2006）指出，IMF 需要在份额改革中修改份额公式、扩大份额总量、增加总投票权重基本票所占比例、增加发展中国家的投票权占比，从而更有效地维护发展中国家的利益。格林沃尔德和斯蒂格利茨（Greenwald and Stiglitz, 2009）指出定期、大量地投放 SDR 可以解决国际货币体系改革中出现的问题。

二、1997 年东亚金融危机中的 IMF

1997 年 7 月 2 日，泰国宣布放弃固定汇率制，实行浮动汇率制。当天，泰铢下跌 20%，标志着东亚金融危机爆发。在泰铢波动的影响下，菲律宾比索、印度尼西亚盾、马来西亚林吉特、新加坡元、韩元等货币纷纷受到国际资本的攻击而贬值。东亚金融危机迅速蔓延至东亚各国，日本金融业受到巨大冲击，印度尼西亚遭到有史以来最严重的经济衰退，中国香港也爆发了金融保卫战。这场金融危机不仅暴露出亚洲各国经济高速发展背后存在的问题，也推动了各国深化体制改革，调整产业结构，健全宏观管理。

为了应对这场席卷东亚的金融危机，IMF 作为最后贷款人提供了大量资金救援危机国，同时也对贷款框架做出了针对性的调整，从而更好地适应危机国多样化的融资需求，并预防未来危机的发生。本节主要分析 1997 年东亚金融危机中 IMF 的援助概况（主要包括贷款规模、贷款目标和贷款条件）、援助方案（主要以对韩国、泰国和印度尼西亚的援助方案为例）、援助效果（主要包括经济发展、资本流动和社会稳定三个方面）及问题和改革措施（主要包括改革贷款框架、推动多边合作、促进体制改革）。

（一）IMF 在东亚金融危机中的援助概况

1. 贷款规模

IMF 在 1997 年东亚金融危机中为危机国提供了大规模的贷款援助。1997~1998 年，成员方通过普通资金账户向 IMF 借款 190 亿特别提款权（约合 256 亿美元），相当于危机前的 4 倍。截至 1998 年 4 月 30 日，IMF 共批准了 14 项备用安排（SBA）、13 项扩大的备用安排（SBA）和 33 项增强的结构调整贷款（ESAF），贷款余额升至 560 亿特别提款权（约合 754 亿美元），可用资金降到 226 亿特别提款权（约合 304 亿美元）。IMF 牵头为泰国、韩国和印度尼西亚提供了总额为 1154 亿美元的援助贷款。

2. 贷款目标

1997 年东亚金融危机中，泰国、韩国和印度尼西亚大多遭遇了货币大幅贬值，股市大跌，央行救市储备资金不足，经济衰退等问题。因此，IMF 援助项目的贷款目标也主要集中于缓解这些方面的问题。IMF 的贷款目标可以概括为以下三点：（1）促进汇率稳定，稳定市场预期，抑制各方货币的恶性下跌趋势；（2）提供临时流动性援助，缓解危机国国际收支失衡问题，也为各方政府开展结构性改革提供资金；（3）推动各国经济结构性改革，优化产业结构，并健全监管机制，加强对系统性风险的防范。

3. 贷款条件

IMF 贷款项目附带的贷款条件总体上体现在宏观经济政策条件和结构性改革条件两个方面。一方面，宏观经济政策条件主要包括货币政策和财政政策。在货币政策上，IMF 要求受援国实行紧缩的货币政策，避免货币的进一步贬值，并规避由货币贬值而引发的通货膨胀进而引发货币进一步贬值这样恶性循环的产生。但紧缩的货币政策是临时性的，一旦市场信心恢复以及市场秩序稳定，成员方利率便可以降低。在财政政策上，IMF 要求印度尼西亚保持稳健的财政政策，泰国实施紧缩的财政政策，以使财政赤字恢复到危机前水平。

另一方面，结构性改革条件主要包括金融部门结构性改革、公司债务重组改革和其他改革。金融部门结构性改革主要包括：（1）关闭偿付能力不足的金融机构,避免损失扩大;(2)对具有发展潜力的金融机构进行资本结构调整;(3)加强中央银行对薄弱金融机构的监管;(4)加强监管规范,避免由于金融机构的脆弱导致危机。公司债务重组改革是恢复金融系统稳定性的重要举措。其他改革主要包括:(1)加强社会安全网,为生活必需品提供更多补贴;(2)增强企业和政府部门的透明度;(3)改善市场有效性,增强市场竞争。

(二) IMF 对各方的援助方案

1. 对泰国的援助

泰铢贬值引发的东亚金融危机沉重地打击了泰国经济发展,造成泰国通货膨胀高企,利率居高不下,债市股市大跌。尽管泰国央行在期间进行了多次干预,仍然没能制止国际投机资本沽空泰铢带来的大幅贬值。1997年8月,IMF和世界银行、亚洲开发银行以及其他成员方一起承诺向泰国提供172亿美元的贷款。其中 IMF 承诺的资金额相当于泰国在 IMF 中的份额的5.05倍(40亿美元),日本承诺40亿美元,世界银行承诺15亿美元,亚洲开发银行承诺12亿美元,其余由中国、澳大利亚、马来西亚等各国提供。

1997年11月、1998年2月和5月,IMF 与泰国政府进行了三次谈判,达成贷款资金使用协议。IMF 实际向泰国提供29亿美元资金,并提出了相应的经济计划。财政方面,要求泰国财政赤字在1998年降低到相当于 GDP 的1.6%的水平;金融和外汇方面,要求提高利率以稳定汇率,但可随外汇的逐渐稳定而降低;金融机构改革方面,设立金融重组厅和资产管理公司等,对金融机构及其资产进行破产处理,放宽对外资出资比率的限制(可超过50%);结构性改革方面,促进民营化,健全破产法制度,建立社会安全网。

2. 对韩国的援助

1997年开始,韩国的大型工业企业开始接连破产。这些工业巨头的相继破产不仅打击了韩国的实体经济,也拖累了金融机构,使银行承受了大量坏账。随后汇市、股市均大幅波动,韩国外汇储备降至不足100亿美元。韩国经济陷入严重衰退。1997年12月4日,IMF 召开紧急会议,批准了对韩国的209亿美元的短期援助计划,并与世界银行、亚洲开发银行、日本和美国一同向韩国承诺提供总计 582 亿美元的贷款援助。最终，韩国使用的 IMF 实际贷款资金额为 170 亿美元。

IMF 对韩国提供资金援助的同时提出相应的改革计划。财政方面，要求韩国 1998 年和 1999 年的经常性账户赤字保持在 GDP 的 1% 以内，通货膨胀率保持在 5% 以内，1998 年经济增速达 3%，1999 年恢复到潜在水平（任盘硕，1998）；金融和外汇方面，要求提高利率，维持弹性汇率制度；金融机构改革方面，要求 1997 年底通过韩国银行法等金融改革法案，关闭经营无法恢复的金融机构，清理不良贷款，三年内将储蓄保险制度改为部分补偿制度，允许外国银行和证券公司在韩国设立分支机构，撤销经营出现困难的海外分行。

结构性改革方面，要求促进贸易和资金交易的自由化，逐步取消对民营企业外地借款的限制，并建立独立的外部监察制度，提高企业经营透明度，完善社会间担保行为。此外，要求提高劳动力市场灵活性，强化雇佣保险制度，促进劳动力再分配（赵志耘、郭庆旺，1999）。在公开信息方面，IMF 还要求韩国在每月末和季末公布外汇储备相关资料，每年公布两次金融机构资料，每季度末公布短期外债数据。韩国全面接受了 IMF 的结构性改革建议，并递交改革意向书，在各个方面提出了相应的措施，如表 8-1 所示。

表 8-1　　　　　　　　韩国应对危机的结构性改革意向书

政策	措施类型	具体措施
货币政策		1. 提高利率；2. 取消利率上限；3. 向金融部门贷款
资本账户自由化	证券市场	1. 提高外资持股比例；2. 提高外资上限；3. 允许外资特殊目的的无限制买卖证券
	债券市场	1. 允许外资持有担保债券；2. 取消对外资购买中小型企业非担保债券的限制；3. 上调外资购买非担保债券的总量限制；4. 取消对外资以个人名义投资企业债券的总量限制；5. 允许外资购买政府债券和特殊债券
	货币市场	1. 允许外资投资货币市场；2. 发行短期国库券
	企业贷款	1. 取消外资借款期限限制；2. 延长进口延期付款期限；3. 取消其他外资借款期限限制
	金融机构	允许外资银行和经纪行建立分支机构
	对外借款	控制金融机构的从外部筹集的短期借款

续表

政策	措施类型	具体措施
金融重组	应对金融危机	1. 建立危机应对小组；2. 韩国银行只对金融机构提供短期贷款；3. 延期偿还短期债务，寻求中期借款；4. 建议银行在1999年6月前不支付股利
	处理破产的商业银行	1. 暂停14家银行营业；2. 要求银行提交预备复原计划；3. 批准商业银行复原计划；4. 制定撤销商业银行营业执照的程序；5. 要求银行提交修改后的复原计划书；6. 审查商业银行的收支平衡表和复原计划；7. 完成复原计划的评估
	加强商业银行	1. 监管韩国第一银行和汉城银行；2. 制定私有化政策；3. 制定监督外国机构投资的规范；4. 要求资本不足的银行提交重新资本化的计划
	加强储蓄保险机制	授权相关部门发行债券
	颁布法律加强监督	1. 颁布金融改革法案；2. 授权监管机构关闭破产机构的权利；3. 修订银行破产法
汇率政策和储备管理		1. 取消汇率浮动限制；2. 减少外汇市场干预；3. 提高韩国银行的外汇使用利率；4. 监控债券不能展期的银行对韩国银行的贷款；5. 监管韩国银行的外汇贷款；6. 取消超过3个月的居民外汇存款利率上限
贸易政策	贸易津贴	取消贸易津贴
	进口自由化	逐步取消进口多样化方案
	金融服务自由化	把与OECD达成自由化协议列入符合WTO标准的一部分
劳动力市场政策	提高劳动力市场弹性	公开政府关于劳动力市场和工资的主张，劳资双方公平分担负担
	加强政府就业保障系统	公布政府关于失业者的支持计划，加强职业培训，重建劳动力市场
	减轻失业负担，加快就业派遣过程	向国会提交临时就业代理机构法案

资料来源：IMF, 1998c, Korea Letter of Intent and Memorandum of Economic Policies, February 7, http://www.imf.org/external/np/loi/020798.htm.

3. 对印度尼西亚的援助

印度尼西亚经济也在1997年东亚金融危机中遭到了严重衰退。一方面，国际游资冲击导致的货币贬值波及印度尼西亚，使得印度尼西亚盾也大幅贬值。另一方面，印度尼西亚出口导向型的经济使得印度尼西亚的国际收支赤字和外债规模不断上升，加之产业结构的不合理、僵化不变的钉住美元汇率政策以及国内政治局势的动荡,这些内在的政治经济发展问题也加剧了金融危机对印度尼西亚经济的恶劣影响。印度尼西亚通货膨胀严重,国内需求萎靡,人均收入下降,银行等金融机构遭遇挤兑并相继倒闭,国内资本市场也损失惨重。

1997年11月,IMF与其他贷款方共同向印度尼西亚提供400亿美元的贷款。第一批援助资金由IMF、世界银行、亚洲开发银行和印度尼西亚当局提供,其中IMF承诺的资金相当于印度尼西亚在IMF中份额的4.9倍(约101亿美元),世界银行提供45亿美元,亚洲开发银行提供35亿美元,印度尼西亚当局自身提供5亿美元。第一笔总额约为30亿美元的贷款于1997年11月到位,待其全部使用完后,第二批贷款资金将继续通过双边贷款协议提供。最终,印度尼西亚使用的IMF实际贷款资金额为60亿美元。

援助方案中,IMF对印度尼西亚提出了相应的改革计划。财政方面,随着经济状况的恶化,赤字水平可能会加大,IMF要求印度尼西亚预留相当于GDP的0.5%的资金建立社会安全网,但须采取措施确保财政赤字水平控制在GDP的0.8%;金融和外汇方面,为了稳定市场,印度尼西亚可以提高短期利率;金融机构改革方面,暂停14家综合金融机构营业,撤销其中10家经营状况尤其不佳的机构的营业执照;结构性改革方面,要求印度尼西亚进一步推动贸易自由化,允许外国金融机构在印度尼西亚设立分支机构,放宽资本限制。

(三) IMF在东亚金融危机中的援助效果和问题

客观上说,IMF的金融援助对帮助危机国摆脱短期债务危机、增加外汇储备以及缓解危机冲击发挥了作用。但另一方面,直至韩元大幅贬值,日元遭受冲击,并日益对国际金融体系和世界经济构成威胁时,IMF才开始重视危机并启动危机援助机制,行动具有滞后性。并且IMF的援助方案实施后,金融危机并没有得到有效遏制,反而进一步恶化,因此IMF的救助效果并不理想。下面将从经济发展、资本流动、社会稳定三个方面阐述1997年东亚金融危机中IMF贷款项目的援助效果。

第一,经济发展方面,IMF贷款项目未能遏制危机国货币贬值和经济衰退的趋势。在IMF实施援助后,泰国、韩国和印度尼西亚三个国家的货币贬值态势并未得到遏制,而是分别继续贬值了40.41%、31.70%和79.34%。货币大幅贬值进而引发通货膨胀，物价上涨，人民生活水平急剧下降。此外，危机国的经济出现了衰退。泰国、韩国和印度尼西亚的 GDP 都呈现出了不同程度的负增长，出口也没有实现预期的增长，失业率也持续上升。泰国、韩国、印度尼西亚的失业率分别激增至 6%、6.7%、21%。

第二，资本流动方面，IMF 贷款项目未能制止危机国私人资本外流。IMF 在 1999 年发表的一份报告中承认，在东亚金融危机爆发后，IMF 在泰国、韩国和印度尼西亚推行的经济调整规划未能制止住私人资本外流。相反，这些改革规划使得危机国被迫向西方发达国家开放国内市场。贸易自由化和资本流动自由化使得三国的资本外流问题变得更加严重，超过 1000 亿美元资金从该地区流出。经济合作与发展组织、亚洲开发银行等机构不断降低对亚洲国家的评级，加剧了经济危机的严重性。

第三，社会稳定方面，IMF 贷款项目在一定程度上引发了危机国的社会动荡。印度尼西亚与 IMF 达成借款协议后，其苛刻的改革计划引发了民众不满，多次发生骚乱，并一度升级为暴动。在印度尼西亚政府决定实施紧缩政策后，更引发了更大规模的社会动荡，造成很多死伤。印度尼西亚金融市场在动乱中陷于瘫痪，总统苏哈托也被迫辞职。泰国政坛也遭遇动荡，财政部长、央行行长纷纷辞职，金融危机对生活水平造成的严重打击也使得许多工人纷纷罢工示威。

IMF 的救助方案之所以未能有效地制止危机，原因可以归纳为以下三个方面：

第一，IMF 过于强调危机的内在因素。实际上，危机国固然存在诸如财政赤字过高、外债规模偏大、银行坏账过多、国际收支失衡等问题。但是，外部冲击因素，如国际游资冲击、国际缺乏协调机制和有效监督以及国际金融体系脆弱等也是危机形成的重要起因。事后来看，国际游资的投机性炒作更是在此次金融危机中起到了决定性的作用。然而，IMF 在东亚金融危机中过分强调危机的根源在于内部因素，不利于市场信心的恢复，公众始终存在恐慌心理，从而阻碍了金融市场的稳定（段兵，黄德旺，1999）。

第二，IMF 提出的改革政策不适用于危机国国情。一方面，IMF 的银行体系改革方案容易引发流动性困难。IMF 通常要求危机国关闭大量银行，加强监管以及开放本国金融市场。这往往首先降低存款人的存款意愿，造成普遍挤兑。其次随着经营不善银行的倒闭，一些经营稳健的银行也受波及而引发信誉危机。另一方面，IMF 推行的双紧政策加重了危机国的经济萧条。在市场信心不断丧失的情况下，紧缩的财政政策和货币政策使得市场恐慌心理更加突出，造成社会信用紧缩，利率进一步上升，货币继续贬值的恶性循环。

第三，IMF 难以在援助中保证相对的客观公正。首先，IMF 援助计划条款严格保密，公众难以获得充分信息。IMF 对受援国的援助建立在谈判基础上，贷款的期限安排、资金来源和援助规模都与谈判情况紧密相关，这使 IMF 的援助方案存在制度上的不透明性；其次，IMF 援助方案制定的结构性改革政策涉及危机国的政策制定自主权，从而加大了援助的不确定性；最后，IMF 的援助政治倾向突出，贷款附加的许多政治条件和经济结构调整计划都切合了发达国家的利益。

（四）IMF 在东亚金融危机中的改革措施

1. 改革贷款框架

IMF 的贷款框架改革体现在三个方面：（1）为了在危机形势下加快提供贷款的速度，IMF 启用了紧急融资机制下的快速贷款程序和特别事项条款。紧急融资机制意味着 IMF 执董会能够相较正常情况下更快地采取行动，通常为两周以内。尽管贷款条件仍然需要达成一致，但 IMF 可以预先付款，并且贷款规模可能高于正常水平；（2）IMF 设立了补充储备融资贷款（SRF）以满足市场信心突然消失的成员方的融资需求；（3）IMF 批准第 11 次份额检查时将其份额增加 45%（由 1460 亿 SDR 上升到 2120 亿 SDR）的决议。

2. 推动多边合作

IMF 致力于推动多边合作，共同应对危机。IMF 的努力体现在三个方面：（1）IMF 加强与世界银行、亚洲开发银行以及其他双边机构的合作，以增强对危机国的援助力度。世界银行和亚洲开发银行均参与了 IMF 的贷款援助计划，提供了数百亿美元的贷款援助；（2）IMF 加强地区协商对话，包括与反对派和劳工团体的磋商，作为国际贷款人和借款人为解决私人部门劳工和融资问题提供人力支持；（3）IMF 还与新闻媒体和公众进行广泛接触，积极引导舆论，及时发布援助消息以提振市场信心。

3. 促进体制改革

在 1997 年东亚金融危机中，IMF 还进行了一系列体制和程序改革保证贷款项目能够更加便捷和有效实施，主要包括以下三个方面：（1）提高信息透明度，一定程度上规避道德风险，例如 IMF 在官网上公开泰国、韩国和印度尼西亚的借款意向书，详细介绍其贷款项目；（2）加强官方沟通渠道，充分考虑并核实危机国相关经济信息；（3）根据 1997 年 IMF 发布的《国际货币基金组织在治理问题中的作用：指导说明》，IMF 将加强工作人员指导工作，在成员方经济检查和 IMF 支持的规划中更加系统性地考虑腐败问题。

三、2008 年国际金融危机中的 IMF

2007 年 9 月，美国次贷危机恶化，最终演变为全球性的金融危机。全球金融市场动荡不已，深陷流动性困难和信用危机，股市大跌，货币暴贬。美国雷曼兄弟公司申请破产保护，美林公司被美国银行收购，美国国际集团被政府接管，欧洲众多银行流动性严重不足，导致清偿能力大幅下降，最终被政府出资接管或国有化。亚洲和拉美的发展中国家和新兴国家也受到波及，市场信心严重匮乏，多国都发生了银行挤兑和资本外逃。整个市场都陷入了恐慌情绪中，出现了全球性的经济衰退，堪称有史以来最严重的国际金融危机。

全球各国、各区域性组织和各国际金融组织均投入了巨额资金救市。2008 年 10 月 30 日日本政府公布总额约合 2730 亿美元的经济刺激方案。11 月 9 日中国出台 4 万亿救市方案。11 月 25 日美国联邦储备委员会宣布投入 8000 亿美元，用于解冻消费信贷市场、住房抵押信贷以及小企业信贷市场。11 月 26 日欧盟出台总额达 2000 亿欧元的大规模经济刺激计划。11 月召开的 IMF 和世界银行年会、G20 峰会都提出各国将齐心协力应对挑战。各个成员方对 IMF 的资金需求也空前巨大，为了满足各成员方的融资需求，IMF 还进行了一系列改革。

（一）IMF 在国际金融危机中的援助概况

1. 贷款规模

国际金融危机源于发达国家金融系统，但其逐渐蔓延至新兴市场和发展中国家，使这些国家经济遭受了重大的损失，IMF 的援助贷款需求急剧上升。如表 8-2 所示，截至 2009 年 5 月 4 日，亚美尼亚、白俄罗斯等 22 个国家先后与 IMF 达成了贷款协议。协议主要分为三类:(1) 亚美尼亚、白俄罗斯等 16 个国家通过备用安排获得资金;(2) 哥伦比亚、墨西哥和波兰 3 个国家通过灵活信贷额度获得 522 亿 SDR 援助;(3) 吉尔吉斯坦、马拉维和塞内加尔 3 个国家与 IMF 达成外生冲击贷款协议。

表 8-2　　　　IMF 的金融贷款协议(截至 2009 年 5 月 4 日)　　(单位:百万 SDR)

	成员	生效期	失效期	承诺金额	未动用余额	未偿信贷总额
备用安排	亚美尼亚	2009.3.6	2011.7.5	368	206	162
	白俄罗斯	2009.1.12	2010.4.11	1618	1100	518
	哥斯达黎加	2009.4.11	2010.7.10	492	492	—
	萨尔瓦多	2009.1.16	2010.3.31	514	514	—
	加蓬	2007.5.7	2010.5.6	77	77	—
	格鲁吉亚	2008.9.15	2010.3.14	477	189	288
	危地马拉	2009.4.22	2010.10.21	631	631	—
	匈牙利	2008.11.6	2010.4.5	10538	4215	6323
	冰岛	2008.11.19	2010.11.18	1400	840	560
	拉脱维亚	2008.12.23	2011.3.22	1522	986	535
	蒙古国	2009.4.1	2010.10.1	153	102	51
	巴基斯坦	2008.11.24	2010.10.23	5169	2533	2639
	罗马尼亚	2009.5.4	2011.5.3	11400	11400	—
	塞尔维亚	2009.1.16	2010.4.14	351	351	—
	塞舌尔	2008.11.14	2010.11.13	18	11	7
	乌克兰	2008.11.15	2010.11.4	11000	8000	3000
灵活信贷额度	哥伦比亚	2009.5.11	2010.5.10	6966	6966	—
	墨西哥	2009.4.17	2010.4.16	31528	31528	—
	波兰	2009.5.6	2009.5.5	13690	13690	—
外生冲击贷款	吉尔吉斯	2008.12.10	2010.6.9	67	50	100
	马拉维	2008.12.3	2009.12.2	52	17	81
	塞内加尔	2008.12.19	2009.12.18	49	24	223

资料来源:Sanford, Jonathan E. and Martin A. Weiss, 2009, The Global Financial Crisis: Increasing IMF Resources and the Role of Congress, Congressional Research Service, May 14.

这些援助项目具有以下三个方面的特点:(1) 贷款规模巨大,几乎所有贷款安排都超出了其常规上限。2009 年 IMF 提供的备用安排规模超过 300 亿特别提款权,灵活信贷额度规模超过 200 亿特别提款权;(2) 贷款资金来自

IMF和欧盟、世界银行等其他官方机构。IMF的资金占比约达56%，是主导的援助力量；(3) 在银行协调倡议下，私人部门参与了很多欧洲国家的援助贷款项目。银行协调倡议又称"新维也纳协议"，旨在说服欧元区各国监管机构共同积极响应，确保信贷环境的健康稳定。

2. 贷款目标

如表8-3所示，由于成员方的具体国情不同，IMF贷款援助项目的目标也不同，但大都是为了缓解外部不平衡和内部金融部门的压力。各成员方通常会遇到外部不平衡问题，贷款的关键目标也就集中在平滑经常性账户变动和缓和流动性压力上。此外，银行危机发生时，恢复银行偿付能力也便成为援助的关键目标，推动金融部门结构性改革有利于降低系统性风险。最后，IMF还强调对薄弱的财政状况进行调整，避免过多的前期投资加剧经济衰退，通过中期财政合并计划赢得市场信心。

表8-3　　　　　　　　　IMF贷款援助项目目标

	宏观经济调整	危机反应/预防	充足融资/储备	金融部门稳定	财政稳定/调整
亚美尼亚	√	×	√	√	×
白俄罗斯	√	×	√	×	×
波斯尼亚	×	×	√	√	√
哥斯达黎加	√	×	×	×	×
萨尔瓦多	×	√	×	√	√
格鲁吉亚	×	×	√	×	×
危地马拉	√	√	×	×	×
匈牙利	×	×	√	√	√
冰岛	×	×	√	√	√
拉脱维亚	√	×	√	√	×
蒙古国	√	√	×	×	×
巴基斯坦	√	×	×	√	√
罗马尼亚	√	×	√	√	√
塞尔维亚	√	√	×	√	√
乌克兰	√	×	×	√	×

资料来源：IMF, 2009, Review of Recent Crisis Programs, September 14.

3. 贷款条件

IMF 的援助项目所使用的结构条件比以前的安排要少。过去的援助项目使用了大量的结构性条件，且对宏观方面关注过少，降低了成员方在危机的早期向 IMF 寻求援助的积极性，从而放大了危机的影响。而此次援助中，非优惠贷款项目中所使用的结构性条件明显减少，但随着危机的影响加深，市场脆弱性转换，经济结构性改革逐渐成为改革重点，因此 IMF 贷款中的结构性条件又日益增多。具体而言，贷款条件体现在财政政策、货币政策和金融部门政策三个方面：

第一，财政政策方面。IMF 要求借款国通过结构性改革下的中期财政调整计划来平衡财政状况，主要包括改革养老金、转移支付等社会福利体系，为公共部门施加选择性的工资约束，减小制度成本，更好地制订政府预算，控制政府支出以降低日益增长的财政赤字和公共债务等。另外 IMF 还要求借款国维持或扩大社会安全网作用以保护低收入家庭和弱势群体。为此借款国规划的财政政策安排主要包括条件性现金转移项目、住房公用事业津贴、劳动密集型建设项目和失业保险等。

第二，货币政策方面。IMF 首先尊重各成员方的汇率政策选择，确保其与宏观政策保持一致，避免汇率超调；其次，要求受援方对资本进行持续控制，避免出现大规模的资本外流；最后，IMF 对成员方采取多元货币稳定标准。对于没有干预外汇市场的国家，货币政策项目要么结合货币总量这一定量目标，要么保持现有的通货膨胀目标，即使采用货币总量作为中间目标的援助项目，货币政策也可能会随市场条件变化而相应调整。以其他指标为目标的贷款，货币政策也会随着市场条件的改变而定期调整。

第三，金融部门政策方面。如表 8-4 所示，不同成员方所采取的具体措施会因本国所受冲击的性质和国家形势不同而有所区别。IMF 与受援方商讨的金融政策主要集中在维持市场流动性和清偿能力上，包括流动性支持、加强存款保险、监管容忍、存款冻结、干预问题银行、解决框架、银行资本重组和债务重组等。金融部门改革的关键在于避免出现流动性困难和处理银行业的金融脆弱性问题，在提供流动性的同时也要注意避免货币超发。在这些政策中，控制流动性和金融部门压力的中期稳定政策优先于长期结构性措施。

表 8-4　　IMF 对成员方贷款的金融部门政策条件

	中期稳定							长期结构性			
	流动性支持			加强存款保险	监管容忍	存款冻结	干预问题银行	框架	监管	银行资本重组	债务重组
	中央银行流动性工具	扩大抵押资格	反向条件削减								
亚美尼亚	√	√	×	×	√	×	×	√	×	×	×
白俄罗斯	×	√	√	×	×	×	×	×	√	√	×
波斯尼亚	×	×	×	√	×	×	×	×	×	×	×
哥斯达黎加	√	√	×	×	×	×	×	√	×	×	×
萨尔瓦多	×	×	×	×	×	×	√	×	×	×	×
格鲁吉亚	√	×	×	×	√	×	×	√	×	×	×
危地马拉	√	×	×	√	×	×	×	×	×	×	×
匈牙利	√	√	√	√	√	√	√	√	×	×	×
冰岛	×	√	√	√	√	√	√	×	√	×	×
拉脱维亚	×	×	×	√	√	√	√	×	√	√	×
蒙古国	×	×	×	×	√	×	×	×	×	×	×
巴基斯坦	×	×	×	×	×	×	×	×	×	×	×
罗马尼亚	√	√	×	×	√	×	×	√	×	×	×
塞尔维亚	√	√	×	×	×	×	×	√	×	×	×
乌克兰	√	√	√	×	√	√	√	√	√	√	×

资料来源：IMF, 2009b, Review of Recent Crisis Programs, September 14.

（二）IMF 在国际金融危机中对各国的援助方案

1. 对墨西哥、波兰和哥伦比亚的援助

国际金融危机爆发后，墨西哥、波兰和哥伦比亚先后通过灵活信贷额度获得了 IMF 的贷款。墨西哥最先于 2009 年 4 月 17 日获得贷款，贷款金额上限为墨西哥份额的 10 倍（320 亿 SDR，约合 470 亿美元），相当于墨西哥外汇储备的 50% 或其短期外债的 75%。5 月 6 日，波兰与 IMF 达成上限为波兰份额的 10 倍的 200 亿美元贷款协议，相当于波兰外汇储备的 30% 或其短期外债的 21%。5 月 11 日，哥伦比亚获得了上限为其份额的 9 倍的资金，总额为 100 亿美元，相当于其外汇储备的 44% 或其短期外债的 84%。

从贷款条件看，IMF 对墨西哥、波兰和哥伦比亚的贷款条件基本一致，如表 8-5 所示。期限均为 3.25~5 年。贷款利率为当贷款金额超过各国在 IMF 中份额的 3 倍时，利率为 SDR 利率附加 200 基点的附加费，当贷款期限超过 3 年时再另外缴纳 100 个基点的费用。该利率条件可起到两大平衡功能，一是具有惩罚作用，防止 IMF 资金被滥用，二是整体利率水平对潜在借款人具有较强的吸引力。IMF 在事前对各国所具备的资格标准都进行了评级，为贷款项目提供参考，而不再使用事后条件。

表 8-5　　IMF 对墨西哥、波兰和哥伦比亚的援助评级

		墨西哥	波兰	哥伦比亚
可持续的对外状况	外部债务/GDP	18.2	46	19.3
	公共外部债务/GDP	10.2	11.8	12.2
	经常账户/GDP	-1.5	-5.5	-2.8
	资本账户组成	92%的外债来自私人部门	大部分外债来自私人部门	私人资本主要是 FDI
资本市场可进入性	评级	惠誉：BBB+	惠誉：A-	惠誉：BB+
	EMBI 息差	370.38	NA	417.2
储备状况	来自月进口	4.2	3.7	7.8
	对短期外债的占比	156.6	81	190.7
	对 GDP 的占比	8.1	10.5	9.8
公共部门	债务对 GDP 的占比	43.3	47.1	32.2
	财政赤字	-1.8	-3.9	-2.3
通货膨胀	2006 年以来的均值	4.5	2.6	5.6
	银行偿付能力	资本充足；外债较低；75%是国际银行；巴塞尔Ⅱ监管	资本相对充足；贷款违约风险可控；巴塞尔Ⅱ监管	受危机影响小；金融稳健指标好
	有效的金融监管	较好的金融监管框架；正改善危机协调；拥有银行问题解决框架；需要改善 OTC 市场的透明性和监管	集中化监管机构；适当的法律和机构框架；正式的操作性协调；拥有应对紧急流动性的程序	集中化监管机构；适当的法律和机构框架；最高水平的操作性协调；需要改善 OTC 市场透明性和监管
	数据透明及其完整性	数据质量较好；SDDS1996 年参与	数据质量较好；SDDS1996 年参与	数据质量较好；SDDS1996 年参与
	评估后的整体状况	持续符合标准	完全符合标准	持续符合标准

资料来源：John, Jari and Tobias Knedlik, 2011, New IMF Lending Facilities and Financial Stability in Emerging Markets, Economics Analysis&Policy, September.

2. 对匈牙利的援助

匈牙利受国际金融危机影响，经济严重衰退，人均收入下降，匈牙利福林大幅贬值。匈牙利经济的脆弱性主要有两个原因：一方面，匈牙利经济为出口导向，并且严重依赖对欧盟其他主要经济体的出口，国内核心竞争力的缺乏使得欧盟其他国家也遭遇金融危机时匈牙利无法自保；另一方面，截至2009年2月，国家公共债务占到GDP的72%，外债占到政府总债务的40%，国际金融危机下如此高的外债意味着高额风险，一旦债务无法续借或没有新的资金来源，国家就会面临严重的流动性危机。

为了缓解金融市场压力，支持匈牙利经济发展，2008年11月6日IMF执董会批准向匈牙利提供总额为157亿美元的备用安排（SBA）贷款，贷款期限为17个月。2009年6月23日和2009年9月25日IMF经过贷款检查后分别后续拨款19亿美元和121.2亿美元。这笔备用安排（SBA）贷款的目的是维持匈牙利汇率稳定，支持一些经济发展项目，实施财政结构性调整以降低政府的借债需求，并维护银行系统的流动性，最终帮助恢复金融部门的稳定，为经济复苏创造有利条件。

贷款条件计划通过内部的结构性改革措施降低匈牙利经济对外债的依赖性，主要集中在财政政策和银行部门改革两方面：（1）财政政策方面，要求改革公共部门人员工资和养老金方案，推迟名义工资调整，停止发放养老金津贴，减少公共部门支出，为民营经济发展提供更多空间，从而降低财政赤字和公共债务水平；（2）银行部门改革方面，要求对满足一定条件的银行进行重组，并加强监管部门的监管和风控能力，提高银行资本充足率，为银行间拆借市场提供资金和其他资源。

3. 对乌克兰的援助

2005年以来，乌克兰高速繁荣发展的信贷催生了经济泡沫。截至2008年第二季度，信贷增长已经超过70%，通货膨胀超过30%，经常性账户赤字达到GDP的7%。除此之外，乌克兰财政基础薄弱，外汇储备水平相对短期外债水平偏低，银行业对外资的暴露过高，资产负债错配，主要出口商品钢铁的价格在下降，造成了外贸需求萎靡。这些问题和国际金融危机导致的流动性困难共同导致了乌克兰经济的恶化，尤其是实体经济受到严重冲击。2008年9月制造业产值就下降了5%。

为了在全球经济衰退和市场信心不足的背景下稳定乌克兰国内金融体系，帮助乌克兰经济复苏，2008年11月5日，IMF执董会批准向乌克兰提供总额为 163 亿美元的备用安排贷款。贷款期限为 24 个月。2010 年 7 月，IMF 执董会批准向乌克兰提供第二笔总额为 151.5 亿美元的备用安排贷款。贷款期限为 29 个月。贷款条件的关键在于巩固公共财政，重建银行系统稳定性，发展强健的货币政策框架，主要包括财政政策、货币和汇率政策、金融部门改革和结构性调整四个方面：（1）财政政策方面。采取紧缩的财政政策，控制政府支出，分阶段提高能源关税，2010 年和 2011 年将财政赤字 GDP 比重分别控制到 5.5% 和 3.5%；（2）货币和汇率政策方面。采取可以有目的地进行干预的灵活汇率制度，通过货币贬值吸收外部冲击。采取紧缩的货币政策，降低通货膨胀到个位数；（3）金融部门改革方面。银行重组，降低潜在的信贷收缩，加大监管力度，更有针对性地开展贷款检查，完善跨境监管合作；（4）结构性调整方面。改善国家石油天然气公司金融状况，将其 2010 年亏损额占 GDP 的比重控制在 1% 以下。

（三）IMF 在国际金融危机中的援助效果和问题

IMF 在 2008 年国际金融危机中的作用需要从两个方面来看。一方面，IMF 为危机国提供了大量融资，缓解其国际收支问题，并通过结构性改革方案帮助危机国恢复可持续的经济发展，IMF 的优惠贷款也援助了许多低收入国家；另一方面，2007 年美国次贷危机发生到 2008 年下半年国际金融危机暴发，IMF 始终未采取任何行动。直到此后的 IMF 和世界银行年会以及 G20 峰会，IMF 稳定国际金融体系的作用才逐渐凸显，随着冰岛、巴基斯坦等国几乎破产，援助程序和相应的改革才正式启动。IMF 的行动具有一定的滞后性。

从表 8-6 中可以看出，IMF 的贷款项目对危机国的经济起到了一定的积极作用。宏观经济方面，墨西哥、波兰、哥伦比亚、匈牙利基本都逐渐恢复了较为稳定的经济增长，波兰、哥伦比亚、匈牙利的失业率也有较为显著的下降；财政赤字方面，原本政府财政赤字占 GDP 比重较高的波兰、哥伦比亚、匈牙利，其政府财政赤字都有不同程度的下降；金融市场方面，墨西哥、波兰、匈牙利的 10 年期债券收益率从长期看逐渐下降，说明这些国家的融资成本正在降低，市场流动性改善，投资者信心也得到了一定的修复。

表8-6　墨西哥、波兰、哥伦比亚、匈牙利、乌克兰的宏观经济数据

宏观经济指标	年份	墨西哥	波兰	哥伦比亚	匈牙利	乌克兰
实际GDP增长	2010	5.12%	3.61%	3.97%	0.68%	4.20%
	2011	3.66%	5.02%	6.59%	1.66%	5.47%
	2012	3.64%	1.61%	4.04%	-1.64%	0.24%
	2013	1.35%	1.39%	4.87%	2.10%	-0.03%
	2014	2.85%	3.28%	4.39%	4.23%	-6.55%
政府财政赤字占GDP比重	2010	0.52%	7.34%	8.62%	4.52%	1.75%
	2011	0.29%	4.82%	-12.46%	5.46%	3.82%
	2012	0.71%	3.69%	6.77%	2.31%	4.57%
	2013	0.47%	4.11%	1.63%	2.56%	4.99%
	2014	0.45%	3.62%	-1.18%	2.08%	2.66%
10年期债券收益率	2010	7.16%	5.77%	7.68%	7.95%	15.60%
	2011	6.46%	5.80%	7.63%	9.75%	9.25%
	2012	5.52%	4.94%	5.72%	6.11%	14.3%
	2013	6.33%	4.30%	6.83%	5.61%	14.3%
	2014	5.90%	2.67%	7.18%	3.60%	15.5%
失业率	2010	5.33%	9.67%	10.94%	11.18%	8.10%
	2011	5.20%	9.65%	10.09%	11.06%	7.88%
	2012	4.92%	10.11%	9.72%	11.02%	7.53%
	2013	4.94%	10.34%	9.01%	10.12%	7.18%
	2014	4.83%	9.02%	8.51%	7.74%	9.33%

资料来源：CEIC数据库

此外，国际金融危机中IMF对许多新兴市场和发展中国家的援助也存在诸多问题，主要体现在以下四个方面：

第一，顺周期的财政和货币政策在许多低收入国家的援助方案中仍占据重要地位。IMF坚决要求受援国采取低赤字和低通胀的政策，削弱了这些国家的基础设施、工业和教育投资。保持低通胀意味着贷款利率上升，从而限制了国内信贷。此外，IMF大都要求紧缩的货币政策。尽管IMF宣称从东亚金融危机中吸取了教训，对低收入国家的援助中将采取较为宽松的政策。事实上，IMF所允许的放松空间相当小，不久便会要求其降低公共财政支出。联合国儿童基金对IMF在2009年3月至2010年3月间的研究指出，在对低收入和中等收入国家的援助中，IMF对其中2/3的国家做出了削减公共

支出的要求。

第二,尽管援助方案中没有明确冻结公共工资或减少健康和教育方面支出,但持续紧缩的财政目标和较高的准备金要求通常导致这些领域的公共开支减少。IMF 于 2009 年 5 月宣布不再对受援国使用结构性绩效标准,减少结构性条件如公共工资限制。但是,实际上 IMF 并未停止使用结构性条件,而仍将其作为援助支持规划的一部分。经济和政策研究中心(CEPR)发现 2010 年 48 项 IMF 中期信贷和备用安排中有 29 个包含工资支出限制,2009 年 41 项低收入贷款协议中有 12 个要求减少能源和公用事业部门的津贴支出。即使那些没有明确要求缩减公共支出的项目,贷款条件也会迫使这些国家自动减少公共支出。

第三,改革后的针对发展中国家的贷款工具都附加了非常严格的资格标准,使得很多国家难以申请到贷款。表面上看,灵活信贷额度设立了"安全网"以确保那些面临流动性危机的国家可以采取逆周期政策,无须实施 IMF 传统的政策条件并迅速获得援助资金。但事实上,灵活信贷额度的资格标准遵循了 IMF 传统的紧缩财政和货币的要求,只有采取了符合 IMF 要求的宏观经济改革的国家才有资格申请到贷款。这就意味着深陷危机中的低收入国家很难获得灵活信贷额度的支持。

第四,增加对低收入国家援助的行动往往威胁到这些国家的长期债务持续性,可能部分抵销债务减免倡议的正面效应。IMF 首先对低收入国家提供两年免息贷款,但两年内的资金额仅为 5500 万~7000 万美元,其余贷款仍会增加低收入国家的债务负担;其次,国际捐赠资金的短缺也会迫使低收入国家必须先于国内公共建设前偿还债务,从而可能引发这些国家的债务危机;最后,国际捐赠减少、出口波动的长期效应、下降的国际私人投资和持续的国际收支不平衡使得各低收入国家的借债需求增加。

(四) IMF 在国际金融危机中的改革措施

1. 贷款资金扩充

国际金融危机爆发后,IMF 面临危机国大量的融资需求,但是 IMF 的资金增长速度远远落后融资需求增长的速度。2009 年 4 月,IMF 的资金总额为 3354 亿美元,其中 2282 亿美元为可用资金,这相对于新兴市场国家对外负债额仍然较小。为了提升在国际金融体系中的影响力,确保其有足够的资金资源满足成员方的融资需求，扩大资金来源刻不容缓。IMF 积极与成员方商议关于增加资金资源和扩大信贷额度的方案。扩充贷款资金的措施主要体现在以下三个方面：

第一，扩大新借款安排。2009 年 4 月 2 日的伦敦峰会上，G20 首脑一致认为 IMF 的资金只有增加 3 倍才能较好地应对国际金融危机及其可能造成的严重后果，同意通过新借款安排向 IMF 注入 5000 亿美元资金。如表 8-7 所示，通过成员方双边融资，IMF 的贷款能力立即扩大一倍。其中，日本同意提供 1000 亿美元，欧盟成员方在 2009 年 3 月承诺注资 1000 亿美元。日本和欧盟成员方提供的资金，加上 G20 首脑会议上承诺的额外资金以及来自其他渠道的资金，使得 IMF 的资金资源至少增加了 2500 亿美元。

表 8-7　　　　截至 2010 年 4 月 30 日有效的双边贷款和债券购买协议　　　　单位：10 亿美元

协议类型	国家	币种及金额		折合美元
贷款协议	日本	美元	100.00	100.00
	加拿大	美元	10.00	100.0
	挪威	特别提款权	3.00	10.0
	英国	特别提款权	9.92	15.5
	德国	欧元	15.00	22.2
	荷兰	欧元	5.31	7.8
	丹麦	欧元	1.95	2.9
	葡萄牙	欧元	1.06	1.6
	法国	欧元	11.06	16.7
	比利时	欧元	4.74	6.4
	马耳他	欧元	0.12	0.2
	斯洛伐克	欧元	0.44	0.6
	捷克	欧元	1.03	1.4
	瑞典	欧元	2.47	3.3
	芬兰	欧元	1.30	1.7
	西班牙	欧元	4.14	5.5
债券购买协议	中国	特别提款权	32.00	49.9
	巴西	美元	10.00	10.00
	印度	美元	10.00	10.00

资料来源：IMF, 2010, Auual Report.

第二,扩大 SDR 分配。G20 伦敦峰会还同意增加 2500 亿美元的 SDR 并分配给成员方,每个成员方将基于其份额分配到 SDR。虽然这一举措并未增加 IMF 的贷款能力,但却增加了所有成员方的国际储备。如果成员方要将 SDR 换成货币资金,需要向 IMF 申请,然后 IMF 将 SDR 出售给其他成员方换取资金。在此过程中,SDR 充当了成员方资金交易的中介。这次 SDR 不是简单地按比例分配,那些因加入 IMF 时间较晚而未能获得 SDR 初始分配的成员方也能在这次分配到 SDR。

第三,出售债券。IMF 还在债券购买协议下向成员方及其央行发行债券,构建多元化外汇储备。成员方以认购债券的形式为 IMF 出资。2009 年 7 月,执董会批准了发行该类债券的相关框架,授权 IMF 向成员方政府及各国央行发行债券。债券以特别提款权标价和计息,最长期限为 5 年。这是 IMF 成立以来首次发行债券,新兴市场国家给予了极大的支持。2009 年 9 月 IMF 年度会议上,中国人民银行、巴西和印度储备银行签署了债券购买协议。中国提供了最大支持,率先认购了价值为 500 亿美元的 IMF 债券。

2. 非优惠贷款框架改革

为了加强 IMF 的防范和化解危机能力,帮助成员方缓解流动性不足的问题,IMF 于 2009 年 3 月 24 日宣布对其贷款框架做出重大修改,预计改革将提高 IMF 的非优惠贷款机制在满足成员方融资需要方面的有效性,同时维护对 IMF 资源的充分保障。此前 18 个月,执董会进行多次讨论,工作人员开展大量工作,以评估和确定能最有效地使 IMF 满足成员方不断变化的贷款需求的改革,这一次全面改革正是在这一基础上提出的。非优惠贷款框架改革的内容主要体现在以下六个方面(IMF,2009):

第一,贷款条件现代化。IMF 提出使其贷款条件现代化,以保证其拨付贷款时的条件有所侧重和做适当调整,从而适合不同成员方的实际情况。一方面,更多地使用预先确定的资格标准,即事先贷款条件,并增加事后贷款条件的灵活性;另一方面,对结构改革的监督结合规划检查进行,而不使用结构性业绩标准。届时,IMF 的所有借款安排,包括向低收入国家提供的资金都将停止使用结构性业绩标准。新的贷款条件框架更加规范和体系化,将大大提高贷款项目的灵活性和有效性。

第二,建立灵活信贷额度。灵活信贷额度(FCL)主要用于预先向基本要素和政策面比较健全的成员方提供大额融资。其灵活性主要在于它没有贷款上限,偿还期限长(3.25~5 年),而且可同时用于满足预防性的和实际的国际收支需要。成员方申请灵活信贷额度必须满足一系列的资格标准。资格标准主要有两方面作用：一方面，只有那些因外部因素导致国际收支失衡，但基本面较好、有还款能力的国家才可以申请到灵活信贷额度，因而可以降低信用违约风险，从而保障 IMF 的资金安全；另一方面，并非所有遇到危机的成员方都可以申请到灵活信贷额度，也就极大地降低了道德风险（John and Knedlik，2011）。

第三，加强备用安排。备用安排（SBA）是 IMF 解决危机的最常用的贷款工具。通过加强这些安排，可以使 IMF 的贷款更具灵活性，并使其成为一个预防危机的工具。对于那些可能没有资格申请到灵活信贷额度的成员方来说，备用安排可以作为补充性的贷款工具，提供更多样化的贷款选择。经过修改后的备用安排框架规定，如果有关成员方的政策和所面临国际收支的性质符合相关要求，加强的备用安排允许前倾使用贷款并降低检查频率，从而增加了受援国使用备用安排的灵活性。

第四，翻倍贷款限额。IMF 把对成员方的非优惠贷款限额调整为每年不超过份额的 200%，累计不超过份额的 600%，相比原先增加了一倍，大大增加了成员方可以在 IMF 的所有非优惠贷款下所可以申请到的贷款规模。较高的限额使各国有信心认为，它们将能够得到充裕的资金来满足自己的融资需要。此外，成员方还有其他渠道可以获得超过限额的贷款资金。除了利用依赖于份额的贷款资金外，成员方还可利用灵活信贷额度，或接受特殊贷款限额框架下的强化检查获取该国在基于 IMF 份额的贷款限额以外的资金。

第五，简化贷款工具包。IMF 取消了某些很少使用或从未使用过的贷款工具，包括补偿融资贷款（CFF）、补充储备贷款（SRF）和短期流动性贷款（SLF）等。这些工具是 IMF 在历史上应对其他经济危机的时候提出的，针对的都是当时的历史条件下范围较为狭窄的国际收支问题，具有一定的时效性。在这次的国际金融危机中，这些贷款工具相对过时，因此 IMF 将取消或用更加全面的贷款工具取代它们。贷款工具的简洁可以更好地帮助借款国进行有针对性地选择，同时也降低了 IMF 的制度成本。

第六，调整和简化各种贷款机制的高额贷款和预防性贷款的费用结构。IMF 将继续收取附加费以增加 IMF 的储备，缓释信用风险。经过修订的附加费表增加了鼓励及早还款的激励因素，取消了此前基于时间的回购预期政策。另外，承诺费率表也经过了调整以帮助 IMF 控制大规模预防性贷款，如灵活信贷额度（FCL）和改革后的大额预防性备用安排（SBA）带来的流动性风险。IMF调整贷款各项费用也有利于降低贷款成本，一定程度上降低了成员方获得贷款的难度，有利于成员方更加积极地采取IMF贷款项目。

3. 对低收入国家的援助措施改革

2008年和2009年上半年，低收入国家首先遇到了食品和燃料价格疯涨的冲击，后来又遭受了国际金融危机的打击，进而出现了国际收支失衡问题等一系列经济问题。低收入国家以及G20首脑积极呼吁IMF通过迅速的政策行动满足低收入国家的资金要求。对此，IMF积极响应，显著提高了其对低收入国家的援助，并采取了前所未有的改革和措施，主要包括改革优惠贷款工具、修订优惠融资资格框架、完善对低收入国家的减债倡议和修改外生冲击贷款四个方面：

第一，改革优惠贷款工具。改革措施主要包括：（1）增加对低收入国家的优惠贷款援助，目标为2009年和2010年每年对低收入国家的优惠贷款达到40亿美元，到2014年总额达到170亿美元；（2）将贷款限额提高一倍，并推动将优惠资金和普通资金账户资金混合使用；（3）建立减贫与增长信托，并在新的信托范围内提高贷款工具结构的有效性和灵活性；（4）进一步简化贷款条件；（5）定期审查优惠贷款的利率，减少国际市场利率变化对优惠条件和补贴费用的影响；（6）通过双边捐助和IMF内部资金扩充优惠贷款的资金。

第二，修订优惠融资资格框架。IMF批准了有关获取减贫与增长信托优惠资金的成员方资格的新框架，从而完成了对低收入国家优惠融资工具的全面改革。新框架保留了最需要帮助的成员方获得优惠融资的资格，同时设立进入和退出的透明标准，确保对所有成员方一视同仁。一般来说，如果一个国家的人均年收入低于某个临界值，且没有能力在国际金融市场上持续获得大量融资，则可以加入合格名单。按照新框架，阿尔巴尼亚、安哥拉、阿塞拜疆、印度、巴基斯坦和斯里兰卡这六个国家不再具有减贫与增长信托的使用资格。

第三，完善对低收入国家的减债倡议。IMF和世界银行在减债问题上联合采用综合方法，目的是确保低收入国家债务状况可控。该方法包含两项倡议，即重债穷国倡议和多边减债倡议，旨在将债务负担最重的低收入国家的外债降到可持续的水平。截至2010年3月末，有28个国家达到了重债穷国倡议的"完成点"，并获得了全面债务减免。参加了多边减债倡议的成员方还可以从其余多边债务中获得额外债务减免。七个国家介于"决定点"和"完成点"之间，它们获得了临时债务减免（IMF，2009）。

第四，修改外生冲击贷款（ESF）。外生冲击贷款于20世纪90年代设立，是IMF向低收入国家提供的一种贷款，旨在应对超出国家控制的、对经济造成负面影响的突发和外生冲击。IMF对其进行了改革，通过增加贷款，更迅速地提供贷款以及简化贷款条件，使其对低收入国家的支持更为有效。目前，已有六个国家获得了总额为3.361亿SDR的外生冲击贷款（ESF）。此外，改革后的贷款可以更加灵活地与其他贷款工具一起使用。例如，外生冲击贷款（ESF）可以与政策支持工具（PSI）一起使用。

四、结　语

最后贷款人是指在金融危机发生时，能够尽到资金融通责任、满足市场对高能货币的需求、防止由恐慌引起货币存量收缩的贷款机构。在1997年东亚金融危机和2008年国际金融危机中，IMF都为危机国提供了大规模的贷款援助，帮助陷入流动性危机的国家增加外汇储备，提供经济改革所需要的缓冲资金，稳定危机国本币币值，满足其国际收支需要，增强市场信心，稳定宏观经济，并帮助危机国恢复可持续的经济增长。作为国际性金融机构，IMF的一系列贷款援助项目体现了其国际最后贷款人的职能。

IMF作为最后贷款人职能的理论基础是最后贷款人理论。古典贷款人理论主要经过桑顿、巴杰特和汉弗莱的发展，阐述了最后贷款人的概念和最后贷款人应该遵循的若干基本原则。现代最后贷款人理论的研究主要包括最后贷款人的存在必要性、承担主体、资金来源、援助方式、援助对象和道德风险等方面。IMF作为国际最后贷款人可以起到缓解国际收支平衡、稳定经济等积极作用，但同时也有资金来源不足、援助不及时、贷款条件苛刻和道德风险等问题，其职能仍然有待未来的改革加以完善。

1997年的东亚金融危机中的IMF为危机国提供了大量贷款，并制定了详细的贷款条件以帮助危机国进行宏观经济政策改革与结构性改革。但是，IMF在东亚金融危机前期低估了其影响，因而并没有在金融危机暴发时及时提供援助，错过了援助时机。此外，IMF为危机国制定的紧缩的财政和货币政策以及关停大量经营不善银行的金融部门改革也加剧了短期的经济衰退。此次危机援助带给IMF的教训促使其随后不断进行改革，扩大份额，提高贷款工具灵活性，同时完善全球金融体系监督体系，及时预警危机并应对危机。

2008年国际金融危机影响广泛，全球经济衰退严重。IMF进行了扩充贷款资金、改革非优惠贷款框架和改革对低收入国家的援助措施等一系列改革，目的是为了为危机国提供更大规模的贷款，并且让贷款框架更加灵活，能够适应危机国多样化的融资需求。从墨西哥、波兰、哥伦比亚、匈牙利和乌克兰的宏观经济数据来看，IMF的贷款确实一定程度上帮助这些国家恢复了经济增长，失业率、融资成本和政府财政赤字也有所降低。但是，顺周期的、严格的贷款条件仍然是阻碍许多国家获得贷款援助的主要因素。

根据对1997年东亚金融危机和2008年国际金融危机中IMF作为最后贷款人职能及其改革的分析，可以发现每次金融危机都暴露出IMF作为最后贷款人在制定贷款框架、实施援助项目、建立全球金融安全网等方面的一些问题，并促进IMF进行相应的改革，如扩大份额、提供更加全面简洁的贷款工具、降低制度成本等。目前来看，IMF一方面需要尽可能满足各国的贷款需求，另一方面需要附加相应条件以保证贷款的可偿还性和贷款项目的有效性。二者的平衡是IMF未来改革需要着重考虑的问题。

第九章

国际货币基金组织的能力建设及其改革

IMF的能力建设活动由成员方发起,包括传授技术、管理知识、制度和政策制定(即技术援助)及工作人员发展、管理人才培养(即培训)。能力建设的益处主要体现在两方面:

一方面,对于IMF本身来说,技术援助能够增强IMF与各成员方乃至整个世界的联系,进一步提升其在世界上的声望与地位。IMF的能力建设任务是对其监督和贷款职责的重要补充。通过与各国政府合作,技术援助帮助落后国家完善政策制定流程与框架,显著提高了IMF政策建议的有效性和创新性,使其行动能够及时、快速地应对危机与挑战。

另一方面,IMF的监督和贷款工作则有助于确定能力建设可在哪些领域对一个国家产生最大影响。培训活动有助于提高政府官员的专业水平,进而帮助全球各大经济体渡过难关和提高经济发展水平。无论是陷入欧债危机的各大发达经济体,还是正在经历经济转型阵痛的发展中国家,抑或是经济停滞、人民生活水平普遍较低的欠发达国家,都需要来自多方的、系统性支持帮助他们摆脱困境。IMF的培训活动则通过多种多样的形式,结合不同国家及地区的需求,为其提供及时有效的支持与保障,为世界经济局势的稳定做出巨大贡献。

目前,我国学者已围绕IMF的能力建设展开探讨,但仍处于初级阶段。关孔文和徐莹(2016)梳理了IMF通过完善评估框架,建立健全监督体系对能力建设进行的改进。李本(2010)指出技术援助职能未来应在融资、监督和国际合作等方面进行的努力。谢世清(2011)概述了能力建设的职能与主要援助领域,结合后危机时代的经验教训指出,能力建设应加强与各方的协调，向增强效果的方向进行改革。王加春（2017）总结了 IMF 的能力建设在解决债务可持续性问题上的进展。

在 IMF 的负责宏观经济稳定监督、提供融资和提供技术援助与培训三大职能中，成员方的请求提供技术援助和培训，以协助其建立实施稳健的经济政策所需的专长和机构。本章主要探讨 IMF 的能力建设（即技术援助和培训活动）及其改革。第一部分主要描述 IMF 的技术援助的领域及援助对象；第二部分分析地区援助中心以及专题信托基金的主要内容及其发展；第三部分讨论培训的内容与执行流程及其在能力建设中的重要作用；第四部分探讨能力建设存在的问题与进行的改革。

一、技术援助的领域及援助对象

（一）技术援助的对象和特征

IMF 技术援助的服务范围在随着成员方不断增长变化的科技、经济、政治需求而变化。IMF 于 1945 年建立时，技术援助的领域主要在于提供技术帮助及建议。IMF 的技术援助不仅能够帮助受援方设计和实施良好的政策，还帮受援方加强用于设计和实施适合宏观经济、金融和结构性政策的体制安排，以提高其体制建设能力，使受援方更好地应对全球危机，从而促进全球经济稳定。除向受援国提供直接好处外，IMF 的技术援助还帮助各国克服政策设计和实施方面的体制薄弱环节和资源约束，从而促成更加强健、稳定的全球经济。

作为对技术援助的补充，加快实现其稳定经济发展，提高生活质量的目标，IMF 在 20 世纪 90 年代之后越来越注重向全球推广自身的理念和认识，方式也更加和缓。IMF 通过设在总部的基金学院为成员方培训宏观经济管理人才，也在维也纳开办了培训机构，希望能帮助成员方培训落实经济调整的人才，还举办中高级研讨班，就世界经济中带有普遍性和特殊性的问题交流看法。同时，IMF 还派专家帮助成员方设计有关经济法规，协助进行经济分析、信息处理和制度建设。另外，IMF 还常规性的为成员方提供研究成果。

技术援助是 IMF 能力建设的一大核心组成部分，主要在其核心专长领域提供技术援助。这些领域包括宏观经济政策、税收和收入管理、公共支出管理、货币政策、汇兑制度、金融部门改革、债务管理以及宏观经济和金融统计。IMF 的技术援助主要由货币与资本市场部、财政事务部、统计部和法律部提供。除能帮助成员方建立强健的体制，增强必要的自身能力以制定和实施稳健宏观经济和金融政策外，能力建设工作还与 IMF 监督和贷款活动密切相连。因此，成员方十分看重这项工作（IMF，2014）。

目前，IMF 技术援助提供的支持已经覆盖所有的 189 个成员方。尤其是在应对迅速变化的全球经济和金融形势并做出调整方面。财政技术援助有力地帮助各方实施政策方面的改革和培育高效的财政管理制度（IMF，2014）。IMF 也在继续迅速采取行动，满足更多国家对技术援助的紧急需求。例如，在乌克兰发生重大经济危机时，IMF 就加强社会安全网和合理安排支出提供了建议。在欧债危机国家，IMF 在财政政策、司法改革和债权执行等问题上，提供了有效的建议，促使企业尽早恢复，改善债务回收（王加春，2017）。

2017 年的总体行政支出中，能力建设支出占到 1/4 以上，其中大部分支出用于技术援助（占 23%）。2017 年，IMF 的能力建设活动继续增长，主要是对撒哈拉以南非洲、中东和中亚及欧洲地区开展了更多的能力建设工作。提供的财政和法律专题方面的技术援助有所增加。在 IMF 提供的所有技术援助中，财政专题的援助仍占到一半以上。同年，能力建设活动的直接支出总额（包括外部供资和 IMF 供资）达到 2.67 亿美元，相比 2016 年的 2.56 亿美元，增长了 4%。

IMF 技术援助的三个独有的特征：（1）及时性。对政府紧急技术援助申请迅速做出反应的能力——驻在当地的专家小组，能在请援后的短时间内、先于 IMF 其他活动提供援助；（2）明确性。在设计规划时，技术诊断和补救建议是核心考虑因素；（3）合作性。技术援助与规划/监督工作之间存在重要的连续性，IMF 职能部门的工作人员既是技术援助小组成员，也是地区部门小组成员。IMF 强调机敏、灵活地做出反应，将专业化与一般性宏观经济建议紧密结合，使其技术援助不同于其他从事长期能力建设的机构所提供的技术援助。

（二）技术援助的援助领域

IMF 技术援助的主要职能是为其成员方，特别是中、低收入国家在机构升级、宏观、金融和结构政策等方面提供有效的管理经济专业知识、技术支持与咨询服务，协助成员方加强宏观经济和金融部门政策的设计和实施，并提高政府机构的能力。技术援助主要包括以下四个领域：（1）货币和金融政策，包括货币政策工具、银行系统监管和重组、外部管理和操作、支付系统清算和中央银行机构发展；（2）财政政策及其管理，包括税收和关税政策及其管理；（3）统计数据的汇编、管理、分发及完善；（4）经济和金融方面的立法（IMF，2010）。

1. 货币和金融政策

货币和金融政策的技术援助的目标在于向中央银行提供援助，使其货币和汇率框架现代化，并与监管机构合作，加强对金融机构的监督。货币和资本市场的稳定不仅能够促进国内资源的合理最优化配置，也能够提高一国的国家形象。稳定的汇率可以促进对外贸易；积极的资产与负债管理能够增强一国作为借款人的实力和作为贷款人的信用，有利于其对外财富的灵活运用；成熟的危机管理体制在如今的愈加全球化的经济世界更能提高国家的金融稳定，为经济发展保驾护航。

货币和金融政策方面的技术援助项目主要包括：（1）向成员方提供中央银行业务方面的技术援助，帮助其职能趋于专业化，建立发行和管理货币的机构、改革现行金融体制等；（2）在金融监管，货币政策、中央银行现代化改造和其他金融稳定方面支持受援国，大力促进中低收入国家的货币与金融稳定；（3）通过双边和区域方式实施综合技术援助项目，增强监管框架及体制能力；（4）向先进经济体提供了危机管理方面的支持；（5）采用针对性的货币金融政策，加强对新兴经济体的金融监管与风险评估。

同时，IMF正在提供更加多元化，具有针对性的帮助，应对成员方不断变化的需求。例如，在柬埔寨、缅甸、尼泊尔和菲律宾提供的银行监管技术援助帮助这些国家建立了根本的监管基础设施，增强体制能力建设，以维护金融稳定。又如，促进中非货币政策现代化、在亚洲建立金融货币稳定框架、促进东加勒比货币联盟银行重组、完善吉尔吉斯共和国银行业监管、完善黑山共和国银行业与保险业监管。再比如，IMF帮助石油出口国进行债务管理能力建设，以使宏观审慎政策适应新兴市场经济体的需求。

2. 财政政策

财政政策方面的技术援助的重点在于就如何提高收入和有效管理支出为政府提供建议。主要由IMF的财政事务部负责提供这一方面的技术援助和培训。财政政策方面的技术援助内容包括：（1）完善税收和关税政策；（2）提高金融部门的应变能力；(3) 完善公共财务及国内外债务管理，建立社会安全网；(4) 对财政政策、管理和体制方面的关键改革提供支持；(5) 针对新出现的财政问题提供指导与解决建议。例如，强化养老金体系建设、建立中期财政框架，加强财政风险管理，以及落实自然资源体制相关的财政事宜等。

此外，财政领域的技术援助还体现在帮助低收入和中等收入国家以及脆弱国家加强基本的制度性基础设施。例如，2015 年，IMF 在乌克兰制定了具有广泛基础的技术援助计划，为各种项目提供支持，其中包括旨在提高当局制定和实施健全宏观经济和金融部门政策的能力的改革，以及进行养老金和能源补贴改革以建立管理国有企业的框架，检查公共财政管理体系，评估税收政策问题，建立防止腐败的框架。又如，在埃及和突尼斯，IMF 为公共财政管理及税收和收入管理改革提供支持。

2008~2017，IMF 显著加大了帮助成员方调动国内收入的工作，并做出了重要贡献。例如，在马里，自 2015 年和平协议签订以来，IMF 将其能力建设工作重点放在关键的支出流程、现金管理和财政权力下放。在 2016~2017 年，在 IMF 的协助下，马里当局在升级和推出国库计算机化会计制度方面取得显著进展，将各级政府的现金汇集至国库单一账户，并完善了公共投资管理的关键机构。此外，在海地，2017 年，IMF 帮助提高了机构能力，包括在财政部下设立一个宏观财政单位，并在政府普遍建立会计职能。

与此同时，近年来 IMF 与其成员方合作，加强对公共财政和公共投资管理支持，以确保成员方有效利用其财政资源，实现可持续发展。具体来看，IMF 推出新的公共投资管理评估规划，有助于帮助各国确定其公共投资管理中的优势和不足。这些评估现在被用于确定改革重点，帮助开展后续能力建设，并激励捐助者提供资金。IMF 也一直向资源丰富的国家提供建议，帮助它们降低收入波动性和扩大税基。例如，在安哥拉，IMF 提供了燃料补贴和收入征管现代化方面的技术援助。

3. 统计数据的汇编、管理、分发及完善

统计方面的技术援助主要是帮助各国编制、管理和报告其宏观经济和金融统计数据。这样可以更准确地了解其经济状况，并帮助制定更明智的政策。良好的经济数据也能传递出有关透明度的信息，促进投资者对政府政策的信任。在 2012~2017 年，IMF 在宏观经济统计领域的技术援助显著增加，IMF 的统计能力建设增长了 20% 以上。在双边和多边合作伙伴的资助下，多数能力建设是针对低收入和中等收入国家和脆弱经济体。IMF 的支持主要侧重于

实体部门和政府财政统计,同时也针对对外部门统计开展工作。

统计方面的技术援助在提升数据的可获得性和可预见性方面做出了重大贡献。最大的统计能力建设项目是"强化的数据公布倡议",目的是改进非洲、中东和中亚地区45个国家的宏观经济统计数据。该项目完善了对国民账户统计的记录、重新确定了国民账户基期,使政策制定者能够了解关于经济结构更为准确的状况。此外,IMF还敦促数据公布通用系统e-GDDS的实施。这实现了极大加强并促进了成员方对宏观经济状况分析至关重要的数据的公开与互动,提高了数据透明度并且扩大了在相关领域的治理效率。

2015年1月,IMF向所有用户免费提供在线统计数据。这些丰富的宏观经济数据,覆盖了大部分IMF成员方的所有经济部门。免费提供的数据库包括国际金融统计、国际收支统计、政府财政统计和贸易流向统计。该计划将帮助所有用户更好地利用该重要统计资源,包括从预算数字到国际收支数据,从债务统计数据到关键的全球指标。同时,采取此项政策也促进了技术改进,通过建立一个新的在线数据门户和一个加强版的数据公布平台,显著提高了动态数据可视化、数据下载和信息分享能力。

IMF的统计能力建设还能够在多个方面为世界经济发展提供动力:(1)从一国来看,领导层可以通过完善的统计指标研究一国经济的特征,并就此提供建议;并时刻以量化的形式更新的经济指标,为以后的政策提供更为细致、具体的指导;(2)从整个世界来看,统一的经济指标能够为我们提供各国发展的横向对比,从而识别出更需要帮助的地方;统一的外贸指标也可以促进贸易。它使得贸易过程中的记账更为便利,提高贸易的效率;(3)IMF的统计能力建设有助于建设一组统一的统计数据,促进货币联盟体系的建立(IMF,2017)。

4. 经济和金融立法

近几年,各个国家对反洗钱和打击恐怖主义融资、金融和财政法、破产法和司法改革等领域的法律技术援助需求都在继续增长。IMF以技术援助的手段使各国法律和治理框架与国际标准保持一致,从而开展健全的财政和金融改革、惩治腐败以及打击洗钱和恐怖主义融资。IMF还包括开展关于反恐融资的区域法律起草项目,进行公共财政管理法律框架制定,提供所得税、增值税和税收程序等领域的税法援助,在企业和住户破产以及债权执行方面向成员方提供帮助,确保有生存力的企业能够尽早恢复、无生存力的企业尽快清算。

IMF 与金融行动工作组（FATF）、世界银行、埃格蒙特金融情报单位联盟以及 FATF 式的地区机构一道，在反洗钱和反恐融资领域开展工作，分别向缅甸和乌克兰提供技术援助，扩大了对海湾国家以及在反恐融资方面的工作（IMF，2016）。在税法方面，税收征管的法律基础和自然资源征税等新领域得到扩展。地区技术援助中心能够在广泛的财政、宏观经济统计和金融部门领域为各国提供实践性的、较长期的改革实施支持和指导，这些领域包括公共财政管理、税收征管、宏观财政分析、国民账户和价格统计、对外部门统计、政府财政。

2008 年全球金融危机之后，东加勒比货币联盟（ECCU）面临公共债务高企和资金紧张的局面，导致东加勒比中央银行（ECCB）将三家国内银行进行委托管理。为了通过加强监管增强其金融体系，ECCB 与 IMF 合作，修订银行业立法框架，提高中央银行监督托管银行所取得进展的能力。自这项工作开始以来，现代银行业立法在全区域内得到实施，该地区的中期财政框架得到更好的监督和修订。这项工作也促成了新的《银行法》和《东加勒比资产管理公司法》，两者都在所有 ECCU 的管辖范围内获得批准（IMF，2017）。

二、地区技术援助中心（RTAC）与专题信托基金（TRF）

地区技术援助中心和专题信托基金的出现使 IMF 能将多个捐助方提供的资源集中起来。其中，地区技术援助中心（Regional Technological Assistance Center，RTAC）使得使用者可以更加近距离地获取技术援助，而专题信托基金则更有针对性地致力于专业领域。地区技术援助中心使 IMF 可以根据一个地区的特殊需求，灵活地提供技术援助。RTAC 指导委员会由受益国、捐助方和 IMF 的代表组成，对每个中心的工作计划提供针对性的战略指导。这一强调实地参与的方法与安排，确保了所有的利益相关方对各中心的活动的强烈认同。

（一）地区技术援助中心

地区援助中心可以更有针对性地推动国家或地区的经济金融发展，尤其是在监督金融行业，调节税收、海关政策，以及管理地区财政预算和经贸数据等方面。RTAC 的建设费用由当地政府和国际货币基金组织共同承担。地区技术援助中心的资金大部分来自捐助国、国际机构和地区开发银行，同时注重与其他援助地密切合作。这使得 RTAC 可以更便捷的对地区的货币市场、财政开销、公共债务以及宏观经济进行管制和监督。地区技术援助中心提供的技术援助能灵活、及时、有效地使用成本，使各国更具掌控感。

（二）地区技术援助中心的地理分布及发展

IMF 现已在全球范围内设立了 10 个地区技术援助中心，并在继续扩大地区技术援助中心的全球网络。如表 9-1 所示，10 个地区技术援助中心，其中 5 个在非洲，其余 5 个分别在加勒比、中美洲、太平洋、中东和亚洲。太平洋地区在斐济；中美洲地区在巴巴多斯和危地马拉；中东在黎巴嫩；非洲的区域中心在科特迪瓦、加蓬、加纳、毛里求斯和坦桑尼亚；中亚地区在乌兹别克斯坦。IMF 最早的地区中心——太平洋地区金融技术援助中心，成立于 1992 年，是 IMF 本地化能力建设工作的先导。

表 9-1　　　　　IMF 地区援助中心名称及地点

中心名称	国家	城市
太平洋地区技术援助中心	斐济	苏瓦
加勒比地区技术援助中心	巴巴多斯	布里奇敦
中东地区技术援助中心	黎巴嫩	贝鲁特
东非地区技术援助中心	坦桑尼亚	达累斯萨拉姆
西非地区技术援助中心	马里	巴马科
中非地区技术援助中心	加蓬	利伯维尔
中美洲、巴拿马和多米尼加共和国技术援助中心	危地马拉	危地马拉城
南非地区技术援助中心	毛里求斯	路易港
西非第二地区技术援助中心	加纳	阿克拉
中亚地区技术援助中心	乌兹别克斯坦	塔什干

资料来源：IMF 2010 年报。

截至 2008 年，IMF 在太平洋地区、加勒比、东非、西非、非洲中部和中东已设有六个地区技术援助中心。为满足受援国的要求，IMF 继续扩大其地区技术援助中心。南部非洲技术援助中心于 2011 年 6 月开始在毛里求斯运行。它服务于南部非洲。该中心的建立得到了非洲开发银行、澳大利亚、巴西、加拿大、英国、欧洲投资银行、欧盟、东道国毛里求斯和一些受援国的先期支持。2013年在西非开设了第八个地区援助中心,服务于该地区的非法语国家。此外,在乌兹别克斯坦,IMF设立了中亚地区援助中心。

10个地区技术援助中心是提供实践性技术援助的有效渠道。在这些中心的支持下,成员方在改革经济和金融体制方面取得了切实的成果。2014年上半年,西部非洲地区技术援助中心大幅增加了援助活动。在该中心的支持下,成员方在改革经济和金融体制方面进一步取得了进展。该年对中美洲、巴拿马和多米尼加共和国地区技术援助中心、东部非洲地区技术援助中心和西部非洲地区技术援助中心的中期评估显示,技术援助的质量较高,相关性较强,并且成员方对这些援助有很强的自主性。

2017年1月开始运作的南亚地区培训和技术援助中心是IMF全球地区中心网络中新增的一个技术援助中心,是第一个将培训和技术咨询相结合的中心。通过培训课程和驻地技术援助专家的帮助,满足IMF在提高公共支出效率、增强税收管理、加强金融体系监管的需求。切实实现货币政策与操作的现代化、完善宏观经济统计,为IMF今后的能力建设工作树立了典范。地区援助中心除了得到IMF的支持外,还从能力建设合作伙伴、捐助方等支持者得到资金与援助。

(三) 地区技术援助中心实例

例如,2002年,IMF提出"非洲能力培养倡议",决定在撒哈拉以南非洲建立地区性技术援助中心。这是应非洲领导人对加强经济治理和政策调控的迫切要求而采取的举措。西非首个技术援助中心于2003年5月在马里首都巴马科成立,服务于该区域内的10个法语国家。2014年3月24日,IMF在加纳首都阿克拉(Accra)建立西非第二个技术援助中心。这也标志着由5个地区中心构建的非洲技术援助网络的完工。这也标志着IMF兑现了2002年的承诺——将技术援助中心网络扩展到覆盖所有撒哈拉以南非洲国家。

阿克拉技术援助中心是IMF在全球设立的第9个区域援助中心,也是非洲范围内的第5个。该中心覆盖西非6个英语国家,包括冈比亚、利比里亚、塞拉利昂、尼日利亚、加纳以及佛得角,这些国家同样也是西非经济共同体成员。该中心的成立将为成员方获取专业技术知识提供便利,并有利于成员方之间加强相互学习和协作。据 IMF 非洲区主管安托内·萨耶介绍，西非所得到的技术援助力量占 IMF 全球技术援助的 30%，超过其他地区。

IMF 还向有关国家及地区援助中心提供远程技术援助，帮助受灾国及地区解决问题、摆脱困境。例如，在面对西非的埃博拉疫情时，IMF 从总部以远程方式以及通过非洲地区技术援助中心提供了急需的技术援助。这些援助还向利比里亚提供关于实施半自主收入权的最终阶段以及计划实行增值税的建议。另外，这些援助还向塞拉利昂提供了改善税收征管机构对采掘业评估和征收税收的能力的技术援助，以及向几内亚提供了保持公共财政管理能力和进一步改善国民账户统计的技术援助。

再如，马里政府曾经以自身力量，运用当地的资源进行公共投资，但收效甚微。马里发展计划的合作者（机构、国际组织、伙伴国家）也曾经为其提供投资方面的投资支持，但是缺乏系统性和协调，未能实现初衷。外界金融援助，政府投资导致该国的总固定资本形成曲线时出现向下倾斜，且极不稳定的情况。在过去的 15 年里，该国的固定资产形成趋势落后于经济和人口的增长，导致人均固定资本拥有量下降，固定资本/经济总量比率持续下滑。马里的低投资效率反映了投资总量不足、资本存量过低以及基础设施的匮乏。

IMF 的效率计量指标显示马里投资效率低下，导致严重的资源浪费。在请求地方性技术援助后，IMF 为整个投资管理系统建立了一套评估体系，包含 15 项具体内容。该体系能分析出现行制度的优缺点所在，为其提供改进有效操作建议以及技术支持，以提高公共投资的效率和作用。改革建议分为 3 大部分：第一部分为预算计划，控制投资预算规模以保证可持续投资；第二部分为投资项目建议，提供恰当的投资渠道和项目；第三部分为执行监督，督促项目按照时间表开展并进行项目进度评级。

这项改革产生了如下影响：（1）使得该国建立起一个健康但缺乏效率的管理框架；（2）相较于其他中低收入国家，该国的公共投资管理框架更加强有力；（3）和在投资上的努力相比，其公共投资管理系统未能产生足够的可持续固定资本存量；（4）IMF 的指导建议使得该国的公共投资管理体系的效率极限得到提升。但是，这项改革仍然存在部分问题：（1）未能有效建立公共和私人部门之间的有效合作机制；（2）在对资产的核算和估价，特别是非金融类资产上；（3）投资基金的管理稳定性不够好，容易受到现金流来源的影响。

（四）专题信托基金的概述

专题信托基金（Thematic Trust Fund，TRF）的初衷是将捐助资源集中在信托基金中，以补充 IMF 自己的技术援助资源。这个筹资模式是在区域内按专题经营管理，捐助者们可以根据自己的重点选择不同的参与渠道，这有助于充分利用 IMF 的专门知识和经验，进而发挥杠杆效应，为相应的地区专题项目融资提供资金保障。专题信托基金与 IMF 的区域技术援助中心互为补充。前者由一个针对性的研究议程作为重点，处理专门领域的艰深问题；而后者的重点是在区域内就地实际执行这些建议。

与传统的提供援助形式相比，设立信托基金具有若干优势。对受援国而言，这些信托基金扩大了项目范围，增加了可以用来进行能力建设的资源。例如，信托基金促进了捐助者与援助提供者之间的协调。信托基金还向捐助者们提供了一个专题菜单，供其根据各自的发展战略和重点事项来给予支持；同时运用 IMF 的技术专门知识以及现有的提供援助和采取后续行动的机制。对 IMF 而言，信托基金使人们能够在共同关心的领域采取集体行动，并使 IMF 自己的资源能够在战略重点领域发挥最大效力。

信托基金取得成功的关键是其治理结构。每个信托基金由一个指导委员会（由捐助者的代表和 IMF 雇员组成）提供战略指导并帮助制订政策和工作重点。在必要情况下，指导委员会可以邀请有关领域的国际和区域机构，或援助提供者作为观察员。该委员会还将作为一个论坛，供捐助者进行援助协调和交换信息。为了补充这种自上而下的方式，IMF 还通过一个自下而上的磋商流程确定援助需要及援助的优先次序。这使得改革议程与 IMF 自己的政策和监督重点能够结合，援助能持续发挥影响，并侧重于 IMF 的核心专长。

（五）专题信托基金的专题

专题信托基金涵盖专门主题，对地区技术援助中心提供的区内重点援助构成了补充。具体涵盖以下主题：反洗钱/打击资助恐怖主义、脆弱国家支持、公共财政管理、自然资源财富管理、公共债务可持续性管理、提供统计和数据，以及促进金融部门的稳定与发展。IMF 的第一项专题信托基金支持在反洗钱和反恐怖主义融资领域的技术援助。于2009年5月开始运作,得到了成员方、合作伙伴与IMF法律部的支持。它促进了国家反洗钱/反恐融资体制的加强,是目前巩固国际金融架构,增强金融稳定与治理的努力的一部分。

如表9-2所示,IMF有七个主题性专题信托基金。第二个和第三个专题信托基金提供关于税收政策管理和管理自然资源财富方面的技术援助。第二个信托基金于2011年5月开始运行,主要帮助低收入和中低收入国家筹集国内资源支持发展,减少对援助的依赖,构建了关于税收征管相关信息的数据库。第三个专题信托基金也是于2011年5月开始运行,服务对象是目前或未来有巨大油气和矿物资源的国家。第四个专题信托基金是2012年九月设立的"南苏丹专题信托基金",旨在培养南苏丹银行的能力并加强其预算制度建设。

表9-2　　　　　　　　　　现有专题信托基金概况

成立运作时间	名称	目的/作用
2009年5月	反洗钱/反恐融资（AML/CFT）	帮助成员方住立一个可靠的反洗钱/反恐融资机制提供技术援助支持
2011年5月	税收政策与管理专题基金	支持国际货币基金组织的各成员方建立稳健的税收体制和制定完善的税法,并且建立税收管理部门
2011年5月	管理自然资源财富（MNRW）专题基金	为世界上那些自然资源丰富的国家而设计,支持它们的宏观经济管理、财政制度和相关契约、收入管理、透明度安排、统计以及资产管理等方面的需要
2016年8月	收入调动信托基金（RM）	接替颇为成功的税收政策和管理专题信托基金,将有助于整合新的财政评估工具,在全球优先领域如国际税收和碳税方面提供建议,并支持发展确保可持续进展所需的培训活动
2017年4月	金融部门稳定专题信托基金（FSSF）	在2008年全球金融危机的基础上,旨在帮助成员方监督和管理系统风险,形成有效的跨境监管机制,设计金融安全网,在危机期间进行流动性管理,制定退出策略,进而实现稳定
2017年3月	决策数据基金（D4D）	将提高受益当局公布宏观经济统计数据的质量、覆盖面、及时性。D4D基金还将维持金融服务可得性调查,其中部分将被用于衡量联合国可持续发展目标指标

资料来源:国际货币基金组织年报,2010~2017。

三、培训活动

（一）培训活动

IMF的培训活动是能力建设工作的有机组成部分。多数培训是通过基金学院（与其他部门合作）的培训计划提供的。培训场所主要是在IMF总部、设在世界各地的地区培训中心以及远程培训。如图9-1，IMF通过提供实地培训、在线培训及定制培训等，帮助政府官员提高其分析宏观经济发展、制定并实施有效的宏观经济政策的能力。实地培训还通过课程、讲习班、研讨会的方式分享IMF工作人员在多个专题上具有的专长。IMF的培训活动也在根据不断变化的政策挑战、成员方的需求以及技术创新的需要进行调整。

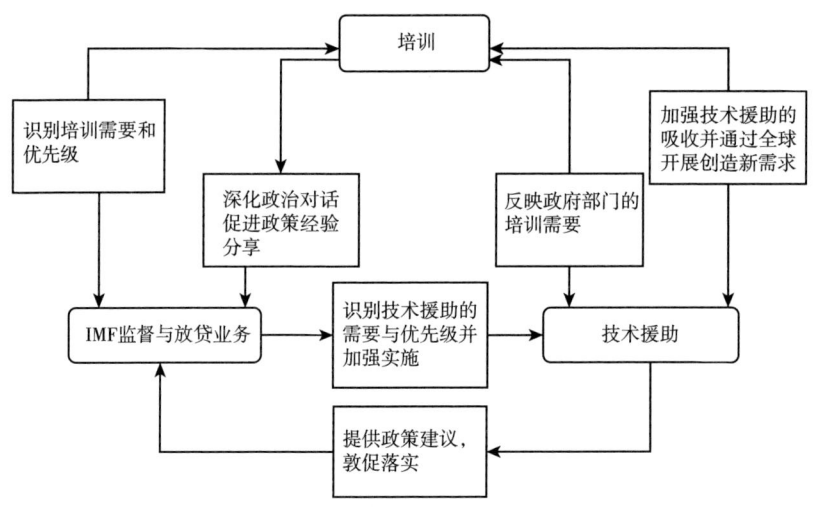

图9-1　IMF培训的流程与联系

资料来源：IMF 2008~2017年度报告。

（二）培训具体形式与内容

1. 实地培训

为了提高技术援助与捐助方合作培训之间的协同性，IMF新成立的非洲培训学院于2013年6月开始运作。该学院与设在毛里求斯的南部非洲技术援助中心的地点相同，由同一人担任主管。因此，能力建设学院的工作人员与 IMF 地区技术援助中心可以密切协同合作，就一些对 IMF 成员方具有战略重要性的新题目开发新的课程。例如，有关地区一体化中经济问题的分析工具及课程；以及有关防范金融危机，恢复金融部门健康，促进包容性增长的理论讲座、实践研讨会等。

实地培训涉及广泛的议题满足了不同的需求，主要包括宏观金融联系、宏观经济政策、预测方法、宏观经济模型分析、金融规划和政策、金融部门问题、专门的货币和财政政策课程、宏观经济统计、保障评估以及法律问题等。IMF 还在网上宣布课程安排，以反映重点的调整和需求的变化。同时，还通过 RTC（地区培训中心）和 RTP（地区培训项目）为国家官员提供宏观经济、财政和相关操作领域的实践型、政策导向型培训。该培训有助于加强稳健政策的制定与实施并提高各国与 IMF 的政策对话质量。

IMF 还会根据不断演化的成员方需要和本机构的优先工作而不断调整培训课程，并在更大范围内提供培训。2012 年，通过基金学院项目提供的培训数量创下历史新高——为 4750 位官员（比前一年增长 13%）提供了培训，并且在宏观经济诊断和金融部门问题方面提供了更多培训。2017 年，IMF 完成了历时两年的对培训工作的审查和评估。通过这次对外部课程的全面改革，IMF 的培训范围得到了进一步扩大。同年，IMF 共设计、开发和推出了 19 门新课程，从国家政策研究到实践培训，将理论与实践结合，提高了培训效率。

2. 在线培训

IMF 的在线培训主要是通过网上课程提供的，并将其作为向政府官员提供宏观经济与财政培训的载体。IMF 的在线培训课程可以借由互联网向任何人开放，并正在为更大范围的国家官员提供培训机会。截至 2015 年，40% 的在线毕业者是政府官员，将该年的 IMF 培训提高了 4%（IMF，2015）。在接受该培训的人员中，来自撒哈拉以南非洲国家的官员最多。这体现了培训分配正在朝那些面对面培训代表性不足的地区转移。同时，在线培训也在加大向低收入发展中国家的官员提供的比重。

免费提供的大规模网络公开课（MOOC）充当着 IMF 对外宣介的重要渠道，公众也可以随时学习在线课程。MOOC 有效地帮助多元化的全球受众更好地认识本国乃至全球的经济政策，以更加方便快捷的途径接受知识与培训教育。面对新的全球宏观经济走势、成员方需求的改变以及政策挑战，IMF 积极做出回应并对网上课程的内容进行调整。例如，2014 年，IMF 与非营利组织 edX 合作制订了新的在线课程计划,并启动了两项网上课程:金融规划与政策,以及债务可持续性分析。

IMF 在线培训课程的内容与覆盖范围正在进一步扩大,做到与时俱进。目前,在线培训可以提供的课程包括宏观经济账户和分析、债务可持续性分析、能源补贴改革、宏观经济预测、规划设计、金融市场分析。其中,金融规划与政策的第一部分课程已有西班牙语版和俄语版;债务可持续性分析课程已有法语版,这使得其能更好地指导低收入国家的管理问题。2017 年新增了宏观经济诊断课程和金融规划与政策第一部分课程的阿拉伯语版。至此,有 17 门在线课程以五种语言提供。

近年来,在线培训在 IMF 提供的培训中愈发重要。2014 年,建设学院提供了 178 次培训,约 6300 名官员参加了培训(IMF,2014)。新兴市场经济体获得的 IMF 培训最多。2016 年,在线培训已达到 IMF 总培训的 30%。2017 年,在线培训参与程度仍然很高。撒哈拉以南非洲的用户占比最高,占在线培训的 28%。自从该培训计划于 2013 年底推出以来,已有 34000 多名积极参与者注册了 IMF 的在线课程。其中,来自 186 个国家的约 9400 名政府官员和 9800 名普通民众成功完成了在线课程(IMF,2017)。

3. 定制培训

地区技术援助中心的专家和 IMF 工作人员还结成团队,根据成员方的要求提供培训材料,制定新的、可定制的模块课程。并与特定机构就这种定制开展合作。例如,IMF 与加纳、莫桑比克、东非共同体地区和斯里兰卡的中央银行合作制定预测和政策分析系统,以加强其货币政策框架。其他定制培训计划包括(1)在 IMF 总部为中国官员提供关于跨境头寸统计的课程;(2)在中国和玻利维亚开展政策分析动态随机一般均衡模型项目;(3)在中非经济和货币共同体开展金融规划和政策培训。

(三) 培训中心地域分布

地区培训中心广泛分布于五大洲及地区,服务于非洲(非洲培训学院以及与非洲开发银行合作建立的非洲联合伙伴安排)、亚太地区(新加坡地区培训学院和中国-IMF 联合培训项目)、欧洲和中亚地区(联合维也纳学院)、中东地区(IMF-中东经济与金融中心,设在科威特)和拉丁美洲(拉丁美洲联合地区培训中心,设在巴西利亚)。IMF 还在总部(华盛顿特区)以及在奥地利、巴西、中国、新加坡、突尼斯和阿拉伯联合酋长国的区域培训中心为成员方的政府和中央银行官员提供培训课程。

例如，2017 年 1 月开始运作的南亚地区培训和技术援助中心是 IMF 全球地区中心网络中新增的一个技术援助中心，也是第一个将培训和技术咨询相结合的中心。通过培训课程和驻地技术援助专家的帮助，满足 IMF 在提高公共支出效率、增强税收管理、加强金融体系监管的需求。切实实现货币政策与操作的现代化、完善宏观经济统计，为 IMF 今后的能力建设工作树立了典范。地区援助中心除了得到 IMF 的支持外，还从能力建设合作伙伴、捐助方等支持者得到资金与援助。

根据需求导向的做法，该中心投入了相当多的时间来了解成员方的需求。这形成了一个包括 30 个左右的课程的初步项目，课程涵盖财政、货币、金融和统计等内容。第一个课程是为印度经济服务局的官员们提供的，内容涉及宏观经济诊断，之后是财政分析和货币政策的课程。部分培训也为其他成员方以及需求强烈的印度地方政府提供。未来几年，除了量身定制的培训和实践性的技术援助项目外，南亚地区技术援助和培训中心将召集参与国家开展相互学习，在各国间重新分配人员，并与南亚地方机构开展合作。

（四）培 训 成 果

图 9-2 展示了 2013~2017 年按参与地区划分提供的能力建设学院培训活动。从地区方面看，中东和中亚获得的比例最大，为 27%；其次是撒哈拉以南非洲和亚太地区，而西半球国家和欧洲国家获得的比例相对较少。从时间顺序来看，对中东和中亚以及撒哈拉以南非洲提供的能力建设学院培训项目是逐年增加的。这体现了培训分配正在朝那些面对面培训代表性不足的地区转移。其中，多数培训是通过 IMF 的区域培训中心网络和项目以及在线课程提供，其余则是在 IMF 总部或其他海外地点提供的。

2017 年，IMF 通过理论讲座、分析性工具和实践研讨会提供了 355 个面对面的培训课程，以及 19 个在线课程。截至 2017 年，共来自 186 个国家的约 9400 名政府官员和 9800 名普通民众成功完成了在线课程。近年来，在线培训在 IMF 提供的培训中愈发重要，IMF 也在加大向低收入发展中国家的官员提供的比重。2016 年，在线培训已达到 IMF 总培训的 30%。2017 年，在线培训参与程度仍然很高。撒哈拉以南非洲的用户占比最高，占在线培训的 28%。

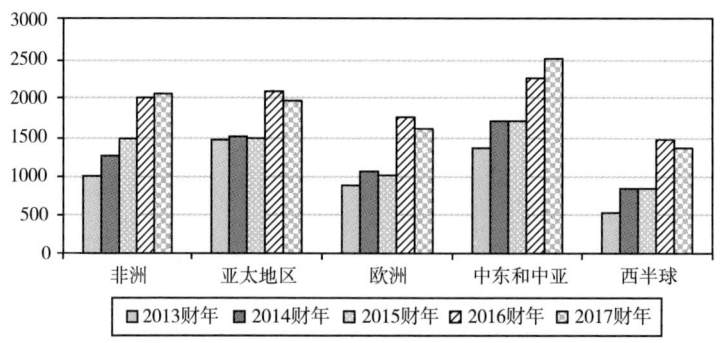

图9-2 2013~2017年按参与地区划分提供的能力建设学院培训项目参与

资料来源：IMF 2017年度报告。

四、能力建设的潜在问题与改革

(一) 存在的问题

第一，能力建设的可持续性难以保证。一方面，能力建设重要内容之一的技术援助大多是由发达国家成员以捐赠方式提供的，这些援助常伴随有严格的附带条件，且存在着对受援国内部政治经济的过度干预的问题，因此，受援国"自主性"降低，享受不到足够的主导权，最终导致项目不可持续进行（王加春，2017）。另一方面，地区性技术援助项目本身加剧了不可持续性。培训中心提供的课程与地区援助中心提供的指导均仰仗外国人才，往往是在援助专家和技术人员在场时，援助项目运转良好，一旦这些人员撤走，项目就无法进行。

援助的不可持续性是对援助效果的极大损害，既浪费援助机构的资金、物质及人力资本，又不利于受援助国走向自力更生和可持续发展的道路。综合多年经验来看，造成援助不可持续性的重要因素之一，就是在技术援助过程中，援助机构占有主导权和控制权，使受援国缺乏自主性从而严重影响技术援助的可持续性。由此，技术援助本身是否具备有效性是当前面临的主要挑战。只有在技术援助自身具备有效性和可执行性时，才能更好地解决"援助困境"，使技术援助真正成为帮助落后国家实现可持续经济增长的有利途径。

第二，能力建设的效率不能满足需求。首先，近年来，成员方越来越多地要求 IMF 针对与全球化和投资有关的问题提供支持。然而，由于内部资金支持小，知识与核心专长长期滞后的限制，IMF 在这些新领域中提供技术援助与咨询服务的效率还远远不能满足需要。其次，IMF 所提供的很多能力建设活动是公益性的，并不能提供回报。IMF 现有的筹资模式也难以维系充足的资金来源，导致了对受援国的援助成本的增加。因为落后经济体在援助对象中占比很大，因此能力建设在真正有需求国家的推广与普及受到一定阻碍。

第三，能力建设在预防金融危机的作用十分有限。IMF 的能力建设主要作用在危机发生以后，力求在最大限度内减少损失，而不是事前避免损失。然而，一旦危机爆发，向 IMF 提出资金请求的国家过多时，有限的资金将难以满足所有受灾国的需要。但在危机发生之前便公布有关国家的信息，或根据相应指标体系锁定面临危险的国家，释放危机信号，很有可能造成恐慌，甚至引发社会动荡。因此，建立起一套很好的预警制度、配以完善的评估体系并设计合理的危机退出机制将有助于更好地落实 IMF 能力建设的战略目标。

（二）IMF 对能力建设领域做出的改革

第一，对技术援助重点的调整。2008~2017 年，IMF 对技术援助实行了广泛的改革，主要是为达到以下目标：(1) 将技术援助与监督与贷款业务结合，使技术援助更敏感地对重点的变化做出反应；提供整体的、符合成员方需要的中期技术援助框架，(2) 强化业绩衡量与成本的有效性，使衡量每个项目所取得的成功成为可能。(3) 扩大技术援助结论的公布范围，以加强对所获经验教训的分享，并促进其他技术援助提供方的协调；(4) 加强与捐款人的合作，加强技术援助的预算安排、成本核算和融资。

第二，完善检查与战略评估机制，采用绩效指标，使能力建设评估更加系统化。IMF 做出的努力有：(1) IMF 执董会 2013 年 6 月得出了首份能力建设综合战略，旨在更新能力建设治理结构、增强优先排序、明确供资模式，并加强监测和评估。2014 年，执董会批准了对 IMF 能力建设政策和做法的声明；(2) 鉴于自 2013 年以来，IMF 的能力建设在加强治理和优先排序框架方面取得的重大进展，IMF 开展能力建设 2018 年五年期检查。该检查将系统地检查技术援助取得的进展，明确仍然存在的挑战。

第三，IMF 一直在有效利用并应继续不断完善财政评估工具。其目的旨在加强财政监督的分析基础，指导结构性财政改革，并确定技术援助的优先点（李向阳，2010）。2016年，IMF与广泛的合作机构联合启动了"税收征管诊断评估工具（TADAT）"，帮助确定税务机关的改革重点。收入管理缺口分析项目（RA-GAP）为估算当前和潜在收入之间的缺口提供了分析依据。财政透明度评估（FTEs）工具评估一国对IMF《财政透明度守则》的遵守情况。此外，公共投资管理评估工具（PIMA）可从宏观财政角度评估一国的公共投资管理实践的实力。

第四，IMF不断扩大和深化其与捐助国的双边合作关系。2010年，IMF与欧盟委员会签署的技术援助合作伙伴协议开始执行以来，欧盟委员会参与了中美、巴拿马和多米尼加共和国地区的技术援助中心和中东地区技术援助中心的活动。一些新的援助方，特别是巴西、韩国、科威特等也成为越来越重要的合作伙伴。通过与捐助国加强合作并改进对捐助国出资技术援助活动的管理，能力建设的有效性得以增强。捐助国出资对向专题信托基金提供重点援助起到关键性的作用，"二十国集团非洲契约"便是一个典型成功案例（见专栏9.1）。

专栏9.1　二十国集团非洲契约

"二十国集团非洲契约"的背景下，2017年4月，德国加强了其对国际货币基金组织能力建设的支持，为欧洲大陆所有区域能力建设中心供资1500万欧元。在大宗商品价格下跌之后，非洲2014年以来的增长有所减弱，但其中期前景依然强劲。通过持续不断的努力，充分利用非洲的人口红利、促进私人资本流入和调动国内资金，并抓住全球化带来的机会以实现经济转型和创造生产性就业机会，才能充分发掘非洲的潜能，提高其社会与经济发展水平，减轻贫困，实现增长。

二十国集团非洲契约提出了一系列潜在的相互承诺，以提高私人投资，增加对基础设施的有效公共投资。二十国集团拥有确保的在政治方面的知名度，这就显著提高了投资者的投资意识和出资信心。因此，这些受援助国家将受益于一个全面且模块化的融资方式，充足的资金来源将是其改革取得成功的基础与保障。国际货币基金组织、世界银行和非洲开发银行的协调参与也将提供帮助，以支持这些国家制定和实施改革方案，促进私人部门投资，落实引资计划。

资料来源：国际货币基金组织年报，2017。

五、结　　语

　　IMF 技术援助提供的支持已经覆盖所有的 189 个成员方。技术援助是 IMF 能力建设的一大核心组成部分，主要在其核心专长领域提供技术援助。IMF 技术援助的主要职能是为其成员方，特别是中、低收入国家在机构升级、宏观、金融和结构政策等方面提供有效的管理经济专业知识、技术支持与咨询服务，协助成员方加强宏观经济和金融部门政策的设计和实施，并提高政府机构的能力。IMF 技术援助的及时性、明确性、合作性使其能够高效、快速应对各种问题，帮助受援国家提高经济发展水平。

　　技术援助如今取得的成就离不开外部资源的支持。IMF 不断团结各方力量，通过地区技术援助中心、地区培训中心、专题信托基金和双边伙伴关系等渠道，扩大其援助工作的辐射范围。地区援助中心使得技术援助可以深入各国或地区，将政策从高屋建瓴的宏观角度落实到切实可行的"挨家挨户"。地区技术援助中心的优越的地理位置也起到了至关重要的作用，使专家、技术人员能获取第一手信息、对危机及时做出反应，为邻近的国家提供快速的帮助，在受援地当地及时解决问题。

　　培训活动使得 IMF 能通过实际专家建议、同行学习研讨会和政策导向培训，与财政部和中央银行等政府机构分享知识、为各国提供这种理论支持。IMF 借助派出代表团实地指导、常驻顾问、短期培训、在线课程、基金学院等多元形式，根据受援国的实际情况给予其针对性的、灵活的援助；对发展中国家的外汇、金融、货币以及财政政策进行客观的安排，制定科学合理的相关政策，不断提升发展中国家的经济管理水平。在改善受众国的人民的生活水平，以及为受助国实施中长期的经济战略规划方面提供良好的外在援助。

　　增强 IMF 能力建设在各方面的有效性和效率，正是现在亟待解决的任务：（1）继续加强金融部门相关问题方面，尤其是金融危机的技术援助；（2）加强地区间合作，完善区域合作机制，加强 IMF 与合作伙伴如经济合作与发展组织、世界银行与联合国的合作；（3）继续为脆弱国家开展能力发展框架方面的工作，推动其体制建设、完善成果监测和评估框架；（4）改善并调整 IMF 的内部治理格局；（5）以发展的眼光看待事物，既能在短期内比较好的识别缺陷，在长期内又能够富有远见的解决问题。

  面对新的全球经济格局，IMF 要想进行有效的运作，就必须进行调整与改革，继续拓展能力建设工作，并通过内部和外部的监督和评估防止腐败、杜绝懈怠。以知识经济与日益激烈的竞争作为驱动力，促进新技术的发展，推动生产力的提高。针对性与普适性并重，进而提升技术援助领域的效率。总之，IMF 应通过不同的方式、内容、工具等等来实现这一点，从而能够让其真正成为世界经济的公平推动者，提高 IMF 在世界人民心中的地位，让其成为世界经济的"代言人"。

第四篇

国际货币基金组织的对外关系

第十章

国际货币基金组织与其他国际组织的关系

在日益复杂的国际经济环境中,任何一个国际组织都难以凭借一己之力有效地实施各项职能,国际货币基金组织亦是如此。随着全球经济一体化进程的迅速推进,国际货币基金组织不断加强与、国际清算银行(BIS)、世界银行(WB)和世界贸易组织(WTO)在国际货币、金融及贸易领域的合作。这些国际金融组织各司其职,通过相互补充的业务,在稳定国际货币体系、监管国际金融、促进世界贸易、推进世界经济增长中发挥重要的作用。

《国际货币基金组织协定》第十条"与其他国际组织的关系"规定,"基金组织应在本协定条文范围内,与一般性国际组织和在有关领域内负有专门责任的公共国际组织进行合作"。为履行其促进国际货币领域合作、促进国际贸易的扩大和平衡发展、促进汇率稳定、向成员方提供资金以纠正其国际收支失衡等各大宗旨,国际货币基金组织在不同层面上与世界银行,世界清算银行、世界贸易组织和非正式国家集团等国际组织进行业务等方面的协调与合作。

本章探讨了国际货币基金组织与其他国际组织的分工协作关系。第一部分探讨了国际货币基金组织与世界清算银行的关系及异同点;第二部分比较分析了国际货币基金组织与世界银行的关系,重点比较了两者在主要职能、治理结构、资金来源等方面的相同点与不同点;第三部分阐述了国际货币基金组织与世界贸易组织之间的协调关系;第四部分主要是与IMF与G20的关系。

一、国际货币基金组织(IMF)与国际清算银行(BIS)的关系

在全球经济一体化、区域与全球货币和金融合作不断发展的今天,BIS与

IMF 在促进国际贸易、协调汇率政策、解决债务危机方面的作用越来越重要。但是，由于 IMF 与 BIS 有较高的相似度，人们容易将两者混淆，因此有必要首先在这里对两者进行仔细的比较分析。首先从法律地位、组织宗旨、主要职能、机构组成和资金来源五个层面对二者进行了对比；其次从资金互补、信息共享、监管协作、危机治理四个角度对二者的协调与合作进行了探讨。

国际货币基金组织（IMF）与国际清算银行（BIS）都是对当今世界经济与金融具有重要影响的国际金融组织。比较而言，国际货币基金组织属于全球性金融组织，是稳定国际货币体系的核心机构。目前有 189 个成员方，规模远大于清算银行的 56 个成员中央银行，在国际金融领域里具有无可争议的地位和权威。作为 1944 年布雷顿森林会议的产物，国际货币基金组织在协调各国宏观经济政策，协助成员方进行能力建设活动、稳定国际金融形势，尤其是在缓解国际金融危机方面发挥着重要作用。

在相当长的一段时间里，国际清算银行都是一个欧洲色彩浓厚的区域性金融组织，其成员主要是以十国集团为核心的发达工业化国家中央银行，其业务范围也主要局限于欧洲地区。但是，随着 20 世纪末期欧洲中央银行的成立、新兴经济体的崛起以及经济全球化的发展，国际清算银行近年来加快了国际化步伐，业务从欧洲扩展到了亚洲和拉丁美洲，并日益发展成为一家有越来越多国家中央银行参与的全球性金融组织。如表 10-1 所示，我们将从法律地位、组织宗旨、主要职能、治理结构、资金来源五方面来对两者进行比较分析。

表 10-1

	国际货币基金组织（IMF）	国际清算银行（BIS）	世界银行（WB）	世界贸易组织（WTO）
法律地位	• 具有国际组织的法人地位； • 属于政府间的合作组织 • 成员是以国家为单位	• 具有国际组织的法人地位； • 属于非政府间的合作组织 • 股东成员是各国中央银行	• 具有国际组织的法人地位； • 属于政府间的合作组织 • 成员以国家为单位	• 具有国际组织的法人地位； • 成员以国家和单独关税区为单位
组织宗旨	• 促进国际货币体系的稳定运行； • 推动国际贸易的扩大与平衡发展；	• 促进各国中央银行间的合作； • 为国际金融体系的运行提供便利	• 协助发展中国家减贫与发展； • 向发展中成员方提供贷款	• 协助成员建立稳定多边贸易机制 • 达成互惠互利 • 削减关税及政治国际贸易中的贸易障碍

续表

	国际货币基金组织（IMF）	国际清算银行（BIS）	世界银行（WB）	世界贸易组织（WTO）
主要职能	• 评估各国的宏观经济政策； • 监督成员方的汇率政策； • 提供短期贷款解决国际收支不平衡； • 作为最后贷款人应对金融危机； • 技术援助	• 为各国央行提供银行业务； • 国际金融业务的代理人或受托人； • 促进各国央行合作； • 提供过桥贷款应对金融危机； • 维护国际金融稳定	• 实质是向发展中国家的贷款机构； • 贷款分为"软贷款"和"硬贷款"； • "硬贷款"最长达20年，平均17年，宽限期为3~5年 • "软贷款"期限可达35年，宽限期10年	• 制定监督，管理和执行共同构成世贸组织的多边及诸边贸易协定； • 管理职能、组织职能、协调职能、调节职能、提供职能
治理结构	• 理事会； • 执行董事会； • 管理层	• 股东大会； • 董事会； • 管理层	• 理事会； • 执行董事会； • 领导层	• 部长会议 • 总理事会 • 理事会和委员会 • 诸边贸易协议的管理机构
资金来源	• 成员方的认缴份额； • 借款； • 贷款收入； • 发债	• 成员中央银行认缴的股本金； • 吸收存款和发行货币市场工具 • 储备基金 • 共同储备金	• 成员方缴纳的股本金； • 发行债券和收取利息； • 国际开发协会的无息信贷和赠款	• 成员方缴纳份额； • 成员方的捐助；

资料来源：作者根据国际货币基金组织、世界银行和国际清算银行官方网站资料整理。

1. 法律地位

作为布雷顿森林体系的产物，IMF是专门致力于处理日常国际货币事务的全球性组织。它是政府间的合作组织，成员以国家为单位，服务对象也是各成员方政府以及政府官员。IMF以《国际货币基金组织协定》为法律基础，其中第9条规定IMF具有完全的国际法人资格，有权签订契约、取得与处置财产以及进行法律诉讼。此外，IMF还享有诸多特权和豁免权，尤其是其财产在司法程序上的豁免权以及关税豁免权。最后，IMF官员在执行公务时也享有外交豁免权。

BIS既是一个基于国际条约建立起来的国际公共组织，也是一个以股份有限公司形式在瑞士巴塞尔注册成立的商业银行机构。这种不寻常的双重法律特性使得BIS在相当长的时间内备受困扰，并最终促使其下决心于2002年回购了所有私人股份。此外,国际仲裁法庭也最终确认了 BIS 作为国际组织的法人地位。尽管 BIS《章程》规定其股东成员只能是各国中央银行,但这并不妨碍其国际公共组织的法律地位。事实上,BIS 不仅在成立伊始就获得东道国瑞士颁发的特许状,而且还能与其他国际组织一样享有许多特殊的优先权与豁免权。

2. 组织宗旨

虽然 BIS 与 IMF 的最终目标都是促进国际货币合作和维护国际金融体系稳定,但两者在组织宗旨上还是有所差异的。IMF 的主要宗旨有三点:(1)通过协作促进国际货币体系的稳定运行;(2)促进国际贸易的扩大与平衡发展,以提高和维持高水平就业和实际收入;(3)促进汇率稳定和推动国际贸易发展与均衡增长等。其宗旨是调整成员方国际收支的暂时失衡,改善其国际收支状况,尤其要帮助那些存在严重收支失衡的国家,重点放在最贫困国家与最贫困人民上。

BIS 的主要宗旨之一是处理第一次世界大战后德国的赔款支付与清算问题,另一个宗旨是促进各国中央银行间的合作。随着德国赔款问题的解决,促进各国央行合作也就成了 BIS 的唯一宗旨。长期以来,BIS 一直是各国央行行长进行国际货币与金融合作的主要论坛,被称为央行行长们的俱乐部。在国际清算业务方面充当受托人或代理人,为他们提供更多的国际金融业务的便利。从主要宗旨来看,IMF 主要是为成员方的国际收支失衡提供短期贷款,BIS 既不是金融决策机构,也不是发展援助机构,而更像是西方中央银行的银行。

3. 主要职能

IMF 的职能包括五点:(1)评估成员方的经济发展政策与宏观经济稳定的目标是否一致,评估工作包括与成员方进行定期讨论以及在金融危机萌芽阶段发出预警;(2)监督各国的汇率政策,包括个别监督与多边监督;(3)向发生国际收支问题的成员方提供贷款来解决国际收支失衡;(4)作为最后贷款人,向陷入金融危机的成员方提供大规模援助贷款;(5)向成员方提供技术援助,包括设计和实施财政与货币政策、起草和评估经济和金融法规以及培训政府官员等。

BIS 的职能也包括五点:(1)作为中央银行的银行,为各方央行提供专业的存款、贷款、黄金、外汇、证券等银行业务;(2)作为国际金融业务的代理人或受托人,为其他国际组织打理国际金融业务;(3)作为促进各方央行合作的论坛,通过各种央行行长会议来协调各国的货币政策;(4)作为金融危机的管理者,向陷入危机的国家提供短期过桥贷款;(5)作为国际金融稳定的维护者,通过与五个常设委员会和三个国际协会合作来促进国际金融稳定。

4. 治理结构

IMF 的治理结构包括理事会、执行董事会、管理层三层。理事会是最高权力机构,理事会设有国际货币和金融委员会,由 24 位理事、部长或相当级别的官员所组成。该委员会是 IMF 的实际最高决策机构,其做出的决定几乎等同于理事会的决定。执行董事会是常设决策机构,由 24 名执行董事组成,包括份额最多的五国各自指定的一名执行董事,以及由其余成员方按选区推选出的 19 名执行董事。管理层负责日常管理,设有总裁和副总裁,下设若干地区部和职能部门。

BIS 的治理结构包括股东大会财务报表、利润分配方案以及接纳新成员等决议。股东大会只有 60 家成员中央银行或货币会、董事会和管理层三个层次。股东大会是最高权力机构,负责一系列重大事项。董事会是 BIS 主要政策制定者,负责监督银行管理。它由 6 名当然董事(比利时、德国、法国、英国、意大利和美国的中央银行行长)以及 13 名从其他成员央行行长中选举产生的董事组成。管理层包括总经理、副总经理、高级管理官员以及众多高级职员,致力于日常管理工作,下设三大职能部门(银行局、货币经济局、总秘书局)。

5. 资金来源

成员方加入 IMF 时缴纳的份额是 IMF 最主要的资金来源,相当于股本金。份额基于成员方的国民收入、黄金和外汇储备、进出口贸易及其他经济指标,并通过复杂公式来计算决定。成员方的投票权、可以获得的贷款金额、SDR 的分配均与其份额大小成正比。IMF 通常每 5 年对份额进行一次总检查,并进行份额调整,包括普遍调整和特别调整,分别对应普遍增资和特别增资。IMF 其他资金来源还包括借款、出售黄金、对贷款收取的利息和费用、对债务国收取的服务费、承诺费和特别费用等。

BIS 接受成员方中央银行或货币当局缴纳的股金则并不是其资金的主要来源。BIS 的主要资金来源包括以下四部分:(1)吸收存款,即接受各国中央银行的外汇和黄金存款,这是 BIS 业务运营的主要资金来源;(2)发行货币市场工具,主动筹措资金;(3)储备基金依靠每年自身运营收入利润的积累而成，包括 2012 年第 9 期法定储备基金、一般储备基金、自由储备基金以及特别股息储备基金四个层次；（4）共同储备金是由十国集团的中央银行向 BIS 所承诺提供的应急资金，用于向出现危机的成员方提供紧急援助贷款。

二、国际货币基金组织与国际清算银行的协调与合作

国际货币基金组织与国际清算银行之间存在的差异并不影响两者在国际经济和金融事务中的相互配合与支持。它们以扩大国际货币合作、维护国际金融体系稳定、促进世界经济发展为共同目标，经常通过各种会议交流和探讨国际货币体系改革问题。两者的相似之处主要表现在：（1）通过发放特别提款权进行资金互补和融通；（2）通过各自发布的权威报告进行信息共享；（3）通过发展国际统一金融标准进行监管协作；（4）通过共同承担危机防范者和危机管理者的职能来治理金融危机。

在合作的过程中，IMF 与 BIS 把侧重点放在了各自的比较优势领域。正如国际清算银行前总经理克罗克特所言："这两个组织走过的道路是不同的。IMF 更多的是一个促进政府间合作的组织，而 BIS 则在央行所关心的领域，特别是金融制度的稳定方面，具有比较优势（李仁真，2004）。"具体而言，IMF 注重维持国际货币体系的稳定；而 BIS 则注重扩大各国央行和金融监管当局的合作，建立规范化的国际金融活动标准与准则，维持金融机构、金融市场以及金融基础设施的稳定。

1. 资金互补

IMF 可以用特别提款权向清算银行购买自由兑换货币，也可以用自由兑换货币向其购回特别提款权。因此，两者能够借助特别提款权这一渠道来互相筹资发挥资金互补的作用，弥补资金缺口。BIS 是基金组织特意批准持有特别提款权的 16 个国际组织之一。一方面，持有特别提款权意味着清算银行拥有基金组织分配的一种特权，可以根据需要适当支取以补充资金来源。另一方面，BIS 还与 IMF 达成协议，同意在 IMF 需要资金援助时向其提供贷款。

2. 信息共享

IMF 与 BIS 都拥有广泛经济金融信息资源，对世界经济和国际金融的研究都具有很高的权威性。其中，IMF 发布的《世界经济展望》中所包含的预测和分析是 BIS 的重要参考信息。此外，IMF 也与 BIS 经常地相互交换金融信息

与研究成果，共同举办会议。自20世纪60年代以来，BIS坚持系统、及时地公布国际银行业的统计资料，成为公认的国际金融统计报告中心，为IMF和其他国际金融组织提供了重要的信息依据。

3. 监管协作

IMF一直积极参与金融监管的国际合作。随着跨国银行不断发展，IMF认识到将各国银行业监管纳入到自己的金融监督安排中的重要性，并界定了其相关的任务和原则：（1）为发展国际统一标准做出贡献，并确信它们适合发展中国家；（2）帮助传播这些标准；（3）协助检测在适应和遵循这些标准中所取得的进展；（4）帮助重组银行业和金融体系（林俊国、傅海波，2002）。值得注意的是，与BIS关注监管标准的制定不同，IMF更注重于这些标准在实际中的推广与执行。

BIS在协调各国金融监管当局合作的进程中也一直处于领导地位，是很多国际金融组织的重要支撑来源之一。多年来，它对巴塞尔委员会（BCBS）、支付结算体系委员会（CPSS）等国际金融标准制定机构提供了大力支持，出台了诸如巴塞尔新资本协议、国际清算交割标准等一系列适用性广泛的国际标准，对于世界各国金融部门产生了深远的影响。此外，巴塞尔委员会（BCBS）还努力加强与新兴市场经济体中央银行和金融监管当局的对话，帮助各国实施新协议（张林，2003）。

4. 危机治理

在危机防范方面，IMF主要通过个别监督和多边监督两种方式承担起危机预防的责任。它会派遣特别小组调查和诊断各个国家的宏观经济情况。1994年底墨西哥金融危机发生后，它还建立了一套含有多项指标的金融危机预警机制，协助成员方防范金融危机。1996年，它已经预测到东南亚国家将面临危机，并向相关国家提出了警告和建议，但当时并未引起足够重视。由于菲律宾长期以来受到IMF的严密监督，形成了较为健全的金融监管体系。危机爆发后，该国表现出良好的抗危机能力。

BIS则主要通过五个委员会和三个国际协会制定的各种金融监管标准来约束金融机构的行为，提高风险管理水平。巴塞尔委员会（BCBS）制定了银行资本监管的国际标准来防范银行系统危机的发生；支付结算体系委员会（CPSS）提倡改善多国货币的交易结算办法来稳定支付结算系统，预防支付结算系统出现危机的隐患；市场委员会（MC）则负责监督和规范全球外汇市场的国际资本流动，并发出预警信号。金融稳定理事会（FSB），国际保险监理官协会（IAIS）和国际存款保险协会（IADI）共同维护全球金融监管体系的稳定。

在危机贷款方面，IMF 主要通过提供大笔危机贷款以及附加贷款条件来帮助成员方应对金融危机。当成员方爆发危机后申请援助贷款时，IMF 首先会派出专家小组到该国进行实地考察，并制定经济调整计划。借款国只有同意并接受该调整计划，才能获得贷款。在墨西哥金融危机中，美国联手 IMF 与 BIS 筹集了 530 亿美元支持墨西哥的调整计划。1997 年东亚金融危机中，IMF 总共向泰国、韩国和印度尼西亚提供了约 1200 亿美元的援助贷款，并附有相应的贷款条件与 IMF 提供的大笔危机贷款，但附加条件复杂相比，BIS 的贷款规模较小，但调动迅速，因此它在贷款援助方面能够与 IMF 相互补充，联手救助危机。在 20 世纪 60 年代的金融危机中，BIS 创造了多种短期信贷工具向货币市场注入了大量流动性。80 年代，BIS 通过 IMF 向墨西哥和巴西提供大量过渡性桥梁贷款，以弥补它们在等待 IMF 过程中的流动性空白。在墨西哥金融危机中，BIS 也向该国提供了 100 亿美元的信贷支持，对缓解该国危机起到了重要的作用。

三、国际货币基金组织（IMF）与世界银行（WB）的关系

作为著名的全球性政府间金融组织，IMF 和世界银行（WB）在名义和组织形式上相对独立，又联系十分紧密，是战后国际经济合作与发展框架中的重要内容。一方面，两者的组织结构具有一定的相似性。就成员资格而言，首先必须成为 IMF 的成员，然后才有资格申请加入世界银行。其组织结构是类似的"理事会、执行董事长、总裁（行长）及职员"三级构架，均采用加权表决制为决策机制。两个机构每年会联合召开年会，共同探讨全球性的经济问题；在业务上渗透和交叉，经常互相交换共享经济数据。

另一方面，IMF 和世界银行的共同的目标都是建立全球金融体制。两者在金融监管和经济援助机构等领域进行了密切的合作，为促进国际金融稳定和世界经济协调发展做出了巨大的贡献。IMF 作为全球金融治理结构的中心，为成员方之间的相互合作制定规则，以控制和减少地区金融风险、维护国际收支平衡。世界银行的实质是向发展中国家贷款的机构。世界银行则利用其资金和知识储备，向发展中国家提供贷款项目，帮助发展中国家减轻贫困，

走出一条可持续的发展道路。

然而,布雷顿森林体系崩溃之后,尤其是 1979 年东亚金融危机发生以来,全球金融市场风云变幻,国际金融体系受到严重冲击,改革国际金融体制的呼声日渐高涨。国际社会要求 IMF 与世界银行对自身进行改革,增强自身实力与活力。同时还呼吁二者加强协调合作,优先支持金融改革,以更好地应对变幻莫测的国际金融形势。如表 10-1 所示,IMF 的成员资格、组织宗旨、主要职能、治理结构、资金来源参见国际清算银行(BIS)的部分,这里对世界银行(WB)的内容作重点讨论。

(一)比较分析

1. 法律地位

世界银行(WB)是联合国的专门下属机构,由国际复兴开发银行(IBRD)、国际开发协会(IDA)、国际金融公司(IFC)、多边投资担保机构(MIGA)和国际投资争端解决中心(ICSI)五个成员机构组成。通常所说的世界银行,是世界银行集团的简称,也是国际复兴开发银行的通称。世界银行的成员以国家为单位,且必须是 IMF 的成员方,共有 189 个。世界银行与 IMF 都属于全球性政府间的合作组织。具备完整的国际组织法人地位和权力,并且两个机构都在其成员方境内享有一定的豁免权和优惠待遇。

2. 组织宗旨

一般来说,IMF 宗旨的重点是通过向成员方提供贷款、监督、技术援助与培训活动等方式,提高成员方在金融、财政的方面的体制建设能力,进而稳定汇率政策、调整国际收支失衡。IMF 负责国际货币体系及货币事务方面的问题,维持各国货币支付体系的正常有序运转。IMF 的宗旨是调整成员方国际收支的暂时失衡,改善其国际收支情况。汇率稳定与多边贸易和支付体系是开展国际金融合作、促进国际贸易和投资的最佳基础。IMF 重点帮助那些存在严重国际收支失衡的国家。并通过向成员方提供短期贷款,扩大国际贸易。

世界银行的定位则是一个贷款机构,通过向成员方提供贷款和投资,推进国际贸易均衡发展。世界银行的组织宗旨是通过提供担保或长期性的贷款,帮助发展中国家实现国际贸易的长期均衡增长,实现稳定与可持续发展。此外,世界银行还通过促进私人对外投资、鼓励国际投资、与其他方面的国际贷款配合来促进发展中国家的贸易增长和减少贫困。世界银行在努力缩小富国和穷国的差距，努力帮助成员方融入全球经济，把富国的资源转化成穷国的经济增长方面起到了重要的作用。

3. 主要职能

IMF 致力于稳定国际汇兑，通过提供短期贷款，帮助成员方平衡国际收支，减轻失衡程度以及国际收支失衡对世界经济的不利影响。同时，IMF 还是协商国际货币金融问题的主要场所和提供货币金融方面的技术援助的机构，并通过各种会议解决国际货币金融问题。IMF 手下有三大主要职能：监督，贷款，技术援助与培训活动。所有的 IMF 成员，都可以要求其提供资金或技术支持；技术援助和培训，向成员方提供金融、财政、统计等方面的援助以加强其能力建设工作。

世界银行的实质是向发展中国家贷款的机构，通过国际复兴开发银行（IBRD）条件严苛的"硬贷款"和国际开发协会（IDA）条件优惠的"软贷款"，引导投资方向与减轻贫穷，促进发展中国家经济和社会发展。"硬贷款"最长达 20 年，平均 17 年，宽限期为 3~5 年，而"软贷款"期限可达 35 年，宽限期 10 年。"硬贷款"是有息信贷，以美元计，每年收取 0.75% 的承诺费，年利率大约为 7%。"软贷款"是免息信贷，以特别提款权（SDR）计，每年只收取 0.5% 的手续费，只借给贫穷的会员国政府。

4. 业务领域

IMF 致力于解决国际收支暂时不平衡的短期外汇需求，向面临短期对外支付困难的成员方提供的贷款也只是关注政策问题，限于贸易和非贸易的经常性支付。无论是贷款还是利息均以特别提款权计值。IMF 的非优惠贷款主要包括备用安排（SBA）、灵活信贷额度（FCL）、中期信贷（EFF）、预防性和流动性额度（PLL）和快速融资工具（RFI）。IMF 的优惠贷款是以优惠条件（低息或无息）向较贫穷的国家提供的贷款，主要包括备用信贷（SCF）、中期信贷（ECF）和快速信贷（RCF）。

世界银行（WB）主要业务包括：（1）贷款项目，主要包括投资贷款和独立的技术援助，用于经济改革、财税金融、工业项目、扶贫，农业，农村供水、水利水电、高速公路、城市交通、基础教育，医疗卫生，环境管理和城市水业等诸多领域；（2）分析和咨询活动（Analytical Advisory Activities，AAA），包括经济和部门研究（ESW），非贷款类型的技术援助和政策咨询；（3）世界银行学院（WBI）的培训活动，设计并执行学习项目，为发展方提供机会，以吸取、分享并应用全球和当地知识及经验。

5. 治理结构

世界银行（WB）的最高权力机构是理事会，由各成员方各派一名理事、一名副理事组成。理事通常都由该国财政部长、中央银行行长或级别相当的一名高级官员担任，但世界银行的副理事只有在理事缺席时才有投票权。世界银行（WB）的执行机构为执行董事会，但世界银行（WB）的执董会成员包括世界银行行长和25名执行董事。其中，美、英、德、法、日占据了执行董事会的5人席位。中国和沙特阿拉伯因拥有一定的投票权也各自选派一人担任执行董事，剩余名额由成员方按国家或地区分组选出。

世界银行（WB）的执行董事会每周至少开两次会，对其的业务进行监督，其职责还包括审批贷款和赠款、新政策、管理预算、国别援助战略以及借款和财务决策。按照惯例，世界银行执行董事会主席由持有股份最多的美国公民担任。执行董事会主席也兼任世界银行行长。世界银行行长是银行行政管理机构的首脑，负责银行的日常行政管理工作，任免银行高级职员和工作人员。但世行行长平时没有投票权，只有在执行董事会表决中双方票数相等时投出关键性的一票。

6. 资金来源

世界银行（WB）的资金来源主要包括：（1）各成员方缴纳的股金，世界银行（WB）的资金中约有5%是成员方加入时认缴的股金，分为实缴股金和代缴股金。实缴股金的一部分以黄金或美元支付，世界银行可以自由使用，另一部分以会员国本币支付，必须在征得会员国同意之后才可将其用做贷款；（2）发行债券，世界银行以向发展中国家的个人和私营机构发行债券来提供一般无附加条件的长期贷款并收取利息；（3）国际开发协会（IDA）的无息信贷和赠款，这约占世界银行资金援助的1/4；（4）向国际金融市场借款。

（二）协调与合作

IMF和世界银行均属于联合国下属的专门机构，两者的贷款援助方式不同、侧重点不同、要求也有差异。但正因如此，IMF和世界银行之间形成了互为补充的关系。虽然IMF与世界银行之间有一系列的差异，但在全球经济日益一体化的今天，两者的协调与合作有助于其更好的实现各自的职能。由于两者分别从国际货币和金融的角度对世界经济产生重大的影响,这也要求它们在政策与业务上密切配合、分工合作。例如共同支持发展中国家的经济调整和缓解发展中国家债务危机。

1. 共同支持发展中国家的经济调整

IMF 开始注重长期经济增长目标,其业务发展也由仅仅关注短期收支调整扩大到关注长期结构调整。结构调整贷款是 IMF 于 1986 年 3 月设立的一种贷款,旨在帮助低收入的发展中国家克服因经济结构调整而发生的国际收支困难。这种贷款的资金来源于 IMF 以前发放的信托基金贷款的偿付额,共有 27 亿特别提款权。同时,世界银行也开始关注宏观经济政策,其业务发展由以项目为导向的资金援助扩展到经济改革等更广泛的领域。这样,两者在业务上便出现了大的渗透和交叉,如两者都创设了经济结构调整型贷款。

2. 协力缓解发展中国家的债务危机

在解决成员方债务问题上,IMF 和 WB 往往遵循共同的政策,并在行动上相互配合,共同解决。此外,为了有效地解决诸如低收入国家、转轨国家、新兴市场国家发展中面临的各种问题,IMF 和 WB 不断拓展合作领域,共同承担有关项目或采取一些触及会员深层次改革的措施。通过多边贷款担保机构(MIGA)为成员方提供贷款、通过私人银行等扩大资金渠道,进而加速推动贫困国家的经济发展。双方还就有共同利害关系的基本政策问题和国别政策问题保持广泛的接触。

四、国际货币基金组织(IMF)与世界贸易组织(WTO)的关系

WTO 的前身是关税与贸易总协定(General Agreement on Tariffs and Trade,GATT),是一个政府间缔结的有关关税和贸易规则的多边国际协定,被称为"经济联合国"。GATT 于 1947 年 10 月 30 日在日内瓦签订,并于 1948 年 1 月 1 日开始临时适用。GATT 的宗旨是通过削减关税和其他贸易壁垒,削除国际贸易中的差别待遇,促进国际贸易自由化,以充分利用世界资源,扩大商品的生产与流通。由于未能达到 GATT 规定的生效条件,GATT 从未正式生效,而是一直通过《临时适用议定书》的形式产生临时适用的效力。

WTO 于 1995 年 1 月 1 日正式开始运作,负责管理世界经济和贸易秩序,总部设在瑞士日内瓦。WTO 基本原则是通过实施市场开放、非歧视和公平贸

易等原则,来实现世界贸易自由化的目标。WTO 与 GATT 并存 1 年后,在 1996 年 1 月 1 日,WTO 正式取代关贸总协定临时机构,两者的区别见专栏 10.1。目前,WTO 与 IMF 在世界经济一体化的深入中占据举足轻重的地位,有必要从不同的方面对二者进行系统比较。理清二者之间的关系与合作,有助于我们更加深入地理解 WTO 与 IMF 在世界经济中的重要作用。

专栏 10.1 WTO 与 GATT 的区别

(1) 组织性质:由于 GATT 从未得到成员方立法机构的批准,也没有建立组织的条款,GATT 只是临时性的协定;而 WTO 及其协议是永久性的,协议规定了 WTO 如何运作,因此 WTO 是一个具有国际法人资格的永久性组织,具有良好的法律基础,组织机构也更加完善;

(2) 成员资格:WTO 由"成员"组成,包括国家和单独关税区,而 GATT 的组成单位只能称其为"缔约国",这就说明从正式角度讲 GATT 只是一个法律文本;

(3) 业务领域:GATT 只处理货物贸易,WTO 除货物贸易外,还涉及服务和知识产权领域;

(4) 体制条款:与原 GATT 体制相比,WTO 具有独特的争端解决机制,该机制速度更快、更自动,做出的裁决不会受到阻挠,WTO 的条款与 GATT 协议相比更具法律效力,运作效率更高;

(5) 承担义务:WTO 成员具有承担义务的统一性,WTO 成员不分大小,对其所管辖的多边协议一律必须遵守,以"一揽子"方式接受 WTO 的协定、协议,不能选择性地参加某一个或某几个协议,不能对其管辖的协定、协议提出保留。但是,GATT 的许多协议,则是以守则式的方式加以实施的,缔约方可以接受,也可以不接受。

资料来源:郑丽玲. IMF、WB 和 WTO 的比较研究 [J]. 河北法学, 2004 (9)。

WTO 已基本确立了以多边贸易体制为核心的国际贸易法律制度。WTO 实体法涵盖国际货物、服务贸易、知识产权保护和国际直接投资,经济生活的各主要领域都与 WTO 体制有密切的关系。世界贸易组织的法律框架,由《建立世界贸易组织的马拉喀什协议》及其他协定组成,具体包括《货物贸易多边协定》《服务贸易总协定》《与贸易有关的知识产权协定》《关于争端解决

规则与程序的谅解》《贸易政策审议机制》和《诸边协议》。如表 10-1 所示，IMF 的成员资格、组织宗旨、主要职能、治理结构、资金来源参见国际清算银行（BIS）的部分，这里我们把世界贸易组织（WTO）的内容作重点讨论。

（一）比较分析

1. 成员资格

IMF 和 WTO 在成员资格上总体相同，但也有一些细微的差异。虽然只要愿意履行 IMF 和世贸组织的成员义务，任何国家都可以加入 IMF 和 WTO，但是有权加入 IMF 的不一定只是国家。截至 2016 年，根据 IMF 的网站公布，有 189 个成员方，其中 180 个是具有独立主权的国家，9 个是地区。因此，IMF 并非是联合国成员才能申请进入，有 9 个地区被纳入该组织但它们并不是联合国的成员方（香港、澳门、科索沃、库拉索、圣马丁、荷属安的列斯、阿鲁巴（荷）、安圭拉（英）、蒙特塞拉特岛（英））。

WTO 是一个开放性的国际组织，任何主权国家及单独的关税区都可以申请成为世贸组织的成员方。但是，申请加入的单独关税区需要证明其在对外商业关系上及其他事项上享有充分的自主权。由于 WTO 的成员不仅仅包括主权国家，还包括一些主权国家的单独关税地区，故其成员只能称其为成员方。一国或地区要加入 WTO，必须经过提出申请、贸易体制的审议、双边谈判、完成加入条件、通过加入 5 个步骤。目前 WTO 成员分发达成员、发展中成员、转轨经济体成员和最不发达成员的四类，共拥有 164 个成员。

2. 组织宗旨

WTO 的宗旨是以开放、平等、互惠的原则处理该组织成员之间的贸易和经济事业的关系，努力达成互惠互利协议，大幅度削减关税及政治国际贸易中的歧视待遇等其他贸易障碍。WTO 的工作致力于扩大世界资源的充分利用、促进商品生产与交换、保护服务与知识产权贸易，保证充分就业、保障实际收入，进而提高成员的生活水平。WTO 坚持走可持续发展之路，积极努力确保发展中国家，尤其是最不发达国家在国际贸易增长中获得与其经济发展水平相适应的份额和利益；建立一个一体化、持久的多边贸易体制。

3. 主要职能

WTO 的目标是建立一个完整的、更具有活力的和永久性的多边贸易体制。与侧重于解决国际货币和金融问题的 IMF 相比，WTO 更侧重于解决国际贸易问题，促进国际贸易顺畅、自由和可预见的发展。WTO 的基本职能是制定监督，管理和执行共同构成世贸组织的多边贸易协定。作为多边贸易谈判的讲坛，WTO 从总部寻求解决贸易争端的途径、监督各成员的贸易政策实施，并与其他与全球经济政策有关的国际机构进行合作，为成员方的贸易争端提供有效的解决方案。

WTO 具体有以下五大职能：（1）管理职能：WTO 负责对各成员方的贸易政策和法规进行监督和管理，定期评审，以保证其合法性（2）组织职能：WTO 有权组织实施其管辖的各项贸易协定和协议，并积极采取各种有效措施；（3）协调职能：WTO 协调其与 IMF 和世界银行等国际组织和机构的关系，以保障全球经济决策的一致性和凝聚力；（4）调节职能：当成员方之间发生争执和冲突时，WTO 负责解决；（5）提供职能：WTO 为其成员方提供处理各项协定和协议有关事务的谈判场所（王中美，2005）。

4. 治理结构

WTO 的组织结构分为四个层次：（1）部长会议：任命世贸组织总干事并制定有关规则；确定总干事的权力、职责、任职条件和任期以及秘书处工作人员的职责及任职条件；对世贸组织协定和多边贸易协定做出解释；豁免某成员对世贸组织协定和其他多边贸易协定所承担的义务；审议其成员对世贸组织协定或多边贸易协定提出修改的动议；（2）总理事会：在部长级会议休会期间，其职能由总理事会行使；（3）理事会和委员会：处理贸易协定及其他有关事项；（4）总干事和秘书处：向成员施加影响、处理争端等。

WTO 的最高决策权力机构是部长级会议，由所有成员方主管外经贸的部长、副部长级官员或其全权代表组成。部长级会议一般两年举行一次，讨论和决定涉及世贸组织职能的所有重要问题，并采取行动。在部长级会议休会期间，其职能由总理事会行使。同时，总理事会还必须履行其解决贸易争端和审议各成员贸易政策的职责。各专门委员会处理特定的贸易及其他有关事宜 WTO 总干事可以最大限度地向各成员施加影响，要求成员遵守世贸组织规则，同时负责秘书处的工作，管理预算和所有成员有关的行政事务。

5. 资金来源

WTO 的资金来源主要有两个途径：（1）成员方缴纳份额。当一国或地区申请加入世贸组织时，老成员就会一致地要求新成员必须按照世贸组织现行协定、协议的规定缴纳"入门费"——开放申请方商品或服务市场。中国在入世时曾签下涉及贸易权、金融保险、建筑业等诸多领域的承诺。例如，在

2005 年以前逐步取消所有的进口配额、开放外资市场、降低农产品关税等。此外，每年成员方都需要再向 WTO 缴纳一定份额，来覆盖下一年的各项支出与预算安排。2018 年中国向 WTO 缴纳 1923 万左右瑞士法郎份额（WTO，2018）。

（2）成员方的捐助。WTO 在全球范围内拥有不同主题的多个信托基金，其成员则不定期的向这些信托基金捐款来促进国际贸易流通。自 2004 年以来，标准与贸易发展便利基金（STDF）共获得 430 万美元的捐助（WTO，2018）。此外，中国自加入 WTO 以来，积极响应 WTO 的"促贸援助"倡议，多次向信托基金捐款，至今已向 WTO 信托基金捐资超过 460 万美元。WTO 还成立"贸易融资特别任务组"，呼吁各国银行扩大贸易融资规模，重塑市场信心，帮助其他发展中成员从多边贸易中受益。

此外，必须注意的是 WTO 争端解决机制是 WTO 的特色，是各个协议得以切实执行、世界贸易体制安全和正常运转的基本保障。它根据国际贸易关系的新发展，将传统的协商、谈判、调停、斡旋、调解、仲裁与普遍性国际经济组织所奉行的争端处理方法有机结合在一起。WTO 的争端解决程序的时间限制更严格，执法力度更强，程序上更加完善，可以说是迄今为止最为成功的解决政府间争端的多边机制。WTO 前总干事雷纳托·鲁杰罗也曾评价其为多边贸易体制的主要支柱，也是 WTO 对全球经济稳定做出的最独特的贡献（Svetlicinii 和张娟娟，2017）。

争端解决机制的基本原则是平等、迅速、有效、双方接受，具有统一性、高效性、强制性。如果其他成员正在违反贸易规则，受到贸易侵害的成员将使用多边争端解决机制，而不是采取单边行动，这意味着所有 WTO 的成员将遵守议定的程序和尊重裁决，不管是受到贸易侵害的成员还是违反议定的成员。WTO 的贸易争端解决机制在程序方面与法庭最大的区别在于首先在引起贸易争端的成员方之间进行磋商，并自行解决贸易争端。因此，在贸易争端解决机制的第一阶段是由国家政府之间进行贸易磋商，甚至当案件已经发展到其他阶段时仍然可以进行磋商和调解。

在 WTO 争端解决机制中，有一个非常有特色的"第三方［即'对专家组审议的事项有实质利益，且已将其利益通知争端解决机构（Dispute Settlement Body, DSB）的成员'］"制度。第三方在争端解决中有特殊地位，它的权利义务有其特殊性。上诉机构是 WTO 争端解决机制的另一个创新。上诉机构的主要目的是保证判例的和谐性，负责处理争端各方对专家组报告的上诉。上诉机构可以维持、修改或撤销专家组的法律调查结果和结论，且上诉机构的报告一经争端解决机构通过，争端各方就必须无条件接受。

（二）相互合作

世界贸易组织（WTO）和国际货币基金组织（IMF）是当今世界两个相当影响力的经济组织，两者在促进自由贸易和监管国际金融领域各起着非常重要的作用。WTO 与 IMF 在职能上互补、在国际法律人格地位上平等。虽然二者工作重心的重点不同，但目的都是为了保证全球贸易和国际收支的正常发展。由于 WTO 协议中规定，缔约方可以以保障国际收支为由实施进口限制，IMF 和 WTO 双方的责任必然是交织联结在一起的。二者相互合作的一致性与协调性是维护世界经济平衡发展的基本要求。

1. 国际收支平衡方面的合作

IMF 负责监督国际货币体系，从成立之日起，一直把调节国际收支平衡作为稳定国际货币体系的重要一环。为此基金组织设立了多种贷款来满足会员的国际收支平衡，根据《IMF 协定》，当会员发生国际收支暂时不平衡时，国际货币基金组织有义务向会员国提供短期信贷，向会员提供临时性资金以纠正国际收支不平衡。IMF 还规定，在具有充分保障前提下，向成员方提供暂时性普通资金，以增强其信心，使其能有机会在无需采用损害本国和国际经济繁荣的措施情况下，纠正国际收支失衡。

WTO 的宗旨和目的是为了促进贸易自由化，为此它给其成员施加了遵守关税约束原则和禁止数量限制原则的义务。但与此同时，它也允许各成员在国际收支困难的例外情况下，暂时停止实施这些义务，即一国政府为恢复或者维持本国的国际收支平衡，对该国货物和服务等进出口的数量、价格、来源地、销售对象等进行的直接的行政管理。此"国际收支例外"条款一方面，允许各成员在国际收支困难的例外情况下，暂时停止实施 WTO 特定义务；另一方面，确保援用方善意行使其权利并尊重其他成员在 WTO 下的实体性权利。

IMF 协定与马拉喀什协定（Marrakesh Agreement）分别规定 IMF 与 WTO 应在有关领域适当的合作。GATT 协定第 15 条也对 IMF 与 WTO 的磋商原则进行了阐述：WTO 在处理有关货币储备、国际收支或外汇安排时，应与 IMF 进行公允的磋商，以执行一个协调的政策，并应接受 IMF 提供的一切统计与调查结果。虽然 WTO 的争端解决机制比 IMF 的争端处理程序更有效，但仍需要强约束力的规则。在立法的层次上建立起联合审查程序,从而形成起一个完备的国际金融风险调控机制,以妥善解决国际收支平衡问题。

2. 协调二者关系的条款

WTO 若想在提高在管理多边贸易体制方面的成效,就必须加强与国际金融机构的合作。WTO 协议及其有关宣言对 WTO 与国际金融组织关系做出了相应规定。《关于世界贸易组织对实现全球经济决策更大一致性所作贡献的宣言》第 5 段提请 WTO 总干事与 IMF 总裁一起合作。此外,1996 年 12 月《国际货币基金组织与 WTO 协议》在新加坡部长会议上签署。这分别是 WTO 与 IMF 在行使各自管辖权时对交叉或重叠问题进行协调的第一个单独的正式文件,双边协调和合作有了正式的协议依据。

WTO 多边贸易法律体系对其与国际金融组织关系协调方面的规定具有以下四个特点:(1)二者关系协调的宗旨是为实现全球经济决策的更大一致性;(2)二者关系协调的范围仍然在贸易政策、货币储备、国际收支或外汇安排等方面;(3)对协调范围中的有关事项进行磋商、通知、提出建议、提供事实和调查结果和财政状况的评估;(4)遵守每一机构的授权、保密要求以及在决策中的必要自主性,允许成员为维持适当财政水平或进行经济转型而采取限制措施。

3. 其他合作制度

除了国际收支平衡问题,IMF 和 WTO 还有其他方面的合作:(1)WTO 与 IMF 的高级官员每年都会召开定期会议讨论双方关注的问题,并通过就一些特定国家情况与政策进行非正式的磋商;(2)IMF 在有关资金支持和汇率监管活动中应考虑 WTO 的立场,WTO 在考虑贸易政策时须保证其与宏观经济的一致性,尤其是有关收支平衡状况与国际储备水平方面;(3)WTO 与 IMF 共享一些基础数据并经常性交流研究进度与成果,有助于促进各自研究的深入;(4)加强对低收入国家技术合作、提供人员培训。

五、IMF 与二十国集团(G20)

(一)二十国集团(G20)概述

自 1999 年七国(G7)财长会议成立以来,二十国集团(G20)因成员方

第十章 国际货币基金组织与其他国际组织的关系

涵盖面广,代表性强而在国际社会上的地位日益显著。G20 是一个国际经济合作论坛,属于非正式对话的一种机制。G20 最初的目的是防范国际金融危机,并促进相关国家就国际经济与金融政策举行非正式对话,以利于国际金融和货币体系的稳定。近年来,随着全球性经常账户失衡的持续发展和扩大,新兴经济体和发展中国家对全球性失衡产生不可忽视的影响,G20 作为全球经济的超国家治理平台与 IMF 互为有效补充。

二十国集团(G20)由中国、阿根廷、澳大利亚、巴西、加拿大、法国、德国、印度、印度尼西亚、意大利、日本、韩国、墨西哥、俄罗斯、沙特阿拉伯、南非、土耳其、英国、美国以及欧盟二十方组成。G20 成员的构成兼顾了发达国家和发展中国家以及不同地域利益平衡。G20 从 2008 年起召开领导人峰会以商讨应对经济危机的对策,纠正过往有关环球经济的会议和管理中没有包含新兴工业国家的局面。IMF 总裁、世界银行行长以及国际货币金融委员会和发展委员会主席作为特邀代表也参与该论坛的活动。

G20 属于非正式论坛,旨在促进工业化国家和新兴市场国家就国际经济、货币政策和金融体系的重要问题开展富有建设性和开放性的对话,并通过对话,为有关实质问题的讨论和协商奠定广泛基础,以寻求合作并推动国际金融体制的改革,加强国际金融体系架构,促进经济的稳定和持续增长。此外,20 国集团还致力于建立全球公认的标准,为包括确立经济增长政策的异质性、减少金融体系中的弊端,处理金融危机和为恐怖分子融资在内的一系列重大问题的解决开展了卓有成效的工作。

G20 的人口占世界人口的 67%,国土面积占全球的 60%,国内生产总值占全球的 90%,贸易额占全球的 80%。同 G7 相比 G20 具有以下特点:(1)代表性。G20 构成覆盖发达国家和发展中国家,兼顾了不同地区的平衡;(2)平等性。G20 采用协商一致的原则运作,新兴市场国家同发达国家在相对平等的地位上就国际经济金融问题交换意见;(3)实效性。G20 峰会通过一系列重要决定,为应对金融危机、促进世界经济复苏、推动国际金融货币体系改革发挥了重要作用。

G20 以非正式的部长级会议形式运行,不常设秘书处,主席采取轮换制,由当年主席国设立临时秘书处来协调集团工作和组织会议。在机制架构方面,作为一个非正式会议的体系,现今 G20 已经形成了"峰会—协调人会议—部长级会议—工作组会议"的机制架构。该集团的财长和央行行长会议每年举行一次。每年的部长级例会一般与七国集团财长会议相衔接,通常在每年的年末举行。会议由主席国及一些国际机构和外部专家提供秘书服务和支持,并可根据需要成立工作小组,就一些重大问题进行评审和提出对策建议。

在秘书处建设方面,现状是每年的轮值主席国都会设立"临时秘书处",并将前一次主席国和后一次主席国的成员都吸收进来,组成所谓"三驾马车"。由轮值主席国设立临时秘书处的做法,一方面的优势在于它摆脱了传统国际组织的官僚制束缚,可以实现秘书处与主办国的良好协调;另一方面是作为布雷顿森林体系内的非正式机制,G20可以通过增强与IMF、世界银行(WB)、世界贸易组织(WTO)等正式机制的互动,组建"正式机制+非正式机制"的"机制复合体",来克服没有常设秘书处的不足。

(二)IMF与二十国集团(G20)之间的关系

1. IMF为G20的政策调整提供技术援助

应G20的要求,IMF为G20的"相互评估进程(Mutual Assessment Process)"提供技术分析,提出为实现这些目标G20各国所需执行的政策及相互应做的协调,并定期审查实施进展,以保持G20各成员对相互评估进程的认同感。该进程与IMF的监督工作有高度协同性。IMF作为技术援助力量参与该进程的同时还保持分析的独立性。此外,IMF工作人员还帮助G20会议准备背景文件并作为观察者参加G20副职会议,还与G20就监管改革对新兴市场和发展中经济体影响的研究报告进行合作。

2. G20为IMF充实资金

2008年全球金融危机中,G20在推进各国宏观经济政策协调、充实IMF危机救援资金等方面发挥了重大作用。国际金融危机后,为显示共同维护全球金融稳定和巩固全球经济复苏的决心,G20在2012年4月20日的华盛顿IMF-WB春季会议上承诺在2012年为IMF增资4300亿美元。G20与国际货币和金融委员会(IMFC)发布联合声明,并承诺将IMF的可用资金增加4300亿以上。截至2012年10月底,随着阿尔及利亚和文莱在IMF年会期间同意贡献共50亿美元,各国(地区)承诺的借款总额达到4609亿美元。

3. IMF敦促G20协调金融监管改革

IMF半年度《全球金融业稳定报告》指出IMF、世界银行和G20会议的重点,便是探讨全球金融监管体系改革的方向,交换各经济体对当前全球金融市场现状和金融工具的认识,对资本和流动性需求及金融法规达成一致。

虽然目前 G20 已在全球金融监管体系改革进程中取得明确进步，但仍需要 G20 充分考虑到大型金融机构间的跨境联系，以避免因冒进产生监管套利空间让投机者有机可乘。IMF 有必要通过制定明确法规来阻止金融机构爆发系统性风险，敦促 G20 重塑全球经济平衡。

4. G20 峰会推动下的 IMF 改革

份额和投票权的分配是 IMF 决策机制的基础。IMF 采取的各国投票权与缴纳份额挂钩的方式依据过于单一，仅参考了各国经济总量的规模，却忽略了经济增长速度与对全球经济所做的贡献等因素。同时，这种方式仅反映了发达国家的意志，其作为超国家组织的广泛代表性日益受到质疑，导致 IMF 的许多决定严重滞后。例如，美国事实上享有一票否决权，"金砖四国"在 IMF 中的投票权和份额分别仅占 9.62% 和 9.76%。因此，新兴经济体呼吁，必须全面改革国际金融与经济体系，提高发展中国家在国际金融机构中的发言权与决策权。

在东亚金融危机中，IMF 救助条件过于苛刻，缺少反应危机国家自身特点的灵活性。危机之后东亚国家纷纷进行结构调整与改革，经济重新步入高速增长轨道，金融系统大大强化，外汇储备不断增加。从 IMF 自身来看，由于世界经济在持续性膨胀，而 IMF 的基金规模却几十年没有变化，此外，IMF 忽视了对全球经济与金融市场作为整体的监测，对不向其借款的国家没有约束力。金融危机暴露出了国际金融体系的诸多弊端，对此加以改革已成为各国尤其是新兴经济体的共同诉求。

G20 机制下 IMF 取得了如下改革成果：首先，近年来，IMF 启动了关于贷款机制和治理结构方面的改革，开始承认亚洲国家（High-performing Asian Economics，HPAE）的实践经验，率先提出并支持成员方采用大规模的财政刺激手段遏制危机。另外，IMF 推出了无条件贷款工具 FCL（灵活信贷工具），该机制用来为具有经济基本面与政策的成员方提供较大规模的快捷贷款。经济基础好，但在危机中受到严重打击、短期内有经济困难的国家可以使用该工具。已经有哥伦比亚、墨西哥和波兰使用了该项工具，共计借款 780 亿美元。

其次，在 IMF 增资方面，伦敦 G20 峰会上，IMF 接受了与会国 5000 亿美元额外注资和 2500 亿美元的特别提款权（SDR）增发承诺。各方的博弈使 IMF 意外地成为最大的受益者，其资金使用能力、成员的代表性以及权威性都有所加强。这大大加强了 IMF 救助受危机国的能力。IMF 也宣布停止实施所有借款协议中关于"结构性表现标准"的内容（该标准原用于评价一国经济基本面改革进展，包括财政、社保、金融等体系）。因此，通过放宽借款条件，IMF加强了其自身对世界经济的干预能力。

最后，G20峰会实质性地推动了以IMF和世界银行为主体的全球经济治理体系的改革。布雷顿森林体系崩溃之后，IMF职能被弱化，其国际货币协调者、国际货币制度维护者的角色并未发挥应有的作用。但G20领导人认为，IMF仍然是国际金融体系的核心组织，应加强它的职能，基于其更多的资金资源和权利，改革IMF治理结构，使其能在未来监测全球经济发展、预警危机并向危机国家提供资金援助方面发挥重要作用。因此，G20是推动国际金融货币体系改革的有效平台，IMF是推动这些改革的有效执行机构。

六、结　语

在日益复杂的国际经济环境中，任何一个国际组织都难以凭借一己之力有效地实施各项职能，IMF亦是如此。《协定》第十条规定，"基金组织应在本协定条文范围内，与一般性国际组织和在有关领域内负有专门责任的公共国际组织进行合作"。为履行其促进国际货币领域合作、促进国际贸易的扩大和平衡发展、促进汇率稳定、向成员方提供资金以纠正其国际收支失衡等各大宗旨，IMF在不同层面上与BIS、WB、WTO、G20进行业务往来、资源共享等方面的协调与合作。

首先，IMF与BIS既独立运营又协调合作，共同承担着扩大国际货币合作、维护国际货币和金融体系稳定、促进世界经济发展的使命。相似的使命使得二者经历了既有所区别又以合作为结点相互交织的历史沿革过程。IMF与BIS探讨了二者在法律地位、组织宗旨、主要职能、治理结构、资金来源的异同，并指出二者在资金互补，信息共享，监管协作，危机治理方面的合作。分析有助于进一步拓展国际视野，充分理解BIS和IMF作为国际货币与金融体系稳定的维护者、国际金融风险监管者和最后贷款者的重要作用。

其次，IMF与世界银行都是成立于布雷顿森林会议的国际组织。作为著名的全球性政府间金融组织，在组织宗旨，主要职能，治理结构，资金来源方面各有异同。IMF致力于通过短期贷款，稳定国际汇率，调节全球经济失衡；世界银行则通过长期贷款等支持发展中国家减贫脱贫事业。但二者又联系紧密,在支持成员方的经济调整、协力缓解成员方的债务危机、协助成员方进行经济的复兴与体制能力建设等方面协调合作。最终,IMF 与世界银行在促进成员方国际贸易的平衡发展、改善国际收支状况方面做出了卓越贡献。

再次,IMF 和 WTO 都致力于全球经济的发展,但 WTO 侧重于建立开放、平等、互惠的多边贸易体制,逐步调低各会员关税与非关税贸易障碍,消除各会员在国际贸易上的歧视待遇。IMF 则主要致力于建立健康稳定的货币国际秩序提供技术和资金协助,确保全球金融制度正常运作。尽管 IMF 和 WTO 有不同的治理模式、宗旨目标,但它们之间有着很强的相互依赖关系,也已通过法律协议确保二者的合作的顺利进行。随着世界经济的发展,促进 IMF 和 WTO 的协调运行将会越发重要。

最后,G20 作为非正式对话的一种机制,由原八国集团以及其余十二个重要经济体组成。峰会旨在推动已工业化的发达国家和新兴市场国家之间就实质性问题进行开放及有建设性的讨论和研究,以寻求合作并促进国际金融稳定和经济的持续增长。近年来,随着国际金融危机的爆发,国际社会呼吁 IMF 与 G20 成员加强合作以应对全球风险。G20 也与 IMF 互为有效补充,在提供技术援助、扩大融资、促进改革等方面做出努力,提高新兴经济体在国际组织中的话语权,推动国际金融货币体系改革。

第十一章

中国与 IMF 的关系

20世纪80年代以来，IMF和世界银行开始意识到，世界经济一体化离不开中国的参与。在1971年联合国恢复中国合法席位和1979年美国正式和中国建交的国际背景下，IMF也开始考虑接纳中国，积极推进其国际化进程和扩大在亚洲的影响力。中国外交政策和经济体制的转变也反映出融入世界经济体系的需要。中国政府在1980年4月致电IMF，申请恢复在IMF的合法席位。同年4月16日，IMF执董会通过了恢复中国在IMF合法席位的决定，标志着中国作为40个创始国之一正式回归IMF。

迄今为止，中国恢复IMF的合法席位已经40周年，双方进行了良好的互动协调。中国不仅从IMF获得贷款支持和技术援助，也积极参与IMF的各项事务。在IMF的援助下，中国解决了暂时的国际收支失衡，并在统计系统构建、税收政策等方面有了很大改进。同时，中国也为IMF的发展做出了重要贡献。2009年9月中国申购了500亿美元的IMF债券，以行动支持了IMF的融资计划。此外，2016年10月人民币被正式纳入IMF的SDR货币篮子，进一步推动人民币国际化，并促进国际货币体系的治理和改革。

本章主要探讨中国与IMF的关系。第一部分剖析中国加入IMF的背景。从IMF的视角来看，自布雷顿森林体系瓦解后，全球金融市场也进入新的发展阶段。日益繁荣的新兴金融市场和国际资本的自由流动浪潮凸显了中国巨大的金融发展潜力，IMF理应考虑接纳中国。第二部分阐述IMF对中国的援助，主要包括贷款支持和技术援助两个方面。第三部分阐述中国对IMF的回馈支持，主要包括认购IMF债券、推动IMF的份额和投票权改革、SDR改革和人事改革四个方面；第四部分展望了中国与IMF在未来的合作。

第十一章 中国与IMF的关系

一、中国加入 IMF 的背景

1944 年 7 月 1 日布雷顿森林会议通过了《国际货币基金协定》，旨在建立一个战后的稳定的国际货币制度。虽然中国是 IMF 的 40 个创始成员之一，但是当时中国的代表席位长期被国民党在台北的国民政府占据。随着中国经济实力的增强和国际地位的提高，恢复中国在 IMF 的合法席位刻不容缓。1980 年 4 月 16 日，经 IMF 执行董事会通过决议，中华人民共和国恢复在 IMF 中的合法席位。中国恢复 IMF 的合法席位的背景可以从 IMF 推动国际化进程和中国实行改革开放的需要两个视角来考察。

（一）IMF 视角——推进国际化进程的需要

在 1945 年 IMF 建立初始，美国就拥有 IMF 的 27% 的投票权，这让美国拥有一票否决的权利，IMF 也在美国的支持下积极参与国际事务。第二次世界大战之后，美国拥有全世界 75% 的黄金储备，其综合国力也超过了所有西方资本主义国家。与此同时，战后欧洲各国满目疮痍，急需重建的资金支持。在此条件下，IMF 在美国的主导下向西欧国家发放大量援助和贷款。与之相对应，欧洲国家被迫接受使用美元作为结算货币，并在 1948 年缔结了美国提出的多边支付协定，使美元成为西欧货币结算的第一选择。

但是，自布雷顿森林体系瓦解后，国际货币体系进入新的时代，而全球金融市场也进入新的发展阶段。在这种背景下，IMF 需要适应新的变化，承受来自各方面的压力。比如，IMF 需要面对一个从第二次世界大战后到 20 世纪 80 年代迅速发展得国际金融市场，需要面对欧洲美元市场的兴起以及其对美国国内货币政策造成的极大的干扰，还需要面对 20 世纪 80 年代前后兴起的国际资本流动的自由化浪潮。吸纳已经实行改革开放的中国并恢复其合法席位对 IMF 适应新的国际经济形势和金融发展是十分有利的。

一方面，新兴金融市场正在日益繁荣。20 世纪 70 年代直到 20 世纪末，随着发展中国家经济的发展和金融制度的不断成熟完善，国际金融市场发生了进一步的深刻变化。新兴金融市场取得了极大的发展，发展迅猛，规模增长得越来越大。由于新兴市场采取金融自由化的政策，金融市场日益繁荣。

国际投资者，特别是短期资本持有者，对于这些金融市场趋之若鹜，表现了极高的投资热情。中国作为刚刚开放的亚洲大国，具有极大的金融市场发展潜力。为了适应新兴金融市场的迅速发展，IMF理应考虑吸纳中国作为成员方。

另一方面，在20世纪80年代前后，国际资本的自由流动浪潮已经呈不可阻挡之势。这种国际资本流动的自由化趋势会对全球金融体系的稳定性造成越来越大的潜在威胁。在国际资本的自由流动浪潮中，亚太地区异军突起，成为第三世界国家引进外资的主要力量，这个地区的国家吸收了投向发展中国家的外国直接投资的绝大部分。对于以金融更稳定为己任的IMF来说，国际资本流动是必须加以研究的重要课题；而作为改革开放的亚洲大国，中国在吸引外资上具有巨大潜力，是IMF不能绕过的观察和研究对象。

（二）中国视角——改革开放和发展经济的需要

新中国刚成立时，阻碍中国恢复IMF合法席位的原因主要有两个方面。一方面，新中国成立后，经过三大改造，中国一开始实行计划经济体制，这与IMF所遵循的市场经济体制是相互排斥的。当时IMF是一个西方资本主义阵营主导的国际组织，尤其美国在其中的话语权很大。当时作为社会主义阵营中的国家，中国不太可能被接纳成为IMF的一员。此外，新中国刚成立时经济落后，国民经济以农业为主，国际贸易并不发达，更缺少与西方诸国的经济金融往来，再加上实行计划经济的经济体制，故而缺乏加入IMF的必要性。

另一方面，新中国的外交政策也不利于当时恢复在IMF的合法席位。当时具有宪法意义的《共同纲领》文件明确新中国的外交政策是反对帝国主义的，而IMF在初创时正是代表了西方资本主义发达国家的利益，在意识形态上和新中国存在对立。同时，以美国为首的西方国家拒不承认新中国的合法地位，在政治上孤立新中国。新中国很难在世界经济组织中获得合法席位。偏意识形态的外交政策和西方资本主义国家的敌视与孤立让新中国难以参与到由西方资本主义国家主导的IMF中。

虽然经济制度和外交政策都与西方资本主义体系对立，中国一直在积极寻求恢复被台湾当局占据的IMF席位。1950年中华人民共和国外交部部长周恩来照会IMF，声明中华人民共和国是唯一代表中国的合法政府，台湾当局应该撤离 IMF。由于美国的阻挠，这个问题一直被搁置。中国在 1971 年恢复联合国的合法席位之后，联合国附属的各专门机构也陆续恢复中国合法席位，但是 IMF 并没有执行联合国大会的决议。为此，中国在 1973 年和 1976 年再次联系 IMF，声明对其中的财产和权益保留权利。

随着中国地位的提高和国际形势的变化，尤其是中国与美国关系的改善，中国恢复在 IMF 的合法席位的形势越来越有利。1979 年中美两国正式建立外交关系，同时十一届三中全会后中国实行改革开放，经济迅速发展，恢复中华人民共和国在 IMF 的合法席位已是大势所趋。在这个背景下，1980 年 4 月，中国政府再次致电 IMF，要求恢复合法席位。4 月 16 日，IMF 的执行董事会通过了恢复中国代表权的决定。至此，经过一系列的谈判与努力，中国最终正式恢复了在 IMF 的合法席位。

中国最终实现重返 IMF，是国内外因素共同作用的结果。从外部因素方面来说，中国重返联合国是恢复在 IMF 中的合法席位的重要先决条件。1971 年 10 月 25 日，中华人民共和国恢复在联合国的一切合法权利，同时台湾国民党当局的代表被驱逐出联合国。这是中国融入世界的重要一步，为恢复在 IMF 的合法席位奠定了基础，中国也有了一个争取自己权利，发出自己声音的舞台。联合国也是帮助中国走向世界，世界了解中国的一个重要渠道。在加入联合国之后，中国与许多西方国家建立了外交关系，也为中国重返 IMF 作了准备工作。

另外，从内部因素方面来说，中国内部政策路线的变化也是促成中国恢复 IMF 合法席位的重要因素。党的十一届三中全会决定把党和国家的工作重心转移到经济建设上来，进行经济体制改革，对外实行开放。由于国家逐步处理计划与市场的关系，开始建立社会主义市场经济体制的尝试，并且加强与其他国家的经济交流和贸易，参与 IMF 的重要性日益凸显。同时，中国也改变了对国际经济组织的态度，更积极地建立和加强与国际经济组织的联系。这些改革开放的措施为恢复国际 IMF 的合法席位奠定了国内的政治和经济基础。

二、IMF 对中国的援助

1980 年中国恢复在 IMF 的合法席位后，由于当时生产力发展水平相对较低,并且经济体制不够完善,中国从 IMF 获得了大量援助,主要包括贷款支持和技术援助两个方面。在 IMF 的贷款支持下,中国解决了暂时的国际收支失衡,并加快了经济建设,在改革开放的背景下推动了经济政策的稳定持续发展。在 IMF 的技术援助下,中国发展了相关经济数据的统计方法,改进了整个经济统计系统,从而能够及时准确地向基金统计局提供数据,在国际收支管理、统计系统的构建、税收政策的改革等多个方面都有了很大的改进。

(一) 贷款支持

尽管恢复 IMF 的成员方席位说明中国在 20 世纪 80 年代得到了国际社会的接受和认可,但鉴于当时中国的经济实力和发展情况,在加入 IMF 后的初期,中国更多的是扮演被援助者的角色。IMF 在许多方面都给予了中国有力的贷款支持,对中国国际贸易收支的均衡管理、国际贸易的发展、经济结构的改善以及宏观经济管理水平的提高具有重大意义。随着中国经济的不断发展,在贷款方面,目前中国已经从使用 IMF 资金的成员方转变为向 IMF 提供资金的成员方。IMF 的贷款支持对中国主要有以下两方面的作用。

一方面,IMF 的贷款帮助中国弥补国际收支逆差,改善经济结构。1980年,中国出现了宏观经济失衡的现象,通货膨胀高企,国际收支逆差增大。在这种情况下,IMF 向中国提供了 4.5 亿特别提款权的贷款支持。此外,IMF 还提供了来自拍卖黄金利润所建立的信托基金的 3.05 亿特别提款权的优惠贷款。正是在这些贷款的帮助下,中国逐渐解决了国际收支逆差过大的问题,并且在 1982~1983 年实现了国际收支盈余,偿还了 IMF 的贷款。IMF 的贷款援助有效帮助中国改善了经济失衡的问题。

另一方面,IMF 的贷款帮助中国推进经济体制改革,改善中国的宏观经济管理水平,保持国民经济增长。在 1986 年 IMF 向中国提供了 5.98 亿特别提款权的贷款支持,用于支持国内宏观经济发展。在 20 世纪 80 年代,中国一共向 IMF 贷款了 16.5 亿美元,支持国内经济建设,促进国民经济的发展。截至 1992 年,中国已经将这些贷款全部还清。在这之后,由于严格的贷款附加条件等各种因素的影响,中国对于向 IMF 借款一向持有十分谨慎的态度,也不以 IMF 作为中国利用外资的主要来源。

（二）技术援助

2000年前，由于中国宏观经济管理缺乏经验和方法，IMF 向中国提供的技术援助不仅覆盖范围广，几乎覆盖了中国宏观经济管理的各个领域，而且次数多频率高。1980~1994 年9月，IMF 一共向中国提供过约25次技术援助项目，其范围包括货币政策、经济统计、国际收支管理、金融立法和外汇市场风险的管理等诸多方面。在 IMF 的帮助下，中国在改进国际收支统计编制方法，完善税收管理的制度和方法，推进税制的改革，加强中央银行的作用，以及建立外债管理与检测制度等方面有显著的成果。

在进行技术援助时，IMF 的专家和学者会考察和分析中国的实际情况，把国际先进的经济理论，管理方法论和经济管理的经验教训传授给中国政府的相关机构的工作人员，并协助制定相关政策。他们在结合中国国情，吸收中国官员意见的基础上提出了许多宝贵的建议，起到了十分积极的作用。除了技术援助以外，与 IMF 联合举办的大型学术研讨会，使中国的宏观经济管理水平得到了一定的提高。研讨内容包含 IMF 在国际货币体系中的作用与援助，宏观经济管理与增长问题、中央银行业务等。

在这段时期，中国也积极派遣相关政府机构的官员赴 IMF 学院和维也纳学院学习。IMF 举办了许多有针对性的培训班，课程包括金融分析与政策规划、经济分析方法、政府财政统计、公共财政、国际收支方法、货币与银行统计、中期调整规划与政策、金融分析与规划方法、税收政策与管理等。派出人员来自包括国务院各综合经济管理部门、有关金融机构和高等院校在内的诸多单位。这些培训开拓了中国经济金融管理人员的眼界，也提高了他们的学术水平和管理水平，促进中国经济建设的科学健康前进。

21世纪后，IMF 主要在技术援助与政策咨询方面继续支持中国，范围主要包括国际收支管理、宏观经济管理、统计系统和方法等方面。由于中国经济管理人员水平的提高、经济管理机制的完善和全球经济发展的新形势，IMF 的技术援助更集中在税收改革、预算改革和统计系统建设方面，在统计数据的编制和公布上帮助中国进一步与世界接轨，让中国更深入地参与到全球经济治理中去。2001~2008 年 IMF 主要的援助情况如表 11-1 所示。IMF 对中国的技术援助主要体现在以下五个领域：

表 11-1　　IMF 对中国技术援助一览表 (2001~2008)

主　题	时　间
税收体系改革	
增值税和遗产税代表团	2001 年 4 月
税收优惠代表团	2001 年 9 月
金融部门税收代表团	2002 年 8 月和 9 月
个人所得税改革代表团	2003 年 11 月
税收征管改革	
计算机化代表团 (5)	2000 年 6 月~2002 年 10 月
战略计划代表团 (2)	2001 年 11 月~2002 年 8 月
战略计划研讨会 (华盛顿)	2002 年 10 月
收入管理代表团	2003 年 11 月
计算机化项目的审查	2004 年 9 月
预算改革	
国库、政府财政管理信息系统研讨会	2001 年 2 月
预算分类、国库单一账户、宏观财政协调和预算编制代表团	2001 年 11 月
预算编制、预算分类和国库改革代表团	2002 年 6 月
预算分类代表团	2003 年 3 月
预算和国库现代化研讨会 (华盛顿)	2003 年 10 月
国库和会计改革代表团	2003 年 11 月
预算法改革代表团	2004 年 3 月
政府间财政关系代表团	2002 年 11 月
省级财政风险代表团	2003 年 11 月
统　计	
数据公布通用系统研讨会	2001 年 4 月
货币和银行统计研讨会	2001 年 4 月
贸易统计代表团	2001 年 6 月~2002 年 1 月
数据公布通用系统研讨会	2002 年 2 月/3 月
国际收支研讨会	2002 年 8 月
政府财政数据代表团	2002 年 9 月
数据公布通用系统研讨会和特殊标准研讨会 (华盛顿)	2002 年 9 月
数据公布通用系统审议	2003 年 12 月
政府财政统计代表团	2005 年 1 月

续表

主题	时间
统计	
宏观经济统计高级研讨会	2005年1月
货币与金融统计代表团	2005年2月/3月
国际投资头寸研讨会	2005年4月
金融部门改革	
银行监管代表团	2003年10月
银行重组	2004年4月
反洗钱/反恐怖融资问题	2003年9月
反洗钱/反恐怖融资问题研讨会	2004年4月
反洗钱/反恐怖融资问题代表团	2005年1月
技术援助检查活动	
银行部门改革技术援助需要代表团	2002年7月
金融部门技术援助需要代表团	2003年10月
培训	
金融规划和政策课程（3）	2000年7月~2002年6月
银行改革高级研讨会	2001年3月
资本账户可兑换	2001年4月
货币政策和操作流程	2001年5月~2002年6月
银行风险管理	2001年7月
公共部门支出管理课程	2002年6~7月
中央银行会计	2002年11月
货币政策传导高级研讨会	2004年4月
汇率问题高级研讨会	2004年5月
协调的证券投资调查研讨会	2004年4月
季度国民账户研讨会	2004年9月
货币战略和操作讲习班	2005年5月
货币与财政统计	
货币与金融统计	2005年2~3月
货币与金融统计：通过SRF公布货币数据	2007年8月
货币与金融统计课程	2007年10~11月
金融稳健性指标编制培训	2008年9月

续表

主　题	时　间
国际收支统计	
银行业跨境资金流统计与监控	2006 年 6 月
国际收支统计	2007 年 6～7 月
BPM6 与国际收支统计培训	2008 年 4 月
政府财政统计	
政府财政统计培训	2008 年 9 月

资料来源：People's Republic of China：2005 Article IV Consultation—Staff Report.

1. 宏观经济数据领域

在宏观经济数据领域，2003～2008 年，IMF 为中国人民银行、中国银监会、国家统计局、财政部、国家外汇管理局等机构提供了富有成效的技术援助，着重对中国的经济统计系统和数据分析系统进行指导，涵盖货币和金融统计，财政稳健指标（FSI），政府财政统计（GFS），收支平衡统计（BOP）和实业行业统计等领域。如专栏 11.1，中国加入 IMF 的数据公布通用系统（GDDS）是这一过程中的标志性事件。2003～2008 年超过 500 位中国官员参加了在 IMF 总部举办的培训课程以及其他培训项目。

专栏 11.1　中国加入 IMF 数据公布通用系统（GDDS）

2002 年 4 月 15 日，中国正式加入 IMF 数据公布通用系统（GDDS），标志着中国统计系统的发展迈出了重要的一步。GDDS 由 IMF 于 1997 年创立，宗旨是鼓励成员方改善数据的质量，提供评价数据改善必要性和确定改善重点的框架。在经济和金融日益一体化的背景下，GDDS 指导成员方向公众提供全面、及时、容易获得的统计数据，涉及实际部门、财政部门、金融部门、对外部门和社会人口部门五大宏观经济部门。

根据 GDDS 有关要求，参加国需完成三个方面的工作：（1）将 GDDS 作为本国经济、金融和社会人口数据的编制及公布系统的框架；（2）指定与 IMF 联系的本国协调人；（3）撰写对统计方法的描述，即数据诠释。

加入 GDDS 有利于提高我国宏观经济统计数据的透明度、可靠性和国际可比性，它不仅能为我国的宏观经济决策提供可靠依据，同时也使国际

> 社会能对我国经济情况作出较为准确的判断,加强了中国与 IMF 统计部门的协调合作,有助于 IMF 统计部门及时准确地了解中国的技术援助需求。
>
> 资料来源:白雪梅. 加入 GDDS 与我国金融统计发展 [J]. 中国金融,2002 (6).

在这段时期,IMF 的统计部门分别完成了 2005 年技术援助任务和 2007 年技术援助任务。2005 年的 IMF 统计部门援助任务目标为协助中国政府部门解决分析中国在金融领域新近发展中遇到的一系列具有重大意义的货币统计问题,主要包括分析金融部门中新出现的各种金融工具,新建立的金融机构以及银行领域的重组。2005 年技术援助项目帮助中国政府部门开始用改进的金融工具和经济部门分类法来公布各项货币数据。2007 年的技术援助进一步帮助中国使用标准公布格式来编辑和公布货币数据。

除了两个技术援助任务外,IMF 的统计部门(STA)还在中国举办了五次面对各政府部门的培训课程。其中 2003 年、2005 年和 2007 年举办于大连的中国 – IMF 联合培训项目主要针对货币统计的相关问题。两次培训和技术援助咨询相结合,完成金融稳健性指标(FSIs)以及相关数据的采集和编制。另外,在协助中国政府部门编制计算金融稳健型指标的过程中,、中国相关政府官员直接前往 IMF 总部进行访问交流,获取相关的技术培训和咨询服务。这些技术访问交流活动也起了积极的作用。

2. 政府财政领域

在政府财政领域,IMF 也对中国财政部进行了多次援助,包括 2005 年的技术援助任务以及在 2003 年和 2008 年举办的两次政府财政统计课程。2005 年技术援助任务帮助中国财政部官员熟悉和理解最新的政府财政统计方法论,并用相应方法建立一个转换表格以将财政部原有数据表格转变成符合政府财政统计标准的数据表格。IMF 统计部门所提供的两次培训进一步向财政部官员们传授了最新的政府财政统计方法,包括如何保证统计数据质量、数据分类和数据比较等方面的相关知识技能。

这个技术援助项目对发展中国的政府财政统计贡献巨大,主要有以下四点作用:(1)技术援助培训帮助财政部官员理解最新政府财政统计方法,改进数据质量,促进财政数据的国际比较,从而帮助他们更好地让中国的财政数据符合国际数据标准;(2)IMF 的技术援助解决了当时财政部数据统计的分类和编辑问题,从而使 2008 年政府财政统计年鉴的数据公布有了很大的改进；(3) IMF 的技术援助建立和改进中国的政府支出分类系统；(4) 增加了财政数据的透明度和公布数量。

3. 税收领域

在税收政策领域，IMF 的技术援助范围很大，不仅包括了增值税、个人所得税和企业所得税等各个主要税种，也包括了金融部门等部门的具体税收待遇。对于增值税，IMF 建议把已有增值税变成消费型增值税，并把服务部门纳入增值税网络。IMF 也提供了平稳过渡的增值税改革战略。对于所得税，IMF 建议改进企业所得税的结构，包括统一国内与国外企业的适用税收体制，合理化企业所得税的激励措施与减少激励措施的范围；同时建议调整个人所得税的税率，简化其结构，提高个人所得税的起征点。

在税收监管领域，IMF 技术援助的目标是帮助中国国家税务总局开发管理全国税收体系所需的战略能力。为此，IMF 向中央和省级政府提供信息技术开发的技术援助，并向国家税务总局和省税务局管理人员介绍了风险管理技术。IMF 致力于改变中国国家税务总局基于税种的低效率的组织结构，而采用围绕共同的管理职能或在有些情况下围绕纳税人类型建立组织结构。IMF 就适当的结构、其影响和所需的变革提供了诸多建议，切实帮助中国建立起系统化的税收管理体系。

在对税收领域的技术援助中，IMF 提出了以下九条建议：(1) 减少人们的社保缴纳金额；(2) 对劳动所得征税的税率应该相同；(3) 在中期让所有劳动收入的税收规划统一，并且让其与资本收入税收分离；(4) 在长期统一全国各地的社保缴费比例；(5) 加强缴费数额与养老金收益之间的关系；(6) 增加个人养老基金的透明度；(7) 评估买方公积金的有效性，考虑降低义务缴费率；(8) 坚持把个体作为征税的基本单位；(9) 为了减小就业率下降带来的诸如孩子养育和老年人赡养成本的问题，可以考虑使用税收抵免。

4. 公共支出管理领域

在公共支出管理领域，IMF 提供了大量技术援助，包括预算执行（例如在财政部内建立国库和一个国库单一账户）、预测准备、宏观财政政策协调、预算分类和基本会计框架等。在 IMF 的帮助下，中国实行了预算和国库改革。预算方面，预算范围扩展到预算外收入和支出，预算的编制周期提前和延长，还实行部门预算。国库改革方面，建立了中央一级国库单一账户，并向省级延伸，还改进了宏观财政政策协调。中国也在 IMF 的帮助下改革《预算法》，明确立法和行政部门在预算中的作用和权利等。

5. 国际收支领域

在国际收支领域，IMF 对中国国际收支和国际投资头寸的管理提供了技术援助，主要工作包括以下四点：（1）向中国相关部门介绍国际投资头寸项目统计的重要性和有用性，并就如何编制中国的国际投资头寸统计项目提出详细说明；（2）完善中国国际投资头寸编制中的外债数据的计算和编制；（3）进一步改进国际收支和国际投资头寸的数据统计，特别是关于银行业领域的数据统计；（4）举办了关于国际收支和国际投资头寸统计的课程。这些专业的技术援助大大促进了中国外部领域统计的发展。

三、中国对 IMF 的回馈支持

在经济全球化的背景下，中国在改革开放后积极融入世界经济，GDP 和贸易总量都迅速增加。同时，中国在各个国际经济组织中的话语权不断提高，积极发声阐述对国际事务的需求、立场和政策，维护自身利益。因此，中国逐渐从被援助者的角色转变为援助者的角色，不仅向世界其他各国提供了大量援助，也向 IMF 提供一系列的回馈支持。中国对 IMF 的回馈支持主要包括推动 IMF 的份额和投票权改革、认购 IMF 债券、推动 SDR 改革和推动 IMF 的人事改革。

（一）中国与 IMF 份额和投票权改革

进入 21 世纪后，改革 IMF 的呼声越来越大，2008 年全球金融危机更激发了许多成员方尤其是以中国为首的新兴国家对改革 IMF 的份额和治理的倡议。在 2011 年的 G20 首尔峰会上，《首尔峰会宣言》得以通过，正式确认了 IMF 的份额和投票权改革方案。这个改革方案是 IMF 有史以来针对新兴市场和发展中国家的最大份额转移方案，份额所代表的话语权在不同国家之间的转移推动了 IMF 治理格局的改革。中国在此次 IMF 份额和投票权改革中发挥了重要的推动作用。

在多次国际峰会上中国都曾明确表达了在 IMF 份额和投票权改革问题上的立场。2008 年 11 月的 G20 华盛顿峰会上，中国指出 IMF 改革应该遵循全面性、均衡性、渐进性、实效性的原则。2009 年 4 月的 G20 伦敦峰会上，中国进一步提出在 IMF 的份额改革问题上，IMF 应该提高发展中国家的代表性和发言权，使其与发达国家处于平等水平。中国在这一过程作为新兴市场和发展中国家的代表积极与发达国家对话协商，参与全球经济治理，不仅有利于本国的国家利益，也维护了发展中国家的共同利益，促进了互利共赢的对外开放战略的实施。（周晨，2010）

份额和投票权改革的正式落地也将激励中国在未来 IMF 改革中肩负更大的国际责任。首先，份额提高意味着中国将向 IMF 进行更大规模的增资，给予 IMF 更多的资金支持；其次，在份额调整之后中国拥有 IMF 第三大的投票权，有责任为新兴市场和发展中国家争取合理权益，推动发展中国家和发达国家平等分享 IMF 份额这一目标的实现；最后，份额的提高意味着中国经济在世界经济稳定中越来越重要，中国应该更加注重与发达国家的对话沟通，为世界经济运行创造和平、稳定、低摩擦的公平环境（宋伟，2013）。

（二）中国认购 IMF 债券

2009 年 9 月 2 日，IMF 宣布中国政府已同意认购不超过 320 亿特别提款权（约合 500 亿美元）的 IMF 债券。这是 IMF 第一次公开发行债券。该债券为 5 年期债券，利息按季度发放。债券的发行方是 IMF，购买方是成员方的中央银行。该债券是可交易债券，购买后可在成员方的官方机构之间进行交易。中国人民银行购买的 IMF 债券有 A 债券和 B 债券两种类型，其中 A 债券（约为 150 亿特别提款权）在特定环境下可立即提前偿付，比一般的双边借款协议更具灵活性，其余为 B 债券（约为 170 亿特别提款权）。

一直以来，IMF 主要通过 GAB（General Arrangement to Borrow）和 NAB（New Arrangement to Borrow）两类借款安排进行融资。2009 年 G20 峰会同意向 IMF 增资 5000 亿美元，主要就是通过 NAB 协议实现。但是，向 IMF 增资并不会提高成员方的份额和投票权。以中国、印度等为代表的新兴经济体认为增资应该体现发展中国家实际经济地位的提升。对于 IMF 来说，如果进行改革使增资和份额挂钩，则会割让发达国家的利益；如果不进行改革，发展中国家会不愿意继续增资。因此，IMF 债券为 IMF 提供了一种替代性的增资渠道。

IMF 债券收益率较低，期限较短。IMF 债券由 IMF 向各成员方定向发行，是一种发行方和购买方都必须具有严格的官方资质的债券。IMF 债券既不允许私人资金介入,也无法形成衍生品市场,大大降低了成员方购买的流动性风险。因此对于发展中国家来说,IMF 债券能为它们提供较为稳定的投资收益。对于 IMF 来说,这种债券既能扩大其资金池,又能保持现有的治理结构。因此,IMF 债券是发展中国家在世界经济格局中的系统重要性不断提升的背景下产生的缓冲融资手段。

这是 IMF 第一次发行债券,中国也是第一个签署认购协议的 IMF 成员方。中国认购 IMF 债券对各方都具有重要意义。对中国来说,一方面,IMF 债券可以为中国提供了一种安全的投资工具,特别提款权相比于单一主权货币更加稳定,且 IMF 享有优先债权人的地位,无论从安全性、流动性还是回报的角度看,IMF 债券都符合外汇储备管理投资的原则,另一方面,此次中国是用人民币购买 IMF 债券,IMF 可以将人民币直接借给成员方作为外汇储备,提高人民币的可兑换性,进而推动人民币的国际化(潘成夫,2009)。

对 IMF 来说,此次中国用行动支持了 IMF 的融资计划,继而补充了 IMF 有能力向成员方提供的贷款规模,有助于提高 IMF 帮助成员方应对全球金融危机的能力,帮助世界经济尽快复苏。对其他新兴市场和发展中国家来说,一方面,继中国之后各主要发展中国家也会陆续签署协议认购 IMF 债券,借此分散外汇储备中美元比重过大的风险,另一方面,尽管认购 IMF 债券不能提高发展中国家在 IMF 的实际份额和投票权,但可以通过提高对 IMF 的增资比例,继而提高这些国家在 IMF 事务中的参与度和话语权,有助于推动 IMF 体制改革。

(三) 推动 SDR 改革

2008 年美国次贷危机引发了国际货币市场对以美元为主导的国际货币体系的信任危机,为了制衡美元霸权,改革国际货币体系,以维护其他国家的经济利益,国际社会讨论提升 SDR 的国际地位来替代美元在国际货币体系中的作用。中国在这次改革讨论中表现积极,成为提倡改革 SDR 来提升超主权国际货币地位的主要倡议者之一。中国在 SDR 改革的两个重要方面,即职能改革和结构改革方面都做出了大量外交努力。

第一,改革 SDR 的职能的核心问题是提升其作为国际货币的职能。在改革前,阻碍 SDR 发挥实质性国际货币职能的问题是其发行量较小,因而不能满足国际货币体系中的交易、计价和储备的需要。2009 年,在中国等国家强化 SDR 储备货币职能的呼吁下，IMF 进行了第三次也是目前最大规模的 SDR 分配。这次分配使世界各国持有 SDR 总额达到 2041 亿，从而为其发挥储备货币的作用奠定了基础。中国等国家也在持续着 SDR 货币职能改革的外交努力。2016 年上海 G20 财长和央行行长会议公报也明确表示了支持扩大 SDR 的使用范围。

第二，改革 SDR 的分配结构的核心问题是增加 SDR 货币篮子的构成，纳入更多的新型货币。在人民币纳入 SDR 货币篮子之前，SDR 货币篮子仅仅包括了美元、日元、英镑和欧元，难以满足世界经济可持续发展的需要。按照 IMF 的规定，一个国家的货币能否加入货币篮子主要有两个判断标准：是否被广泛使用和是否能自由使用。中国是世界第二大经济体，也是世界第一大贸易国，并不断放宽国内金融市场的准入，加强资本市场的开放性，推进利率和汇率市场化。这些全方位的改革为我国人民币加入 SDR 货币篮子创造了前提条件。

经过中国长期的外交努力，在 2015 年 12 月 1 日 IMF 正式宣布人民币会在 2016 年 10 月 1 日加入 IMF 的 SDR 货币篮子。在 2016 年 10 月 1 日，IMF 的特别提款权的价值由美元、欧元、人民币、日元和英镑五中货币所构成的一揽子货币的当前汇率确定，权重分别为美元 41.73%、欧元 30.93%、人民币 10.92%、日元 8.33% 和英镑 8.09%。在这次特别提款权权重的改革中，人民币所占的权重首次超过了日元和英镑。这说明人民币的国际地位得到了大大的提升和世界各国的广泛认可，人民币也开始加入当前货币体系的核心货币之中。

人民币国际化主要有以下三点重要作用：（1）分散外汇储备风险，中国作为美国的第一大国债持有国，十分容易受到美国货币政策和财政政策的影响，人民币国际化有利于平滑外汇风险；（2）推动资本项目开放，人民币纳入 SDR 是 IMF 对人民币作为自由可使用货币的官方背书，这将进一步推动中国金融改革以及资本项目开放进程；（3）有利于国际货币体系的治理和改革，在 IMF 和外国官方持有和使用人民币的过程中，都会涉及人民币的国际支付结算问题，这将进一步推进人民币在国际贸易结算中的作用，完善人民币的可兑换性（赵惠芳，2017）。

（四）推动 IMF 人事改革

2011 年 7 月 12 日 IMF 宣布提议任命 IMF 总裁特别顾问朱民担任 IMF 增

设的第四位副总裁职务。原本IMF设有一位总裁，三位副总裁，均由欧美国家垄断。拥有第三世界背景的朱民的当选打破了这种局面，显示出新兴市场和发展中国家在国际金融市场上越来越重要的地位。发达国家和发展中国家更加密切的沟通协商也有利于国际金融体系的平衡和稳定。IMF是顺应国际经济格局的变化而进行人事制度的逐步改革。朱民的上任将促进中国在IMF改革中扮演越来越重要的角色，主要体现为以下四个方面：

第一，朱民对IMF了解和改善与新兴经济体的关系发挥了至关重要的作用。朱民曾担任世界银行经济学家、中国人民银行副行长，对新兴市场国家的发展模式和经济改革有深刻理解。随着新兴经济体对世界经济总量和经济增长的贡献日益增加，IMF有必要对这些国家的未来发展路径做好评估，防范可能发生的系统性风险。朱民是增进IMF和这些新兴经济体之间对话沟通的一座桥梁，有利于帮助IMF深入了解发展中国家特异性的经济结构，发展更有针对性的金融业务，提高IMF职能的合法性和有效性。

第二，朱民出任IMF副总裁推动了全球经济权利由失衡向平衡的转移。IMF总裁拉加德表示，全球经济已经从2008年国际金融危机中反弹，但是这种反弹并不平衡，以中国为代表的新兴市场国家是本轮经济复苏中的主要增长引擎。因此，IMF也应该在治理结构上更好地反映全球经济权利由失衡向平衡转移的要求。例如，在IMF内为新兴市场和发展中国家提供更多的职位，尤其是高层职位。朱民出任IMF副总裁正是兑现了IMF希望提高新兴市场和发展中国家的话语权的设想，进一步顺应世界经济发展格局的变化。

第三，朱民能够为IMF带去新兴市场和发展中国家宏观经济管理的优秀经验。之前IMF的融资更多是依赖欧洲市场，但在2009年中国以认购债券的形式向IMF注资500亿美元，以其庞大的外汇储备改变了这一局面。如今，IMF正得到英国、法国等欧洲国家、石油输出国和中国等拥有外汇储备国家的资金援助。由于中国、印度等国很早就开始使用宏观审慎管理工具、信贷工具、资本金管理等工具，朱民等新兴市场和发展中国家人才的引入，将进一步带来资金管理、融资渠道拓展、项目分配等应对国际金融危机的新经验。

第四，朱民等新兴国家面孔的任职是新兴市场和发展中国家对于国际金融组织人事秩序进行矫正的第一步。国际金融组织的治理结构本质上反映的是各个利益主体在世界经济中的相对地位。在IMF的人事制度改革中，欧美国家占据多数的投票权，同时不愿意轻易割让已经主导多年的既得利益，导致话语权的再分配非常困难。尽管在可预期的未来一段时间内，欧美国家仍将是 IMF 的主导者,但朱民的任职是新兴市场和发展中国家进入 IMF 核心管理体系,开始促进多方沟通和决策的第一步,有利于矫正 IMF 人事制度的失衡。

2016 年 7 月朱民卸任 IMF 副总裁,此后担任清华大学国际金融研究院院长。2016 年 8 月,IMF 宣布中国人民银行副行长张涛将接替朱民出任 IMF 副总裁。在近年来国际贸易保护主义倾向复苏的背景下,张涛指出当前全球经济面临的最重要风险是贸易紧张局势加剧,各经济体应共同努力缓和与解决当前贸易争端,推动全球贸易体系现代化,更好发挥贸易在提高生产率、推动全球经济增长等的关键作用。从 IMF 人事制度改革中可以预见,中国将在 IMF 保持相当的话语权,为本国及所代表的新兴市场和发展中国家争取合法利益。

四、中国与 IMF 的合作展望

在恢复中国在 IMF 的合法席位以来,中国与 IMF 已经形成了良好的沟通和合作关系。IMF 密切关注中国的经济发展和经济管理情况,为中国的宏观经济管理、经济政策制定以及经济管理体制的改革都提供了大量的技术援助,给予了大量指导与建议,并给予中国一个参与国际货币体系治理,与世界各国交流的重要平台。中国也发挥自身在 IMF 中越来越多的话语权,推进 IMF 的改革,完善国际货币体系,促进 IMF 适应世界经济形势的发展变化。在未来,两者可以良好合作,互相促进。

(一) IMF 在中国发展新阶段中的作用

近年来,中国处于经济发展的新阶段,为了适应新常态、把握新常态和引领新常态,中国在经济上需要进行一系列的改革。在这个过程中,IMF 的相关部门积极参与,其专家和学者们提出了许多改革的意见和建议,正与中国政府官员一起努力。IMF 的参与主要在以下五个方面:(1)处理中国面临的企业债务高企的金融风险;(2)在经济增速放缓的条件下制定经济政策和改革财政;(3)防止金融体系系统性风险,减少房地产业泡沫;(4)推进自由浮动的人民币汇率改革;(5)增强中国经济政策和数据的透明性和交流。

1. 降低企业债务风险

在 IMF 的建议下，为了解决高企的企业债务，减少企业债务带来的金融风险，中国已经在 2016 年 10 月成立了国家发展改革委员会领头的多部门委员会推进去杠杆政策，并采取了以下措施：（1）允许小部分国企进入破产程序；（2）在公司层面进行去杠杆，减少钢铁企业的债务资产比例并放缓信贷增速，同时处理了 20% 的已发现的中央僵尸国企；（3）积极推进企业债转股，解决银行坏账为题；（4）进行去产能计划，并计划对用煤企业和建材生产企业加大去产能力度；（5）保护知识产权，减少行业进入壁垒，促进行业竞争。

IMF 对于减少企业债务，解决企业坏账问题进一步提出了六点建议，包括：（1）进一步加强国有企业债务的硬约束，去除政府对国有企业债务的隐形担保的情况，从而防止大量坏账的发生并减少国有企业的不合理借贷；（2）通过债转股或者注入流动性等方式对危险的企业进行重组，用更市场化的方式重组企业，而非进行强制的合并；（3）政府应进一步识别已有企业债务中的潜在损失，并与企业共担负担；（4）进一步推进去产能；（5）在处理国企的债务问题时安置好受影响的职工；（6）进一步减少一些国有企业垄断领域的市场壁垒。

2. 适应经济增速放缓的新常态

在 IMF 的建议下，中国主要从两个方面着手调整政策，以适应经济增速放缓，从重视增速到重视增长质量的发展模式的改变。一是降低经济增长目标，用渐进的方式开始推行去杠杆，防止经济硬着陆。二是推进财政改革，包括四个方面：（1）改进了政府预算的披露，制定了一个政府预算披露时间表；（2）对地方政府借贷违规情况的监管和惩罚加重，并推进 PPP 模式的应用；（3）进行税收改革，减少多重税率，降低企业为职工缴纳的社会保险费率；（4）对新能源汽车等高新技术领域进行补贴，同时减少落后产能。

IMF 对中国适应经济增速放缓还提出了进一步的建议，主要包括以下五点：（1）根据中国实际情况，进一步下调经济增速目标已达到一个能够持续发展的水平，并且显著降低中国的信贷增长率；（2）使用一种多年财政预算框架，以减少中国的总扩增财政赤字，并规划在预算里的改革前支出；（3）订立完善的预算法律法规和规章制度来规范地方政府的借贷行为，并解决不同地区的结构性失衡问题（4）进行税收制度的现代化改革，扩张社保并逐渐放开户籍制度；（5）重视环境保护，对使用化石燃料的行为和造成污染的企业进行征税。

3. 防止系统性金融风险

在IMF的建议下，中国近年来出台了许多政策措施来减少中国金融系统的风险，主要包括：（1）中国的商业银行增加资本准备，并且核心资本占比达标程度良好；（2）针对比较火热的互联网金融平台，尤其是针对P2P借贷平台，中国陆续出台了许多监管措施；（3）中国加快跨部门联合监管的合作，出台了监管银行、保险、基金、证券、信托等资产管理行业的跨部门监管政策；（4）中国出台政策加强银行风险管理；（5）为了抑制房地产业的泡沫，中国政府采取了限购、首付比例提高和房贷利率提高等多种措施。

在未来的金融部门改革方面，IMF认为，中国应该进一步做好以下四点，以降低金融系统性风险，防止金融危机的发生：（1）加强对银行资本充足率的监管，并争取事先监测到金融系统中的潜在损失风险；（2）中国影子银行系统和银行间市场迅速扩张，具有高度的流动性，因此相关部门要保持监管上的高度警惕，并加大关注度；（3）中国的房地产行业的价格依然偏高，进一步抑制房地产行业的资产价格泡沫；（4）加强金融监管各部门之间的协调和合作，做好金融危机的事前准备。

4. 推进实现人民币汇率自由浮动

IMF一直在呼吁推进中国的人民币汇率体制改革，推进实现人民币汇率自由浮动。中国也正在通过增加人民币中间价计算篮子中的货币数量、加大参考银行间市场的短期利率水平来实施货币政策以及开通股票的沪港通、深港通和债券通等方式进行对人民币汇率制度进行改革。IMF的建议主要包括三点：（1）在接下来的几年内有序地实现事实上的人民币汇率自由浮动，取消人民币汇率管控；（2）在考虑和实施货币政策的时候多参考市场因素；（3）逐步有序地放宽对资本项目的管制，并最终实现资本项目的自由化。

针对中国资本账户的自由化改革，IMF还提出了四点建议：（1）尽管中国的资本流动管制在一定程度上是必要的，但中国应该持续性地并且透明的运用资本流动管制政策，从而避免外界的误解；（2）中国应该推进包括金融领域改革和国企改革在内的一系列关键改革，以建立稳健的经济系统与金融系统，避免未来资本流动自由化的冲击；（3）中国的资本账户自由化推进应该稳步谨慎进行，并根据所需事先改革的进展来确定资本账户自由化改革的进度和节奏；（4）中国要警惕"不可能三角"带来的问题。

5. 增加透明度和对外交流

虽然自改革开放后中国一直在健全自身的数据统计系统，接受了多次 IMF 的统计方面的技术援助，并在经济数据统计上实现了迅猛的发展，统计系统日益现代化，但终究由于发展时间较短，不仅在统计经济数据的经验上十分欠缺，也缺乏完善的经济数据统计法律法规和规章制度，不仅对内的政策透明性不够，也对外缺乏政策目标和预期的交流。在 IMF 的建议下，中国加大了对地方数据造假的惩罚力度，引进并公布了一套新的指数来衡量中国服务业的景气程度，以及定期召开新闻发布会对外界解释中国经济政策的内涵和目标。

IMF 一直致力于改进中国经济数据的质量，推广先进的宏观经济统计方法，并鼓励中国增加政策的透明度，积极与其他国家交流经济政策的内容和政策目标，以增进互相理解，改善外界预期。IMF 的统计部门自中国恢复席位 30 多年来持续地对中国开展技术援助项目，推广国际先进理论和经验，引进了包括金融稳健性指数在内的一系列指数与统计项目，协助中国建立了各种统计系统。在未来的合作中，IMF 可以继续加大对中国的技术援助，协助完善中国的统计系统，为研究提供更加翔实的依据。

6. 缓解贸易摩擦

近年来，全球贸易保护主义正在抬头，尤其体现为中美日益加剧的贸易摩擦，多边贸易秩序遭到了严重破坏，全球经济形势也增加了许多不确定性。一方面，IMF 可以充当信息媒介和协商平台，呼吁中美两国尽可能多地开展以自由贸易为基础的对话，以签订贸易伙伴协议、建立自由贸易区等方式建立贸易各国之间的友好关系；另一方面，IMF 的宗旨即包括远离和消除贸易保护主义，IMF 可以针对如何更好地保护知识产权、如何减少有利于国有企业的政策扭曲等方面提出政策性建议，解决各成员方之间跨境贸易和资本流动的问题。

（二）中国在 IMF 未来改革中的作用

中国在 IMF 未来的改革中应该充分发挥自身的外交能力，积极参与并完善国际货币体系的架构和治理，促进世界经济的发展，帮助 IMF 适应时代的变化，并且努力维护中国在 IMF 和国际货币体系中的合法权益。人民币加入特别提款权货币篮子，提高了 IMF 在全球的公信力，使货币篮子的分配更加合理，有利于 IMF 在亚太地区开展活动和参与新兴经济体的深度。中国可以通过进一步推进 SDR 的改革来完善国际货币体系，减弱美国等西方国家对国际货币体系的霸权，维护新兴市场和发展中国家的经济利益。

1. 推动 IMF 的份额改革

中国应该积极参与 IMF 的份额改革，推动其份额分配结构反映现今世界经济格局中以中国等金砖国家为代表的快速发展。中国可以赞同并支持有限度的、渐进的调整方式，以减缓美国等国家的压力，更具实际意义。中国也可以支持特别增资成为普遍增资的最优替代选项。IMF 的特别增资指的是在不符合普遍增资的条件时，允许部分代表性不足的成员方提高份额。特别增资一方面一定程度降低部分成员方对普遍增资的抵触，另一方面相对降低了代表性最为不足的成员方增资的额度，从而增加了中国等新兴国家的份额。

2. 推动 IMF 的投票权改革

IMF 的投票权改革应该致力于建立一个发展中国家和发达国家的话语权能够正确反映它们在世界经济中的地位的国际金融体系。中国在参与 IMF 改革时，应该着力与新兴市场国家进行深入合作，进而维护广大发展中国家的共同利益。中国应进一步支持改革现有的投票权体系，加强各成员方基本投票权在 IMF 决策当中的权重，促进份额在发达国家和发展中国家之间的平稳转移。从长期来看，要消除美国在 IMF 重大决策当中的一票否决权。中国需要通过推动 IMF 投票权改革，提高国际影响力（鲁传颖，2011）。

3. 推动 IMF 的决策机制和管理体制改革

中国应该继续推动 IMF 决策机制和管理体制改革，加大向 IMF 输入人才的力度。中国同其他发展中国家一样，在 IMF 的机制设计和管理运营当中处于边缘地位。2010 年 3 月，IMF 宣布中国人民银行副行长朱民出任总裁特别顾问，这也是中国恢复席位后首次出任 IMF 高级管理岗位。中国应积极向 IMF 推荐兼具国际视野和熟悉发展中国家国情的高端人才。此外，中国也应该积极推动其他新兴国家和发展中国家的人才培养工作，打破 IMF 中管理决策层由发达国家主导的局面。

五、结　语

首先，中国和 IMF 双方的互补需求促成了中国在 IMF 合法席位的恢复。

于 IMF 而言，中国的加入使 IMF 适应新的国际经济和国际货币体系的发展变化，扩大在亚洲新兴市场的影响力，监控国际资本的自由流动。于中国而言，恢复在 IMF 的合法席位能够享受 IMF 的贷款与技术援助等多种资源，大大促进国际贸易和国内经济的发展，有利于其增强与各国的经济与金融合作，提高国际影响力，学习先进经验，以满足改革开放后经济建设的迫切需要，并参与到国际货币体系的治理中去。

其次，自 1980 年中国恢复 IMF 的合法席位以来，IMF 对中国提供了大量的贷款支持和技术援助。一方面，IMF 的贷款支持帮助中国弥补国际收支逆差，改善经济结构，也帮助中国推进经济体制改革，改善中国的宏观经济管理水平，保持国民经济增长。另一方面，IMF 的技术援助范围广，次数多，频率高，覆盖了宏观经济数据、政府财政、税收、公共支出管理、国际收支等多个领域，帮助中国建立了完善的统计技术和数据系统，提高了宏观经济管理水平。在中国加入 IMF 的早期，中国主要是受援助者的角色。

再次，进入 21 世纪，特别是 2008 年国际金融危机后，中国转变为援助者的角色，为 IMF 提供了大量回馈支持。第一，中国积极推动 IMF 的份额和投票权改革，维护新兴市场和发展中国家的合理利益；第二，2009 年中国认购价值 500 亿美元的 IMF 债券，行动支持了 IMF 的融资计划；第三，中国积极倡议 IMF 的 SDR 改革，在职能改革和结构改革两个方面都做出了大量外交努力，不仅呼吁扩大 SDR 规模，同时也促成了人民币加入 SDR 货币篮子，分散本国外汇储备风险，推动资本项目开放，有利于国际货币体系的治理和改革。

最后，在未来的发展中，IMF 和中国都将面临新的机遇和挑战，但互利共赢的关系依然会持续为双方带来益处。IMF 可以通过经济监督和技术援助等方式帮助中国降低企业债务风险，适应经济增速放缓的新常态，防止系统性金融风险，推进实现人民币国际化，增加政策透明度和对外交流，缓解中美之间的贸易摩擦。中国也可以作为新兴市场和发展中国家中的代表继续推进 IMF 的份额改革、投票权改革、决策机制和管理体制改革，使 IMF 能够适应世界经济格局的变化，建立均衡有效的国际金融体系。

参 考 文 献

一、中文部分

[1] 段兵，黄德旺. 东亚金融危机中 IMF 反危机措施失效的原因分析 [J]. 金融理论探索，1999（1）：23-24.

[2] 关孔文，徐莹. 后危机时代 IMF 的改革及其政治功能 [J]. 宁夏大学学报，2016（3）.

[3] 国际货币基金组织年报，2007~2017.

[4] 黄梅波. 国际货币基金组织的内部决策机制及其改革 [J]. 国际论坛，2006（1）：54-59.

[5] 黄梅波，陈燕鸿. IMF 改革研究 [M]. 北京：经济科学出版社，2014：24.

[6] 黄梅波，陈燕鸿. 欧盟提升在国际货币基金组织中的影响力：设想与困境 [J]. 欧洲研究，2013（2）：52-68.

[7] 李本. 国际货币基金组织改革的职能趋向 [J]. 法学，2010（4）：133-141.

[8] 李向阳. 国际货币基金组织未来的改革方向 [J]. 经济研究参考，2010（12）.

[9] 刘岚雨，陈琪. 国际经济组织如何思考——IMF 和世界银行决策行为背后的大国因素 [J]. 暨南学报（哲学社会科学版），2017，39（10）.

[10] 梅新育. 国际货币基金组织改革：中国面临三重考验 [J]. 中国金融，2007（4）：61-62.

[11] 潘成夫. 国际货币体系改革、IMF 债券与人民币国际化 [J]. 金融与经济，2009（10）：4-6.

[12] 司文. 国际货币基金组织份额和治理改革历程 [J]. 国际研究参考，2014（5）.

[13] 宋伟. IMF 近期决策结构改革及其对中国的影响（2006~2012）

[J]. 国际经贸探索, 2013, 29 (6): 94-106.

[14] 隋伟, 孙中俊. 国际货币基金组织监督职能改革初探 [J]. 金融服务法评论, 2010, 1 (1): 196-205.

[15] 王晨宇. 国际货币基金组织贷款条件初步研究 [J]. 金融经济, 2009 (3): 68-69.

[16] 王继祖, 董彦岭. 国际货币基金组织贷款政策争议评析 [J]. 国际金融研究, 2005 (9): 55-60.

[17] 王加春. IMF 债务可持续框架的影响与评价 [J]. 开发性金融研究, 2017 (6).

[18] 王中美. WTO 与 IMF 的合作制度 [J], 国际经贸探索, 2005 (2).

[19] 肖立晟. 人民币加入 SDR 货币篮子的影响及我国的未来行动策略 [J]. 经济纵横, 2016 (2): 35-40.

[20] 谢世清. IMF 份额与投票权改革 [J]. 国际经济评论, 2011 (2): 119-126.

[21] 谢世清. 后危机时代 IMF 的职能改革 [J]. 国际贸易, 2011 (11): 46-51.

[22] 谢世清. IMF 份额改革及其对中国的影响 [J]. 中国金融, 2010 (23): 79-80.

[23] 徐崇利. 国际货币基金组织运行机制的主要特征及基本走向 [J]. 厦门大学学报, 1999 (2): 33-40.

[24] 徐秀军. 国际货币基金组织 在改革中求进 [J]. 当代金融家, 2016 (1): 104-107.

[25] 赵志耘, 郭庆旺. 对 IMF 救助东亚金融危机的宏观经济政策建议的分析 [J]. 财经问题研究, 1999 (2): 38-42.

[26] 任盘硕. IMF 金融救济与韩国经济的将来 [J]. 世界经济研究, 1998 (4): 36-40.

[27] 郑振龙, 江孔亮. 关于 IMF 能否作为国际最后贷款人问题之研究 [J]. 现代财经（天津财经大学学报), 2000 (9): 19-24.

[28] 祝小兵. 国际货币基金组织的改革动因及目标评述 [J]. 世界经济研究, 2009 (6): 26-30.

[29] 周晨. 国际货币基金组织改革与中国外交 [J]. 当代世界, 2010 (6): 54-56.

[30] 宋伟. IMF 近期决策结构改革及其对中国的影响 (2006~2012) [J]. 国际经贸探索, 2013 (6): 94-106.

[31] 鲁传颖. 后金融危机时期中国参与国际金融体系改革的目标和路径——以中国参与 IMF 改革为例 [J]. 东南亚纵横, 2011 (8): 87-91.

[32] 赵惠芳. 人民币加入 SDR 后对中国和 IMF 的影响研究 [J]. 经济体制改革, 2017 (3): 138-143.

二、英文部分

[1] Bagehot W. A Description of the Money Market [J]. International Encyclopedia of the Social & Behavioral Sciences, 2001, 13 (1): 11445-11448.

[2] Barro R J, Lee J W. IMF programs: Who is chosen and what are the effects? ☆ [J]. Journal of Monetary Economics, 2005, 52 (7): 1245-1269.

[3] Bird G. Borrowing from the IMF: The policy implications of recent empirical research [J]. World Development, 1996, 24 (11): 1753-1760.

[4] Bordo M D. The Lender of Last Resort: Alternative Views and Historical Experience [J]. Economic Review, 1990, 76 (Jan): 18-29.

[5] Bradlow D. The G20 and Sustainable IMF Reform [J]. Social Science Electronic Publishing, 2009.

[6] Buira A. An Analysis of IMF Conditionality [C] //United Nations Conference on Trade and Development. United Nations Conference on Trade and Development, 2003: 329-353.

[7] Calomiris C W. IMF's Imprudent Role as Lender of Last Resort, The [J]. Cato Journal, 1998, 17 (2): 165-182.

[8] Chandavarkar A. Is the IMF a Lender of First or Last Resort? [J]. Economic & Political Weekly, 2002, 37 (36): 3699.

[9] Connors, T. A. The apparent effects of recent IMF stabilization programs [J]. International Finance Discussion Papers, 1979.

[10] Conway P. IMF lending programs: Participation and impact [J]. Journal of Development Economics, 1994, 45 (2): 365-391.

[11] Corrigan, Testimony before the Committee on Banking, Housing, and Urban Affairs, Washington D. C., May 3, 1990

[12] Crockett A. The theory and practice of financial stability [J]. De Econ-

omist, 1996, 144 (4): 531 – 568.

[13] Dicks – Mireaux L, Mecagni M, Schadler S. Evaluating the effect of IMF lending to low – income countries [J]. Journal of Development Economics, 2000, 61 (2): 495 – 526.

[14] Drazen A. Conditionality and Ownership in IMF Lending: A Political Economy Approach [J]. Imf Staff Papers, 2002, 49 (1): 36 – 67.

[15] Dreher A, Jensen N M. Independent Actor or Agent? An Empirical Analysis of the Impact of US Interests on IMF Conditions [J]. Social Science Electronic Publishing, 2005, 50 (1): 105 – 124.

[16] Dreher A, Vaubel R. Do IMF and IBRD Cause Moral Hazard and Political Business Cycles? Evidence from Panel Data [J]. Open Economies Review, 2004, 15 (1): 5 – 22.

[17] Dreher A. IMF Conditionality: Theory and Evidence [J]. Public Choice, 2009, 141 (1 – 2): 233 – 267.

[18] Evelyn C S. Jubilee USA Network [J]. Fec Publishing, 2011.

[19] Faini, R., J. De Melo, A. Senhadji – Semlali, and J. shanton. Macroperformance under Adjustment Lending [C], Restructuring Economies in Distress: Policy Reform and the World Bank, eds. V. Thomas, A. Chhibber, M. Dailami, and J. de Melo. 1991, Washington, D. C.: The World Bank.

[20] Feldstein M. Refocusingthe IMF [J]. Foreign Affairs, 1998, 77 (2): 20 – 33.

[21] Fischer, S. On the Need for an International Lender of Last Resort, IMF, 1999 (3).

[22] Flannery M J. Financial Crises, Payment System Problems, and Discount Window Lending [J]. Journal of Money Credit & Banking, 1996, 28 (4): 804 – 824.

[23] Giannini C. The IMF and the lender – of – the – last – resort function [J]. Finance & Development, 1999.

[24] Goldstein M. Currency Manipulation and Enforcing the Rules of the International Monetary System [C]. Edwin Truman, ed., Reforming the IMF for the 21st century, Washington, DC: Institute for International Economics, 2006.

[25] Goldstein, Morris. Safeguarding prosperity in a global financial system:

[M]. Institute for International Economics, 1999.

[26] Goodfriend M, Lacker J M. Limited Commitment and Central Bank Lending [J]. Working Paper, 1999, 85 (Fall): 1 - 27.

[27] Goodhart C A E. Institutional Separation between Supervisory and Monetary Agencies (1993) [J]. Giornale Degli Economisti E Annali Di Economia, 1992, 51 (9/12): 353 - 439.

[28] Goodhart C, Huang H. A Model of the Lender of Last Resort [J]. Imf Working Papers, 1999, 99 (39): 1059 - 1082.

[29] Goodhart C, Schoenmaker D. Should the Functions of Monetary Policy and Banking Supervision be Seperated? [J]. Social Science Electronic Publishing, 1995, 47 (4): 539 - 560.

[30] Graham Bird, Dane Rowlands. Do IMF Programmes Have a Catalytic Effect on Other International Capital Flows? [J]. Oxford Development Studies, 2002, 30 (3): 229 - 249.

[31] Greenwald B, Stiglitz J E. A Modest Proposal for International Monetary Reform [M] //Time for a Visible Hand. 2009.

[32] Gylfason T. Credit policy and economic activity in developing countries with IMF stabilization programs [C] //Imf Stabilization Programs." Princeton Studies in International Finance. 2010.

[33] Hajivassiliou, V. A. The External Debt Repayment Problems of LDC'S: An Econometric Model Based on Panel Data [J]. Journal of Econometrics, 1987, 36 (1 - 2): 205 - 230

[34] Humphrey, T. M., 1985, Lender of Last Resort: the Concept in History, Federal Reserve Bank of Richmond conomic Review 75, pp. 8 - 16.

[35] Hutchison M M, Noy I. Macroeconomic effects of IMF - sponsored programs in Latin America: output costs, program recidivism and the vicious cycle of failed stabilizations [J]. Journal of International Money & Finance, 2003, 22 (7): 991 - 1014.

[36] IMF Archives BUFF/99/112, 1999.

[37] IMF Executive Board Approves US$15.15 Billion Stand - By Arrangement for Ukraine, July 28, 2010.

[38] IMF Surveillance—The 2007 Decision on Bilateral Surveillance, June

24, 2010.

[39] IMF Survey: Amid Crisis, IMF Emphasizes Readiness to Lend Quickly

[40] IMF Survey: IMF Agrees $15.7 Billion Loanto Bolster Hungary's Finances, November 6, 2008.

[41] IMF Survey: Landmark Framework for IMF Surveillance.

[42] IMF, 2014 Triennial Surveillance Review.

[43] IMF, Concluding Remarks by the Acting Chairman – Financial Sector Crisis and Restructuring – Lessons from Asia.

[44] IMF, Enhancing Financial Sector Surveillance in Low – Income Countries – Financial Deepening and Macro – Stability.

[45] IMF, Euro Area Policies: 2018 Article IV Consultation – Press Release; Staff Report; and Statement by the Executive Director for Member Countries.

[46] IMF, Fiscal Monitor, January, 2011.

[47] IMF, Global Financial Stability Report, January, 2011.

[48] IMF, Guidelines on Conditionality.

[49] IMF, IMF Lending.

[50] IMF, IMF Support for Low – Income Countries.

[51] IMF, International Monetary Fund Articles of Agreement, 2016.

[52] IMF, Mild Slowdown of the Global Expansion and Increasing Risks.

[53] IMF, Structural Conditionality in Fund – Supported Programs [R]. Washington, D.C., 2001, http://www.imf.org/external/np/pdr/cond/2001/eng/struct/index.htm/.

[54] IMF, The IMF's Financial Surveillance Strategy.

[55] IMF, World Economic Outlook, October, 2009, p53.

[56] Ivanova, A., Wolfgang, M., Mourmouras, A., & Anayiotos, G., What Determines the Implement of IMF – Supported Programs [R] IMF Working Papers 03/8, 2003.

[57] Jeanne O, Ostry J D, Zettelmeyer J. A Theory ofInternational Crisis Lending and IMF Conditionality [J]. Social Science Electronic Publishing, 2008, 08 (236): 1 – 33.

[58] Jensen N M. Crisis, Conditions, and Capital: The Effect of International Monetary Fund Agreements on Foreign Direct Investment Inflows [J]. Journal

of Conflict Resolution, 2004, 48 (2): 194 - 210.

[59] John J, Knedlik T. New IMF Lending Facilities and Financial Stability in Emerging Markets [J]. Economic Analysis & Policy, 2011, 41 (2): 225 - 238.

[60] Joséveiga F. Does IMF Support Accelerate Inflation Stabilization? [J]. Open Economies Review, 2005, 16 (4): 321 - 340.

[61] Jr M P. The effects of IMF programs in the Third World: Debate and evidence from Latin America [J]. World Development, 1987, 15 (2): 249 - 262.

[62] Kaufman G G. Bank contagion: A review of the theory and evidence [J]. Journal of Financial Services Research, 1994, 8 (2): 123 - 150.

[63] Kaufman G G. Lender of last resort: A contemporary perspective [J]. Journal of Financial Services Research, 1991, 5 (2): 95 - 110.

[64] Kentikelenis A E, Stubbs T H, King L P. IMF conditionality and development policy space, 1985 ~ 2014 [J]. Review of International Political Economy, 2016, 23.

[65] Khan M S. The Macroeconomic Effects of Fund - Supported Adjustment Programs [J]. Staff Papers, 1990, 37 (2): 195 - 231.

[66] Killick T. Can the IMF Help Low - Income Countries? Experiences with its Structural Adjustment Facilities [J]. World Economy, 1995, 18 (4): 603 - 616.

[67] Krugman P R. 'Financing Versus Forgiving a Debt Overhang' [J]. Journal of Development Economics, 1988, 29 (3): 253 - 268.

[68] Lee J W, Shin K. IMF bailouts and moral hazard [J]. Journal of International Money & Finance, 2008, 27 (5): 816 - 830.

[69] Mercer - Blackman, Valerie and Anna, Compliance with IMF Program Indicators and Growth in Transition Economies [J]. Imf Working Papers, 2004, 40 (3): 55 - 83.

[70] Njoku B O. Critical Role of the International Monetary Fund IMF in the Global Financial System as an International Lender of Last Resort: Effect from Mexico, Russia, And Zimbabwe [J]. Research Journal of Finance & Accounting, 2013.

[71] Noy I. Do IMF Bailouts Result in Moral Hazard? An Events - Study

Approach [J]. Working Papers, 2004.

[72] Prati A, Schinasi G J. Financial Stability in European Economic and Monetary Union. [J]. Princeton Studies in International Economics, 1999, 50 (1): 5 – 18.

[73] Przeworski A, Vreeland J R. The effect of IMF programs on economic growth [J]. Journal of Development Economics, 2000, 62 (2): 385 – 421.

[74] Reichmann T M, Stillson R T. Experience with Programs of Balance of Payments Adjustment: Stand – by Arrangements in the Higher Tranches, 1963 – 72. Staff Papers, 1978, 25 (2): 293 – 309.

[75] RM Solow," Onthe Lender of Last Resort", Chapter 10 in Financial Crises: Theory, History and Policy. Edited by Kindleberger, Charles P. and Laffargue, Jean – Pierre, Cambridge University Press, 1982: 237 – 248.

[76] Rochet J C, Tirole J. Interbank Lending and Systemic Risk [J]. Journal of Money Credit & Banking, 1996, 28 (4): 733 – 762.

[77] Sachs, Jeffrey. Strengthening IMF Programmes in Highly Indebted Countries [C]. The International Monetary Fund in A Multipolar World: Pulling Together, Edited By C. Gwin and R. Feinberd. Washington, DC: Overseas Development Council, 1989

[78] Saravia D, Mody A. Catalyzing Capital Flows: Do IMF Programs Work as Commitment Devices? [J]. Documentos De Trabajo, 2005, 42 (280): 717 – 725.

[79] Schwartz, Anna, Systemic Risk and the Macroeconomy in G. Kayfman, ed., Banking Financial Marketsand Systemic Risk: Research in Financial Services [M]. Private and Public Policy, Hampton: JAI Press Inc., 1995 (7): 19 – 30.

[80] Selgin G A. Legal Restrictions, Financial Weakening, and the Lender of Last Resort [J]. Cato Journal, 2013, 9 (2): 429 – 469.

[81] Stiglitz, J. E., Globalization and its discontents [M], W. W. Norton, 2002: 678 – 686.

[82] Stone R W. Lending Credibility: The International Monetary Fund and the Post – Communist Transition [M]. Princeton University Press, 2012.

[83] Stone R W. The Scope of IMF Conditionality [J]. International Organi-

zation, 2008, 62 (4): 589 – 620.

[84] Thacker S C. The High Politics of IMF Lending [J]. World Politics, 1999, 52 (1): 38 – 75.

[85] The US Department of the Treasury on Implementation of Recommendations Made by the International Financial Institution Advisory Commission [R]. October, 2001: 11 – 27.

[86] Thornton H. An Enquiry into the Nature and Effects of the Paper Credit of Great Britain [M]. Edited by F. A. Hayek. Fairfield: Augustus M. Kelley, 1982.

[87] Timberlake R H. The Central Banking Role of Clearinghouse Associations [J]. Journal of Money Credit & Banking, 1984, 16 (1): 1 – 15.

[88] Vreeland J R. The Effect of IMF Programs on Labor [J]. World Development, 2000, 30 (1): 121 – 139.